高等院校**数字艺术**
精品课程系列教材

DIGITAL ART

融媒体
策划与营销

微课版

张婧 邵胜春 李强 刘敬伟 ◎ 主编

徐立艳 吴玉林 王兰英 ◎ 副主编

人民邮电出版社

北京

图书在版编目（CIP）数据

融媒体策划与营销 ：微课版 / 张婧等主编.
北京 ： 人民邮电出版社，2025. -- （高等院校数字艺术
精品课程系列教材）. -- ISBN 978-7-115-66100-5

Ⅰ. F713.365.2

中国国家版本馆 CIP 数据核字第 202545QC71 号

内 容 提 要

本书系统地介绍了融媒体策划与营销的相关知识，主要内容包括融媒体基础，内容策划、营销策划与文案写作，其他内容制作，融媒体营销，微博营销，微信营销，短视频营销，以及直播营销等。

本书采用章节式写法，理论联系实际且讲解深入浅出，每章都设计了丰富的知识栏目，并提供综合实训，同时书中配有丰富的多媒体教学资源，读者可扫描二维码进行学习。

本书可作为应用型本科院校、高等职业院校融媒体、网络与新媒体专业的教材或教学参考书，也可供融媒体和新媒体的相关从业人员学习和参考。

♦ 主　 编　张　婧　邵胜春　李　强　刘敬伟
　　副主编　徐立艳　吴玉林　王兰英
　　责任编辑　刘　尉
　　责任印制　王　郁　焦志炜
♦ 人民邮电出版社出版发行　　　　北京市丰台区成寿寺路 11 号
　　邮编　100164　　电子邮件　315@ptpress.com.cn
　　网址　https://www.ptpress.com.cn
　　天津市银博印刷集团有限公司印刷
♦ 开本：787×1092　1/16
　　印张：14　　　　　　　　　　2025 年 5 月第 1 版
　　字数：254 千字　　　　　　　2025 年 5 月天津第 1 次印刷

定价：69.80 元

读者服务热线：(010)81055256　印装质量热线：(010)81055316
反盗版热线：(010)81055315

前　言

　　随着科技的飞速发展和信息传播的普及，数字化、智能化成为当代社会的发展趋势，各行各业都在不断探索新的可能性和机遇。传统媒体和网络新媒体的融合，使得信息可以通过更多的渠道和更丰富的方式传递给用户。同时，激烈的市场竞争也使得企业和组织需要更加精准地传递信息，并深入地了解和满足目标用户的需求。因此，融媒体策划与营销的重要性日益凸显。我国的融媒体行业正处于蓬勃发展的阶段，急需掌握融媒体策划与营销的知识和技能且具备较高人文素养和艺术创意能力的复合型人才。

　　为此，我们编写了《融媒体策划与营销（微课版）》一书，详细阐述了这一学科领域的基本概念、原理和方法。本书旨在为读者提供系统、全面地认识和理解该学科的综合性概览，帮助读者了解该学科的前沿和热点技术，以及该学科的应用价值和社会意义。通过学习本书，读者将能够培养学习能力和创新精神，建立初步解决问题的能力，从而更深入地学习和探究该学科的知识，并将相关知识应用于科技创新。

本书特色

　　相较于传统融媒体技术类书籍，本书具有以下特色。

　　• 启智增慧。本书全面贯彻党的二十大精神，落实立德树人根本任务，以社会主义核心价值观为引领，引导学生了解中华优秀传统文化，坚定文化自信，树立社会责任感，弘扬工匠精神，培养设计素养。

　　• 化繁为简。融媒体策划与营销是一门综合性极强的学科，它汇聚了许多学科和研究领域的理论、知识、技术与成果。本书作为融媒体策划与营销入门的前沿技术类图书，在介绍相关技术的概念、原理、方法等时，尽量化繁为简，以便读者轻松理解并掌握，进而取得更好的学习效果。

- 图文并茂。本书使用了大量融媒体策划与营销应用场景的图片，图文并茂的内容形式不仅可以避免读者学习理论知识时产生枯燥感，还可以形象化、可视化地展示融媒体策划与营销的应用领域与应用价值，使读者不仅"读得懂"，还"愿意学""看得进"。

- 形式多样。本书设计了不同的知识讲解形式，每章章首都配有思维导图，可以让读者对本章关键知识一目了然；文中穿插"知识补充""人才素养"等栏目，可以有效地调节学习氛围，让读者了解到更多的知识并进行举一反三，从而提高学习效率；涉及融媒体策划与营销操作等的部分提供了实战案例；每章章末设计的综合实训将理论与实践联系起来，既帮助读者巩固所学知识，又帮助读者锻炼分析能力、培养创新思维、提升实践操作能力。

本书配套

为便于开展教学活动，本书配有丰富的教学资源，包括PPT、教学大纲、教案、题库练习软件（可生成试卷）、数字媒体设计素材等，有需要的读者可以访问人邮教育社区（www.ryjiaoyu.com），通过搜索本书书名进行下载。

本书由张婧、邵胜春、李强、刘敬伟任主编，徐立艳、吴玉林、王兰英任副主编。林萌、谢婧、李晓霞、孙丽和东软教育科技集团高殿杰、管金锋参与编写工作。由于编者水平有限，书中难免存在不足之处，敬请广大读者批评指正。

编者

2024年10月

目 录

01

02

03

第3章　其他内容制作 52

04

第4章　融媒体营销 88

05

06

第1章　融媒体基础

随着互联网和人工智能等先进技术持续取得突破，媒体形态正在不断演变。从传统的报纸、电视到现代的网络新媒体、智能化媒体，媒体的发展日新月异。如今，媒体融合已经成为媒体行业新的发展趋势。那么，融媒体究竟是什么？它有怎样的特征和哪些应用领域呢？

知识与能力目标

1 了解融媒体的基本概念、产生的背景、特征和分类。
2 熟悉融媒体技术及发展。
3 熟悉融媒体的应用。

素养目标

1 积极学习专业知识，加强行业自律，秉持正确引导社会舆论的原则。
2 树立正确的学习观和成才观，树立正确的新闻传播观，激发创新的使命感。
3 严格遵守国家相关法律法规，积极营造和谐、有序的媒体信息传播环境。

思维导图

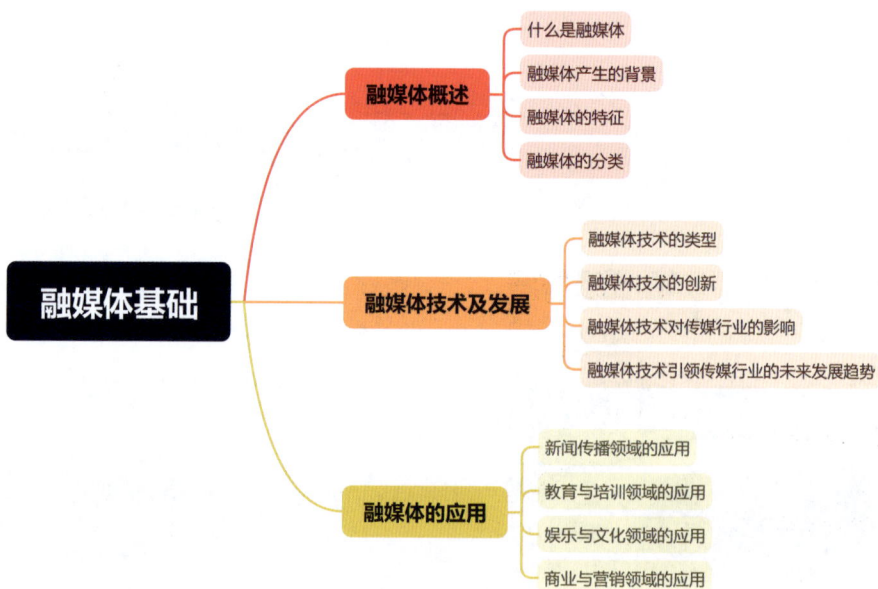

融媒体基础
- 融媒体概述
  - 什么是融媒体
  - 融媒体产生的背景
  - 融媒体的特征
  - 融媒体的分类
- 融媒体技术及发展
  - 融媒体技术的类型
  - 融媒体技术的创新
  - 融媒体技术对传媒行业的影响
  - 融媒体技术引领传媒行业的未来发展趋势
- 融媒体的应用
  - 新闻传播领域的应用
  - 教育与培训领域的应用
  - 娱乐与文化领域的应用
  - 商业与营销领域的应用

1.1　融媒体概述

在当今数字化、网络化和智能化的时代，融媒体已经成为传媒领域的一种新型模式，它将不同类型的媒体融合在一起，实现信息传播范围的最大化。

1.1.1　什么是融媒体

融媒体是信息时代背景下应运而生的一种媒体形式。技术的发展和社会的变革打破了传统媒体和网络新媒体间的界限，并使它们相互融合，由此催生出了融媒体。

1. 传统媒体和网络新媒体

网络通常被视为传统媒体和网络新媒体的界限。一般来讲，在网络诞生之前的媒体形式被认为是传统媒体，以网络技术为基础创建的媒体形式则被称为网络新媒体。

（1）传统媒体

传统媒体主要包括报纸、杂志、广播、电视和电影等媒体形式，这些媒体形式长期存在，且被广泛应用于传播信息、引导大众、传承文化、协调社会关系，以及提供娱乐等方面。

- 报纸以印刷版面的形式发布时事新闻、专题报道、热门评论和营销广告。
- 杂志以纸张为载体，以印刷版面的形式定期发行，包含文章、照片、插图和广告等内容，涵盖新闻、文化、时尚、美食、体育、旅游等多个领域。
- 广播利用广播频率通过无线电波将音频信号传输到收音机等设备上，涵盖新闻、音乐、访谈、教育等节目类型。
- 电视将音频和视频信号传输到电视机上，通过电视频道播出各种内容。
- 电影以影像和声音的形式讲述故事或进行艺术表达，通常在电影院中放映。

（2）网络新媒体

网络新媒体包括网络新闻、社交媒体、移动互联网应用、数字出版物和互动媒体等媒体形式，以数字化、互动性和实时性为特点，是基于信息技术和互联网的发展而产生的媒体形式。

- 网络新闻包括专业新闻网站、新闻应用和社交媒体平台上的新闻链接等，可以让用户获取信息、表达观点和分享内容。
- 社交媒体包括微博、微信、抖音、小红书等，以用户生成内容为核心。用户可以在社交媒体上发布文字、图片、音视频等形式的内容，并进行评论、分享和转发，从而深化信息交流和社交互动。

- 移动互联网应用包括App、移动网站等，方便用户随时随地获取信息和娱乐。
- 数字出版物包括电子杂志、在线报纸等，比传统出版物更具互动性和可定制性。
- 互动媒体是使用虚拟现实（Virtual Reality，VR）技术和增强现实（Augmented Reality，AR）技术，让用户通过佩戴VR头盔或使用AR应用程序，与虚拟场景、虚拟对象或实时信息进行互动的媒体形式。

2. 融媒体的概念

"融媒体"一词最早出现在2009年发表的《从"融媒体"中寻求生机的思考与探索》一文中，是指充分利用互联网这个载体，把广播、电视等既有共同点又有互补性的传统媒体在人力、内容、宣传等方面进行整合，实现"资源通融、内容兼融、宣传互融、利益共融"的新型媒体。

融媒体较新定义是："一种将广播、电视、互联网不同媒体形态的优势互为整合和利用，使其内容、功能、渠道、方法、管理和价值得以全面提升的一种全媒体运营模式。"由此可见，融媒体本身并不是特指某一种媒体传播方式，相较于传统媒体和网络新媒体，融媒体本身只是一种概念。当然，融媒体也可以看成是将电视、广播、报纸、杂志等传统媒体与微信、微博等网络新媒体相互整合，通过"资源通融、内容兼融、宣传互融和利益共融"等方式，充分发挥各种媒体形式的传播价值，实现多种媒体形式相互融合、取长补短的运营理念。

1.1.2 融媒体产生的背景

融媒体采用数字化、网络化的技术手段，将传统媒体与网络新媒体深度融合，提高了信息传播的效率和质量，满足了人们对多元化信息的需求，适应了传媒行业的发展趋势。此外，融媒体的产生还与3个因素有关。

1. 传统媒体的入口价值快速流失

随着互联网的普及，人们对于信息的需求日益旺盛，同时对于信息传播的方式也提出了更高的要求。报纸、杂志、电视和广播等传统媒体由于在信息传播方面存在局限性，已经无法满足人们对信息多元化、便捷性和实时性的需求，因此各种网络新媒体应运而生。此后，随着移动互联网，以及4G、5G等移动通信技术的迅猛发展和广泛应用，网络新媒体的发展愈发迅速。传统媒体的用户不断流失，而网络新媒体逐渐成为用户获取信息的主要渠道。

传统媒体的主要收入来源为广告，然而在网络新媒体的强大冲击下，传统媒体的广告收入急剧下滑。与此形成鲜明对比的是，由于年轻用户群体壮大，网络新媒体的广告收入持续高速增长，网络新媒体逐渐占据了大部分媒体广告市场。网络新媒体的迅猛发展还吸引了大量有能力的骨干人才流向网络新媒体，传统媒体的核心竞争力被进一步削弱，导致其入口价值大幅度降低。面对这一严峻局面，传统媒体需要进行变革和创新，以寻求生存和发展，这就为融媒体的出现提供了契机。

2．部分网络新媒体公信力缺失

网络新媒体的快速发展和普及，虽然带来了信息传播的便利和多样化，但同时也对社会风气产生了一些不良影响。例如，网络新媒体为了吸引用户眼球，可能会追求娱乐性和吸引力，从而导致部分信息低俗化和泛娱乐化，对社会道德风气造成负面影响，甚至可能影响人们的价值观和人们对高尚文化的追求。这些不良影响导致网络新媒体所发布信息的权威性和可信度受到质疑，严重损害了网络新媒体的公信力。

与网络新媒体不同，传统媒体通常由具备丰富的专业知识和经验、遵循新闻职业道德和规范、注重报道的客观性和准确性的记者和编辑运营，能够提供高质量、权威性强的信息。此外，传统媒体肩负着社会责任，注重传递信息和引导公众舆论，关注社会热点问题和公众利益。这些优势使得传统媒体在公信力方面具有更高的地位。

因此，如何将传统媒体和网络新媒体结合，提升网络新媒体的公信力就成了媒体发展的重要问题。在这个背景下，融媒体应运而生。

3．政策支持

媒体融合战略在全球范围内都在如火如荼地推进，我国是从国家战略层面定位媒体融合目标、推动媒体融合发展的。2014年被认为是"媒体融合元年"，当年8月，中央全面深化改革领导小组第四次会议审议通过《关于推动传统媒体和新兴媒体融合发展的指导意见》。该文件指出，推动媒体融合发展，要按照积极推进、科学发展、规范管理、确保导向的要求，推动传统媒体和新兴媒体在内容、渠道、平台、经营、管理等方面深度融合，着力打造一批形态多样、手段先进、具有竞争力的新型主流媒体。2022年8月，中共中央办公厅、国务院办公厅印发《"十四五"文化发展规划》，要求"加快推进媒体深度融合发展，有效整合各种媒介资源、生产要素，推动在信息内容、技术应用、平台终端、管理手段等方面共融互通，打造一批具有强大影响力、竞争力的新型主流媒体"。

毫无疑问，媒体融合作为国家战略的重要组成部分，得到了相关政策的支持和推动。这不仅能够加强媒体行业的产业整合和资源优化配置，推动传统媒体与网络新媒体的有机结合，还能促进国家的信息化建设、新兴产业培育，提升国家整体竞争力。

1.1.3 融媒体的特征

融媒体的出现不仅改变了传统媒体与网络新媒体之间的关系，也开创了全新的信息传播、内容策划和营销推广模式。融媒体具有以下4个特征。

1．信息多样化

融媒体的发展使得信息形式、来源、内容及传播方式变得更加丰富和多样化，这不仅更好地满足了不同用户的需求，还提高了信息传播的效率和效果。

- 形式多样。在融媒体中，信息融合了文本、图像、音频、视频和图表等多种形式。

- 来源多样。融媒体的信息来自传统媒体和网络新媒体，涵盖了所有的媒体形式。

- 内容多样。融媒体的信息既包括新闻报道、科技资讯、体育赛事等公共领域的内容，也包括日常生活、健身社交等私人领域的内容，涵盖面非常广泛，可以满足用户对不同类型内容的需求。

- 传播方式多样。在融媒体中，信息可以通过电视、广播、报刊、互联网等多种渠道传播，这些传播渠道既可以单独使用，也可以相互配合。

2．新旧媒体交叉融合

融媒体是传统媒体和网络新媒体交叉融合的产物。一方面，各类信息可以在不同媒体间实现无障碍传播。例如，电视剧会在视频网站与电视频道中播出，而优质的网络内容也会出现在电视频道中。另一方面，新旧媒体的传播形式也在不断融合。例如，电子杂志、在线报纸、网络广播、网络电视等新型媒体形式不断涌现，它们结合了两种或多种媒体的传播优势。图1-1所示为在线报纸《东方体育日报》的封面、一版要闻和操作界面。

▲ 图1-1 在线报纸《东方体育日报》的封面、一版要闻和操作界面

3．个性化定制内容

融媒体能够根据用户的个性化需求进行内容定制，从而提供符合用户兴趣和偏好的内容。通过分析用户的浏览记录、点击行为等数据，融媒体平台可以了解用户的兴趣和偏好，从而为用户推荐与其兴趣和偏好相关的内容。这种个性化推荐方式可以大大提升用户体验，使用户能够更加方便地获取自己感兴趣的信息。同时，融媒体平台还能够更好地满足用户的需求，如提供个性化的界面和功能等。这些都能够使融媒体平台更好地提高用户的黏性和忠诚度。

4．实时互动

实时互动也是融媒体的主要特征之一。实时互动能让信息传播更加立体化。例如，通过评论、点赞和分享等方式，用户可以在融媒体平台上表达自己的观点和感受，同时也可以与其他用户进行交流和讨论。通过用户参与互动，信息传播变得更加快速、便捷，同时用户在信息传播过程中也获得了更强的参与感和归属感。这种参与感和归属感可以提高用户对融媒体平台的忠诚度和黏性，从而促进融媒体平台的发展和壮大。

1.1.4 融媒体的分类

融媒体需要整合各种媒体形式和渠道，实现内容的多元化。因此，融媒体的分类可以从多个角度进行。

- 根据媒体形式分类，融媒体可分为报纸、杂志、广播、电视、电影、网络和卫星通信等。

- 根据功能分类，融媒体可分为视觉媒体、听觉媒体和视听两用媒体3种类型。视觉媒体以报纸、杂志、海报、户外广告和橱窗布置等媒体形式为代表，听觉媒体以广播、网络音频等媒体形式为代表，视听两用媒体以电视、电影和网络视频等媒体形式为代表。

- 根据影响范围分类，融媒体可分为地方性媒体、全国性媒体和国际性媒体3种类型。地方性媒体包括各省、市的电视台、报纸和杂志等，全国性媒体以中央电视台、中央人民广播电台、中国国际广播电台等为代表，国际性媒体包括卫星电视、面向全球发行的刊物等。

- 根据用户类型分类，融媒体可分为大众化媒体和专业性媒体。大众化媒体包括面向大众的报纸、杂志、广播、电视和社交媒体等，专业性媒体包括专业报纸、专业杂志和专业网站等。

1.2 融媒体技术及发展

依靠单个媒体进行信息传播已经不能满足用户当前对信息获取和交流的需求。因此，具有跨时代先进性的融媒体技术应运而生。这种技术的出现不仅改变了信息传播的方式，还为媒体融合的创新和发展提供了新的动力。

1.2.1 融媒体技术的类型

融媒体技术主要包括媒体信息处理技术、网络传播技术和智能媒体技术，涵盖了融媒体信息采集、存储、制作、播出、分发、传输、接收等各个环节。这些技术相辅相成，不仅改变了媒体的信息传播方式，也在重塑媒体的产业和市场格局。

1. 媒体信息处理技术

在融媒体形式下，将传统媒体的信息分发至融媒体平台，需要媒体信息处理技术的支持。媒体信息处理技术是指对文字、图像、音频、视频等信息进行数字化处理，使这些信息便于存储、处理和传输的技术，主要包括数字文档技术、数字图像技术、数字音频技术、数字视频技术，以及语音合成与语音识别、人机交互、VR等技术。这些技术为用户提供了更多样的信息获取和交互方式，能够有效提升用户体验。

2. 网络传播技术

网络传播技术是指利用互联网和相关技术手段进行信息传播和交流的一系列技术。通过网络传播技术，信息可以以更快速、广泛和多样的方式传播，用户可以更方便地获取信息、参与互动。融媒体应用的网络传播技术主要包括网页与应用开发、数据传输与通信、多媒体处理和数据分析等。

- 网页与应用开发。网页与应用开发包括超文本标记语言（Hypertext Markup Language，HTML）、串联样式表（Cascading Style Sheet，CSS）、JavaScript等前端开发技术，以及PHP、Python、Java等后端开发技术。通过这些技术，融媒体可以创建各种类型的网站、移动应用并提供在线服务。

- 数据传输与通信。数据传输与通信包括数据传输协议和数据处理技术，如传输控制协议/互联网协议（Transmission Control Protocol/Internet Protocol，TCP/IP）、无线通信技术（如Wi-Fi、5G）、数据加密和数据压缩等。这些技术确保了信息在网络中的快速、稳定和安全传输。

> 具有"广接入、低时延、高速率、高可靠性"优势的5G已成为融媒体网络传播技术中的核心技术。5G的快速发展为融媒体带来了机遇。在5G网络环境中，信息传播的速度更快，媒体间的信息共享也更加紧密。

- 多媒体处理。多媒体处理既包括图片、音频和视频的编码、压缩、传输和播放等技术，也包括多媒体内容的后期处理等技术。

- 数据分析。数据分析包括数据挖掘、机器学习等技术，融媒体可以通过这些技术对用户行为和兴趣进行分析，从而实现个性化推荐和定制化服务。

3. 智能媒体技术

智能媒体技术包括云计算、大数据、人工智能、区块链、元宇宙和物联网等新兴技术，通过对这些技术的研究探索与应用，融媒体可以为用户提供更加智能化的服务。

（1）云计算

云计算指基于互联网的相关计算服务，通常涉及通过互联网来提供动态、易扩展且经常是虚拟化的资源。一般来说，能达到资源整合输出目的的技术都可以称为云计算技术。云计算在融媒体中的典型应用是云存储，它是一种新兴的网络存储技术。借助云存储，用户可以随时随地通过任何联网的设备连接到云上，实现数据的存储和访问。

（2）大数据

大数据是指无法在一定时间范围内用常规软件工具进行处理、管理的数据集合。大数据技术是指为了存储、传送、分析和应用大数据而采用的软件和硬件技术。这种技术也被视为面向数据的高性能计算系统。利用大数据技术的数据挖掘与分析能力，融媒体一方面可以获取用户的信息偏好，向用户推荐其感兴趣的信息，实现差异化、个性化服务，另一方面还可以最大化地清理垃圾信息和控制其传播。

（3）人工智能

人工智能是计算机科学的一个分支，是研究、开发用于模拟、延伸和扩展人的智能的理论、方法、技术及应用系统的一门新兴技术学科。它在图像处理、语音合成、语音识别、内容检索、人机交互、VR等领域都有着广泛应用，并发挥着重要的作用。例如，在内容审核方面，人工智能技术可以帮助融媒体自动检测和过滤不实信息、敏感词汇等，从而保障内容的真实性和适宜性。

（4）区块链

区块链是一种按时间顺序将数据区块以顺序相连的方式组合成一种链式数据结构，并以密码学的方式保证数据不可篡改和不可伪造的分布式账本。区块链技术在融媒体中的应用还处于探索和发展阶段。比较常见的应用是将区块链作为一个可信的数据验证工具，用于验证信息的真实性和来源。将信息源、作者信息等记录在区块链上，可以确保信息可信，并且区块链具有溯源功能，可追踪信息的来源和传播路径。

（5）元宇宙

元宇宙是人类运用数字技术构建的，由现实世界映射，可与现实世界交互的虚拟世界，是具备新型社会体系的数字生活空间。元宇宙包含了VR、AR、人工智能等多项技术，能够向用户提供更加丰富、更具沉浸感和互动性的体验，使用户能够以全新的方式参与媒体内容的创作和传播。例如，融媒体可以利用元宇宙来发布新闻报道，用户可以身临其境地参与到新闻事件中。

（6）物联网

物联网即"万物相连的互联网"，是在互联网的基础上延伸和扩展出的网络。物联网将不同的物体和设备连接到一起，形成一个庞大的网络，实现了在任何时间、任何地点，人、机和物的互联互通，进而为人们的生活和工作带来更多新的机遇和挑战。物联网技术应用在融媒体中可以提高用户参与度、提升传播效果，以及优化媒体的生产和管理流程。例如，融媒体可以集成物联网设备，收集用户的行为数据和偏好信息，利用大数据分析和人工智能技术，绘制精准的用户画像，为用户推荐更合适的内容，提高用户的参与度。

1.2.2 融媒体技术的创新

融媒体技术丰富了媒体的表现形式，通过整合各种前沿信息技术，不仅优化了媒体的生产流程、资源共享机制，还创新了用户参与和反馈机制，以及商业模式和盈利模式。同时，融媒体技术的创新也为传媒行业的进一步发展带来了新的机遇和挑战。

● 升级信息的"智造"流程。融媒体技术整合了多种智能媒体技术，这些技术的应用优化了媒体的生产流程，实现了信息的多平台发布和多元化呈现，使得生产效率大幅提高。同时，融媒体的资源共享机制使得传统媒体和网络新媒体的资源得到整合，提高了资源的利用效率，推动了媒体信息生产的集约化、数字化和智能化。

● 催生多元化媒介形态和终端。融媒体技术催生了以网络电视、数字电视、手机电视等为代表的多元化媒介形态和终端。这种媒介形态和终端的创新不仅丰富了融媒体的内容形式，也促进了整个传媒行业的发展。

- 提升用户参与感和媒体适应性。融媒体技术使用户可以更方便地参与到媒体活动中，与媒体实时互动。这种用户参与和反馈机制不仅提升了用户的参与感和归属感，也使媒体可以更好地了解用户的需求和偏好，从而提供更符合用户需求和偏好的内容和服务。

- 创建新的商业模式和盈利模式。融媒体技术支持付费网络视频、网络电视等具有简单双向功能的商业媒体形式，用户可以通过付费方式获取更高质量的信息。同时，广告主也可以通过融媒体技术进行更精准的广告投放，提升广告效果并增加收益。

1.2.3 融媒体技术对传媒行业的影响

在传媒行业中，以报纸、杂志、广播和电视为代表的主流传统媒体具备强大的公信力、权威性，以新闻网站、社交媒体等为代表的网络新媒体则具备强大的影响力，后者发展势不可当，已经成为市场的主流。近年来，以《人民日报》为代表的主流传统媒体在融媒体技术的支持下，正大力推动传统媒体和网络新媒体的融合发展，传媒行业正发生着一系列的变革。

1. 内容的深度开发

融媒体技术的发展实现了内容采集的一体化，采集的内容更加全面、丰富，能够满足各类媒体的编辑需求。通过二次加工处理和深度开发，这些内容形成了一定的规模，这样不仅可以增强内容的权威性和真实性，还可以提高媒体内容的质量。内容的深度开发还表现在各类媒体都调整了内容定位，利用大数据、人工智能等融媒体技术，着重分析、关注和研究年轻用户的需求和关注点。在融媒体时代，内容必须关注大众，特别是年轻用户所关注的话题，才能持续传播并产生影响力。

另外，在网络传播技术的支持下，各类媒体都需要进一步拓宽内容渠道，制作符合不同渠道用户特点的内容产品。例如，在编辑新闻内容的过程中，可以运用年轻用户喜闻乐见的措辞和社交方式等，并运用新思维、新想法，在确保新闻内容的严肃性和真实性的前提下，把新闻内容呈现得更加鲜活、更富有新时代的气息。

2. 机构重组和资源整合

融媒体技术的发展推动了传媒行业的重组，其中，传统媒体和网络新媒体的融合是一个重要方面。传统媒体如报纸、电视、广播等通过数字化转型和互联网技术的应用，逐渐与网络新媒体融合，实现内容多样化和跨平台传播。这种融合带来了更广泛的用户和更灵活的传播方式。同时，传媒行业中不同媒体之间还存在交互并购和合作的趋势。这种重组形式有利于不同媒体实现资源整合，提高市场竞争力和综合实力。例如，传统媒体企业可能会收购网络新媒体企业，以获取其技术、用户基础和创新能力，进一步拓展自身的业务范围。又如，在融媒体技术的支持下，传统媒体企业的管理与事业体制发生了变革，原来由广电行政部门设立的广播电视台、县委宣传部设立的内部报刊、县政府设立的政府网站等被整合，并设立为统一的新型传媒单位——县级融媒体中心。该单位仍然具有事业单位性质，但采取企业化管理方式。图1-2所示为某县融媒体中心的组织构架及职能分工。

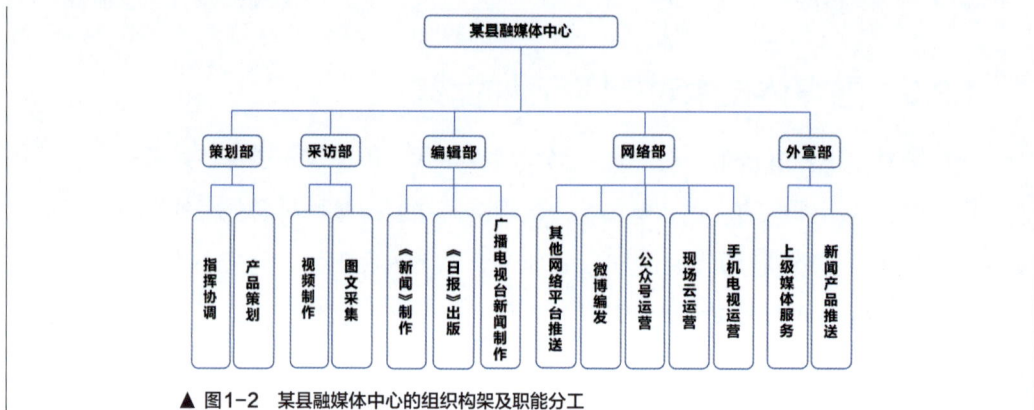

▲ 图1-2 某县融媒体中心的组织构架及职能分工

通过对各种媒体资源进行整合和优化，包括新闻采访资源、编辑资源、视觉资源、技术资源等，传媒行业可以提高资源的利用效率和共享程度。

3. 用户参与度提高

用户参与度提高是融媒体技术对传媒行业的重要影响之一。传统媒体的信息传播是单向的，即由媒体传递信息给用户，而融媒体技术的发展使用户成为内容创造和传播的主体。通过社交媒体平台，用户可以轻松地发布和分享自己的内容和观点，由此出现了用户生成内容（User Generated Content，UGC）这一内容生成方式。此外，用户还可以在传统媒体的网站上通过评论表达自己的看法和意见，以及选择个性化的内容推荐方式，这使得用户可以更直接、更积极地参与到信息的生产、传播和消费中。

4. 数据驱动决策

数据驱动决策是指在决策时，基于数据和分析结果进行思考和判断，以提高决策的准确性和效果。融媒体技术为传媒行业提供了大量数据采集和分析的可能性。

首先，融媒体技术使得数据采集更加全面和及时。在融媒体环境下，用户的行为和反馈数据都可以使用技术手段进行实时捕捉和分析，包括用户在各类媒体上的浏览记录、停留时间、评论反馈等。这些数据可以帮助媒体深入洞察用户行为，从而更好地理解用户需求和偏好。其次，融媒体技术可以帮助媒体精确定位目标用户。通过分析用户的年龄、性别、地域、职业等数据，媒体可以更加准确地找到目标用户，并根据不同用户的特点和兴趣，制定更加精准的内容策略。最后，融媒体技术还可以指导决策和优化内容。根据数据分析结果，媒体可以制定更加科学和有效的决策，同时，这些数据分析结果还可以为内容制作提供优化建议，如分析用户对某类内容的反馈，以改善内容和提高用户满意度。

5. 营销模式创新

融媒体技术对于传媒行业的营销模式创新起着重要的推动作用。除了多渠道传播、数据分析和精准定位、跨平台整合营销、社交媒体的互动营销等方式外，融媒体技术还为广告模式的创新提供了新的机遇。通过创新广告模式，广告主可以提高广告的吸引力和转化率，增强用户的体验感和参与感，同时媒体也可以获得更多的流量和用户。

在传统媒体时代，广告主主要依赖媒体的传播广度来达到营销目标。而在融媒体时代，在用户接收信息时间碎片化和媒体信息多样化的影响下，广告营销目标的实现开始更多地依赖于对用户的精准定位和广告内容的创意与吸引力。融媒体技术可以帮助广告主通过数据分析和算法，更加精准地定位目标用户，同时结合创意和内容，还可以提高广告的吸引力和转化率。融媒体技术为媒体提供了多种新的广告模式，如互动广告、视频广告等。这些新的广告模式更具创意和互动性，可以更好地提高用户的参与度和转化率。

1.2.4 融媒体技术引领传媒行业的未来发展趋势

融媒体技术的未来发展趋势主要体现在深化融合、技术创新、全产业链整合和跨界合作等方面，这将为传媒行业的未来发展带来无限可能。

1. 深化融合

融媒体技术的不断进步将促进媒体融合的进一步深化。不同类型媒体间的界限将逐渐模糊，媒体之间的联系将更加紧密。全媒体传播体系建设将得到进一步加强，从而实现各种媒体形态的深度融合，为用户提供更为丰富和个性化的媒体服务。

（1）各类媒体间的界限逐渐模糊

随着融媒体技术的发展，不同类型媒体间的合作与互动更加紧密。这种趋势使得媒体内容可以跨平台、跨形式、跨渠道传播，从而有效提高传播效果和影响力。

（2）加强全媒体传播体系建设

媒体融合的深化需要加强全媒体传播体系建设，塑造主流舆论新格局。这包括建设具有国际一流水准的全媒体平台，扩大信息传播的覆盖面并提高到达率；推动各种媒体资源的整合和优化配置，提高信息传播的效果和质量；加强全媒体人才队伍建设，提高专业素养和创新意识，为全媒体传播体系的建设提供人才保障。

知识补充

全媒体传播体系中的"全媒体"强调的是人类信息交互过程的"全程、全息、全员、全效"。全媒体传播体系是从当前信息传播环境及特性的角度对现代传播体系的具体化，主要包括3个方面的内容：一是现代传播体系应当充分运用信息技术发展的成果，实现"全程媒体""全息媒体"；二是现代传播体系下的传播关系应当顺应信息传播规律的变化，建立公众普遍参与社会信息交互的新型传播关系，实现"全员媒体"；三是现代传播体系也应通过对多方资源的广泛聚合，在平台化发展的基础上不断拓展媒体功能，实现"全效媒体"。

（3）各种媒体将成为先进思想文化的传播阵地

媒体融合的深化使主流传统媒体不断适应时代发展并引领时代潮流，积极传播正能量，弘扬社会主义核心价值观，发挥舆论引导作用。同时，网络新媒体也需要积极履行社会责任，注重内容质量和社会效益，推动形成积极向上的网络文化。

人才素养

当代大学生需要借助融媒体技术的优势，学会讲述当代中国故事，并努力提高内容传播的影响力、中华文化的感召力、中国形象的亲和力、中国话语的说服力和国际舆论的引导力，不断地创新对外宣传方式，提升国际传播效果，推动中华文化走向世界。

2. 技术创新

融媒体技术的发展不会停滞不前，而将持续创新，以更好地满足用户需求和市场需求。未来将会有更多的新技术被应用于融媒体领域，这些新技术包括进一步完善的区块链、元宇宙，以及生物媒体、定制化生产、个人云平台、人和物的协同等。这些新技术的应用将会对传媒行业产生重要的影响，推动媒体向更高层次发展。

3. 全产业链整合

全产业链整合是指融媒体技术在整个传媒产业链中发挥关键作用，将内容制作、信息传播、互动体验和用户服务等多个环节紧密相连，从而形成完整的传媒生态系统。这种全产业链整合的优势在于可以优化资源配置、提升产业效益和促进产业创新。

首先，融媒体技术通过云计算、大数据等方式，实现各类资源的集中管理和统一调度，使得内容制作、信息传播和互动体验等环节的资源得到更加合理的分配和利用，从而提高整个传媒产业链的效率和效益。其次，融媒体技术可以实现跨平台、跨形式、跨渠道的传播，使信息可以更加广泛和快速地传播，从而扩大传媒行业的覆盖面和影响力。最后，融媒体技术不断推动传媒行业的变革和创新，使得传媒行业可以更好地适应用户需求和市场变化。

4．跨界合作

跨界合作实现共赢是融媒体技术引导传媒行业未来发展的重要趋势之一。传媒行业通过跨界合作可以实现资源共享、优势互补，从而实现共赢。

- 跨媒体合作。传媒行业中的企事业单位可以跨媒体进行合作，如电视台所在单位与社交媒体所属企业合作、报纸所在单位与专业网站所属企业合作等。通过相互宣传、内容交流等方式，企事业单位可以有效扩大影响力和用户群体。

- 跨行业合作。传媒行业中的企事业单位与其他行业中的组织进行合作，如与科技、文化、体育等领域的组织合作。通过整合各自的资源和优势，企事业单位可以推出具有创新性的跨界产品或服务，满足用户多元化的需求。

- 跨地域合作。传媒行业中的企事业单位可以与国内外的媒体机构进行合作，共同开展跨地域的内容制作和传播等活动。跨地域合作可以拓展信息传播的范围，增加信息来源，向用户提供更全面的内容输出服务。

- 跨界人才合作。传媒行业中的企事业单位可以与其他行业的专业人才进行合作，如与艺术家、学者、行业专家等合作。跨界人才的参与可以为媒体提供更多元化、深入化的内容，从而提高内容的吸引力和竞争力。

1.3 融媒体的应用

融媒体在新闻传播领域的应用主要是通过整合不同媒体形式、技术和平台，使内容更加丰富多样且传播更加便捷。此外，融媒体还在教育与培训、娱乐与文化、商业与营销等领域得到广泛应用，为用户提供更便捷的信息获取方式和更优质的内容体验。

1.3.1　新闻传播领域的应用

融媒体可以通过文字、图片、视频等不同的报道方式，更全面地展现新闻事件的真实情况。同时，融媒体技术还可以扩大新闻传播的覆盖面和影响力，通过多种渠道将新闻内容传递给更多的用户。

1．数字化订阅

融媒体技术使新闻媒体能够提供更加灵活、多样化的订阅方式。用户可以通过互联网和移动终端进行在线订阅，以获取最新的新闻资讯。这种数字化订阅方式可以更好地满足用户的个性化需求，提高用户黏性。《全球数字订阅报告》显示，数字媒体新闻内容的订阅量在全球范围内呈较为稳定的增长趋势，例如，2023年6月，我国《财新周刊》的数字化付费订阅用户数量就突破了100万人。

2. 付费观看和视频直播

融媒体为新闻媒体提供了多样化的营收方式。除了传统的广告投放外，新闻媒体还可以通过付费观看的方式提供更优质、专业的新闻内容，以满足用户的不同需求。另外，通过视频直播，用户可以实时观看现场新闻报道、体育赛事等。例如，在2023年第31届世界大学生夏季运动会期间，央视新闻官方微博账号就通过视频直播的方式将运动会开幕式的情况实时传递给用户，如图1-3所示。

▲ 图1-3　视频直播

3. 多端口传播

融媒体可以将多种媒体形式和平台进行整合，实现新闻内容在不同设备和平台的传播。例如，同一段新闻视频可以在电视、手机、平板电脑上观看，同一篇新闻报道可以在微信公众号和网站上阅读。图1-4所示为某县级融媒体中心的内容发布端口，可以看到有多种媒体平台和不同的设备端口，这种跨平台传播实现了信息的无缝衔接，为用户提供了更灵活、便捷的体验。

▲ 图1-4　某县级融媒体中心的内容发布端口

1.3.2 教育与培训领域的应用

融媒体可应用于教育与培训领域的教学资源整合、远程教学和教育服务优化等方面，使教学方式更加灵活多样，同时也提高教学质量和学习效果。

1. 教学资源整合

融媒体时代，教育与培训机构可以运用图片、视频、音频等多种形式，结合文字，制作出形式多样的教学资料，如电子书、虚拟实验等。这些教学资料不仅能够提升学生的学习兴趣，还能提高学生的学习效果。教育与培训机构也可以在这些教学资料的基础上开发生动有趣的在线课程，如用动画来解释复杂的科学原理，或用实景视频来介绍社会现象，或嵌入互动测验，等等。

2. 远程教学

在教育与培训领域，远程教学在一些融媒体技术的支持下已经实现。借助直播平台或视频会议软件，教师可以在线授课，学生则可以通过计算机、手机或平板电脑等设备实时参与。远程教学打破了地域限制，让更多背景不同的学生能够共享优质的教育资源。图1-5所示为运用融媒体技术实现远程教学的教学画面。

▲ 图1-5 运用融媒体技术实现远程教学的教学画面

3. 教育服务优化

教育与培训机构也可以运用融媒体技术，对学生的学习进行管理。例如，通过大数据分析，学校可以了解学生的学习进度、学习偏好等情况，从而更好地调整教学内容和方法。同时，融媒体的强大互动能力，也让学习反馈更加及时、准确。例如，融媒体可以为学生提供在线交流的平台，学生可以在该平台上提出问题、分享学习心得，或者寻求帮助，教师也可以定期查看并给出及时的反馈。

在高等教育领域，有一种新型媒体应用形式——大学融媒体。大学融媒体将传媒与教育相结合，利用融媒体技术将大学的教育资源、学术研究成果和校园文化等内容进行广泛传播和展示。通过大学融媒体，学生可以拓宽学习平台，获得更丰富多样的教育资源和更多的学术资讯。同时，借助大学融媒体，学校还可以增强与学生的互动交流，提升学校的整体形象和吸引力。

1.3.3 娱乐与文化领域的应用

在娱乐与文化领域，融媒体可以提供更加多元化和个性化的服务，让用户可以更加方便快捷地获取所需信息，从而推动文化产业的发展和融合。

1. 内容创作与展示多元化

融媒体时代，各种不同的媒体形式，如文字、图片、音频、视频等被广泛应用于内容创作。用户生成内容成了新的展示方式，用户能够参与到内容创作与展示的过程中，创作出更具创意和互动性的内容。同时，用户生成内容的形式也得到了广泛应用，用户可以通过融媒体平台分享自己的作品，并与其他用户进行互动。此外，AI（Artificial Intelligence，人工智能）生成内容等创新技术，使内容创作更加高效和精准。例如，某AI音乐生成软件可以根据用户的需求和输入的参数，自动生成符合特定风格和情感要求的音乐。

2. 技术创新与文化活动

融媒体为文化活动带来了技术创新。融媒体通过音频、视频、VR、AR等手段将传统艺术表演等文化活动以全新的方式呈现给用户，给他们带来更具沉浸感和互动性的体验。用户可以参与到文化活动中，与艺术家或虚拟形象进行互动，这样能打破传统表演形式的限制，为用户提供更为丰富和立体的观赏体验。图1-6所示为成都博物馆使用VR技术制作的"花重锦官城"网上展览。

▲ 图1-6 成都博物馆使用VR技术制作的"花重锦官城"网上展览

3. 内容多元融合

融媒体促使同一内容以多种形式呈现，如一部小说可以被改编成电影、电视剧、游戏、动漫、音乐等，实现不同媒体间的互动和连接。这种多元融合不仅拓展了内容的影响力和商业价值，也提供了更多样化的娱乐体验。

1.3.4 商业与营销领域的应用

融媒体在商业与营销领域的应用为企业和品牌提供了多样化的营销方式，使其能够更好地与用户进行互动、信息传递，并实现精准营销和品牌推广。同时，这也为用户提供了更便捷、丰富的购物体验。

1. 广告营销

融媒体中的广告营销是通过融合各种媒体形式并借助一定的信息传播技术，将广告内容传递给用户的营销方式。通过融媒体的多种渠道，如搜索引擎、社交媒体、视频广告、新闻媒体广告等，广告内容得以广泛传播。此外，融媒体中的广告营销还可以借助媒体的力量，建立品牌与用户之间互动和沟通的渠道，使品牌深入了解用户需求和反馈，进而不断优化广告创意和营销策略，提高品牌知名度和美誉度。

2. 企业管理

融媒体在商业与营销领域的应用还表现在企业管理方面。首先，融媒体可以提供各种方便、快捷的信息交流渠道，让企业与用户、员工进行实时互动，企业借此获取反馈和意见，从而及时完善服务并调整产品。其次，融媒体为企业提供官方网站、社交媒体等多种展示形象和实力的平台，企业可以借此展示企业形象、企业文化和企业价值观，从而提高企业的知名度。

3. 商业合作

融媒体在商业与营销领域的应用是多样化的，商业合作也是其中重要的一个方面。企业需要通过社交媒体平台、电子商务平台和媒体内容联合运营等方式开展有效合作，以达到更好的营销效果。例如，企业可以与知名社交媒体账号、网络达人合作，通过共同推广、举办互动活动等形式，扩大企业影响力和用户群体；企业也可以在电子商务平台上开设店铺，利用平台的流量宣传产品；企业还可以在社交媒体平台上运营官方账号，并与其他企业账号进行合作，开展共同推广和宣传等活动。

4. 视频直播

企业可以通过抖音、快手等平台发布产品演示视频、广告宣传片等内容，吸引用户关注企业和产品。或者，企业可以通过融媒体平台创建数字化的演播场所，开展直播营销活动，促进企业与用户的互动交流，以及产品的转化。例如，老牌国货品牌活力28就通过在生产车间创建现场直播室的方式，在抖音进行直播，以别致的直播风格吸引了无数网友的关注。

🔑 综合实训

认识融媒体电视网：中国国际电视台

1. 任务背景

中国国际电视台是在2016年由中央电视台多个外语频道合并而成的，由多语种、多平台媒体集群组成的电视网。2017年10月，中国国际电视台投入运营自己的融媒体中心，这不仅标志着它开启国际化融合发展的新征程，也是传统电视媒体与网络新媒体融合的重要里程碑。经过多年的发展，以中国国际电视台为代表的电视媒体已经基本适应新时代媒体融合发展的趋势，实现了内容生产、传播渠道、用户互动等方面的全面融合。通过分析和认识中国国际电视台在媒体融合方面的发展历程和工作内容，可以进一步认识融媒体，加深对融媒体基础知识的理解。

2. 任务目标

（1）了解融媒体的基础知识。

（2）认识融媒体的常用技术。

（3）了解融媒体的应用。

3. 任务实施

在网上收集相关资料，了解中国国际电视台建立融媒体中心的起源和发展历程、在媒体融合方面做的工作，以及其运用的融媒体技术和主要融媒体应用，具体操作如下。

步骤01　了解中国国际电视台的基本信息。打开搜索引擎，以"中国国际电视台"为关键词进行搜索，查看其起源、发展历程、文化特色和分支机构等。重点关注在其分支机构中，除传统电视媒体外，有没有其他媒体，是否有网络新媒体，等等。

步骤02　了解中国国际电视台融媒体中心的基本情况。在网上搜索中国国际电视台融媒体中心的相关信息，了解其运行思路、传播理念、传播渠道等。

步骤03　了解中国国际电视台融媒体中心支持的媒体类型。通过在网上搜索，将中国国际电视台融媒体中心支持的媒体类型和基本信息收集整理到表格中，表格的项目包括媒体类型、媒体名称、内容板块、内容形式和主要特点等，如表1-1所示。

表1-1　中国国际电视台融媒体中心支持的媒体类型信息汇总

媒体类型	媒体名称	内容板块	内容形式	主要特点
官方网站	CGTN移动新闻网	政治、经济、文化、科技、社会	文字、图片、视频	打造视频直播平台和主账号，建立多语种账号集群，打通新闻阅读端、移动直播端及PC端等多个终端，能根据平台后台大数据分析指导内容生产，满足用户个性化需求
……	……	……	……	……

步骤04　认识中国国际电视台应用的融媒体技术。通过中国国际电视台的官方网站或手机客户端，观看电视（TV）、视频（Video）、直播（Live）和沉浸式体验（Immersive Experience）节目，思考它们涉及哪些融媒体技术，并举例说明。

步骤05　列出中国国际电视台融媒体中心的体系结构。根据了解的中国国际电视台融媒体中心的相关情况，将其体系结构分为策划组织、内容汇聚、智能分析、融合生产、多元发布和拓展合作六大板块，或者指挥中心、内容采集、中央厨房和多端发布四大板块，列出体系结构，如表1-2所示。

表1-2　中国国际电视台融媒体中心的体系结构

结构名称	主要工作领域	相关机构
指挥中心	中央广播电视总台	中国国际电视台
内容采集	总编室	规划部、节目播出部、节目研发部、宣传统筹部等
中央厨房	办公室	外事处、版权和法律事务室、行政处、市场评估部、节目推介部、综合部、审片部等
多端发布	电视频道、广播、网站、网络新媒体	电视频道：新闻频道、纪录频道、西班牙语频道、法语频道、阿拉伯语频道、俄语频道、日语频道等 广播：EZFM等 网站：中国国际电视台官方网站 网络新媒体：哔哩哔哩、微信、微博、TikTok、Twitter、Facebook、Youtube、Instagram等

知识拓展

信息传播体系中的全媒体

全媒体不断发展，出现了全程媒体、全息媒体、全员媒体、全效媒体，信息无处不在、无所不及、无人不用，导致舆论生态、媒体格局、传播方式发生深刻变化，新闻舆论工作面临新的挑战。我们通过"四全媒体"就能很好地看出全媒体的完整内涵。

- 全程媒体是指通过现代信息技术对客观事物运动过程进行全方位的捕捉、记录和存储，确保一个事件从开始到结束始终处于传播链之中。实现全程媒体依托于移动传播体系的形成、物联网的广泛普及，以及5G通信技术等融媒体技术的有力支持。

- 全息媒体是指利用多种形式采集和呈现客观事物在空间存在时的全部信息，为用户提供全息、立体、多维的感官体验。全程媒体和全息媒体作为传播环境中的技术环境，共同构建了丰富多样的传播体验和呈现方式。

- 全员媒体是指社会各个主体通过互联网参与社会信息交流的过程，体现在每个人都具有发声的能力，都有可能成为信息源，而且每个人都处于网络空间的传播链上。从社会发展的角度来看，"全员化"满足了广大群众参与社会事务的需求。近年来，抖音等社交媒体平台的兴起进一步提高了群众在信息传播过程中的参与度。

- 全效媒体是指在全媒体传播体系中，实现媒体功能全面化和效用最大化。在全效媒体中，主流媒体需要将媒体功能从精神层面的引导扩展到网络新媒体上，聚集各种垂直应用，以实现全方位的服务和引导。

本章小结

本章全面介绍了融媒体的基础知识，包括融媒体的概念、产生的背景、特征和分类；同时还介绍了融媒体技术的类型、融媒体技术的创新，以及融媒体技术对传媒行业的影响和融媒体技术引领传媒行业的未来发展趋势；另外，还介绍了融媒体在新闻传播领域、教育与培训领域、娱乐与文化领域、商业与营销领域的应用。

这些知识的实用性很强，无论是大学生还是从事融媒体策划与营销相关工作的人员，掌握这些知识都可以提升媒体素养，加深对各类媒体及其运作方式的理解，从而更好地应对职业挑战。此外，掌握这些知识还有助于读者了解融媒体发展的趋势，把握行业动态，更好地规划和开展工作。同时，这些知识还能够激发读者的创新思维，提升读者的职业能力。

课后练习

1. 单选题

（1）下列选项中，不属于传统媒体的媒体形式的是（ ）。

    A. 电视   B. 电影   C. 广播   D. 数字出版物

（2）在内容审核方面，可以帮助媒体自动检测和过滤不实信息、敏感词汇等，保障内容的真实性和适宜性的融媒体技术是（ ）。

    A. 媒体信息处理技术   B. 网络传播技术

    C. 人工智能技术   D. 区块链技术

（3）下列选项中，不属于传统媒体和网络新媒体交叉融合而产生的媒体形式的是（ ）。

    A. 电子杂志   B. 社交媒体   C. 在线报纸   D. 网络广播

2. 多选题

（1）信息多样化是融媒体的特征之一，下列选项中能够表现融媒体信息多样化的有（ ）。

    A. 形式多样   B. 来源多样   C. 内容多样   D. 传播方式多样

（2）融媒体技术可以看成是媒体传播的一项支撑技术，下列选项中属于融媒体技术的有（ ）。

    A. 数字视频技术   B. 5G

    C. 大数据   D. 物联网

（3）除传媒行业外，融媒体还广泛应用在（ ）领域。

    A. 教育与培训   B. 娱乐与文化   C. 商业与营销   D. 新闻传播

3. 操作题

（1）收集一家县级融媒体中心的相关信息，了解其组织构架，认识其应用的融媒体技术，以及其未来的发展趋势。

（2）收集《人民日报》"中央厨房"的相关信息，分析其如何通过媒体融合进行内容生产和创新传播。

第2章　内容策划、营销策划与文案写作

内容策划是融媒体策划的关键。精心策划的内容不仅能够让用户积极参与互动，还能帮助品牌塑造形象并扩大其影响力，使产品在众多产品中脱颖而出。在内容和营销策划中，文案写作具有举足轻重的地位。文案不仅肩负着传达产品或服务信息、吸引目标用户关注的重要任务，更是打造品牌特色和与用户建立情感联系的关键手段。

知识与能力目标

1	了解内容策划、营销策划与文案写作的基础知识。
2	熟悉内容策划的流程。
3	掌握营销策划方案的写作方法。
4	掌握文案的写作技巧。

素养目标

| 1 | 培养职业素养、建立社会责任感。 |
| 2 | 写作真实、可靠的营销文案，全面、真实、准确、及时地展示品牌、产品或服务信息，不虚假宣传，不误导用户。 |

思维导图

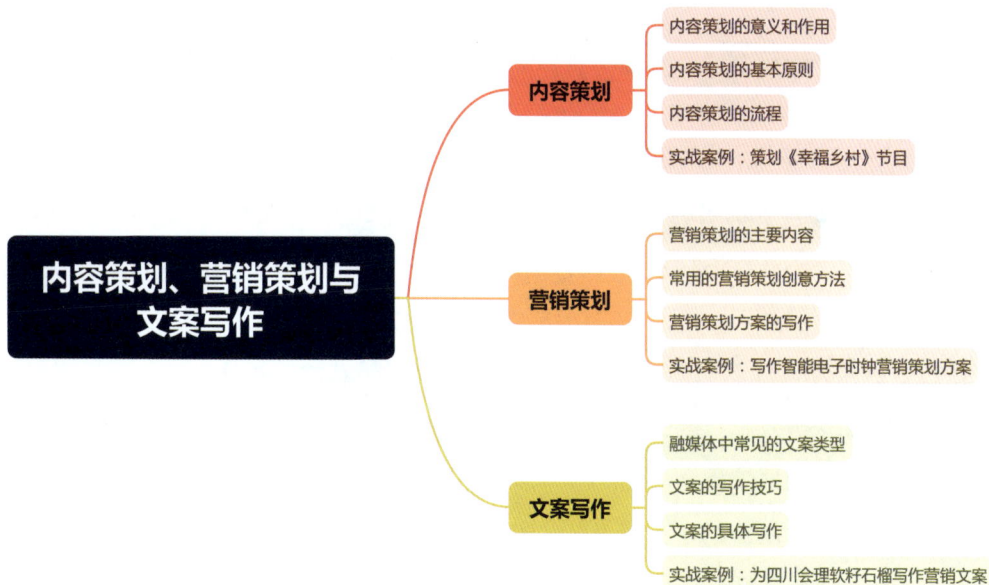

2.1 内容策划

内容策划是一种为实现传播或营销目标，针对目标用户，规划和组织各种形式的内容的过程。内容策划直接影响内容的质量和传播范围，策划人员只有对用户的需求和行为特征，以及融媒体平台的特点有深入了解和准确把握，才能制定出符合营销目标和品牌形象的内容策略，从而确定内容的主题、形式、发布时间和推广手段等。

2.1.1 内容策划的意义和作用

内容策划可以促进融媒体营销中不同媒体平台的有机结合，有效满足用户对于信息获取的多元化需求。具体来说，内容策划的意义和作用主要体现在强化内容制作和提升营销效果两方面。

1. 强化内容制作

内容策划在内容制作中发挥着重要的作用，好的内容策划会使内容具有较高的传播价值。内容策划通过精心的设计，可以明确内容制作的方向和目标，提高内容的情感驱动力，帮助品牌或产品实现更广泛、深入的传播，有时还能在一定程度上降低内容制作的成本。

（1）明确内容制作的方向和目标

通过内容策划，可以明确未来一段时间内的内容定位、内容制作的方向及目标等，从而确保内容制作的连贯性和目标性。

（2）提升内容质量

通过内容策划，可以对内容制作进行预先的规划和设计，包括主题确定、素材选取、创作风格确定等方面，能够确保制作的内容更符合用户需求，从而提升内容质量。

（3）提升内容传播效果

通过内容策划，制作的内容将更贴合融媒体传播的特点，这样可以提升内容在融媒体平台上的传播效果，增加内容的曝光量，获得更多的流量和用户。

（4）降低内容制作成本

通过内容策划，可以减少内容制作中的重复性工作和无用功，提高内容制作的效率，从而降低内容制作成本。

2. 提升营销效果

内容策划能够有效地提升用户体验，促进用户互动，塑造品牌的形象和增强品牌的知名度，并为融媒体平台的信息传播和营销目标的实现贡献力量。

（1）提高品牌知名度

当品牌运营者能够提供优质的内容时，用户会更加关注和喜欢这个品牌。通过内容策划，品牌运营者可以制作吸引人的内容并有效地传递信息，从而提高品牌的知名度。

（2）提升用户体验

成功营销的关键是让用户体会到内容是有价值的。内容策划可以让品牌运营者在了解用户需求和兴趣的基础上，向用户提供其感兴趣、有用的内容，并通过不同渠道发布和推广相关内容，从而提升用户的体验。

（3）塑造品牌形象

内容策划可以通过创作品牌故事、传递品牌价值观、提供有用的信息和价值、强化品牌认知和提高品牌识别度等方式，帮助品牌提高知名度、流量并塑造良好形象，增加用户对品牌的信任度和忠诚度。

（4）促进用户互动

内容策划可以策划出互动性强的内容，如话题、问答、投票、抽奖、分享、展示和挑战等，激发用户的参与和互动，增加用户的忠诚度、提高用户流量，从而提升品牌的推广效果。图2-1所示为某新产品宣传中的用户互动策划。

▲ 图2-1　某新产品宣传中的用户互动策划

2.1.2　内容策划的基本原则

内容策划需要遵循一些基本原则，它们是保证内容质量和传播效果的重要准则。在实际操作过程中，策划人员应根据具体情况灵活运用这些原则，不断优化内容策划的流程和方法。

1. 事实客观

内容策划，特别是新闻内容的策划，必须以事实为依据，不能为了追求利益或流量而报道不实内容，影响内容的真实性和准确性。事实客观原则是内容策划和制作的基本要求，也是媒体公信力的基础。

2. 内容创新

融媒体时代，内容创新是关键。内容策划应该注重创意，不断挖掘新的角度和观点，避免内容同质化，通过制作有价值的内容来吸引用户的注意。例如，积极引导用户提出需求并分享内容，在提高用户参与度的同时，增加内容创新的渠道。

3. 以用户为导向

内容策划应该始终以用户为导向，将用户的利益放在首要位置，充分了解和尊重用户的需求、兴趣和行为习惯，并根据其特点来规划合适的内容，确保内容能够吸引、触动用户并满足用户的需求。另外，引入互动元素也可以与用户建立更紧密的联系，提高用户的参与度和黏性。根据用户的兴趣和偏好，提供个性化的内容推荐和定制服务也是内容策划的重要方面。需注意，在进行内容策划时，应当有法律意识，不得侵犯用户的合法权益。

4. 多媒体整合

融媒体所涉及的各种媒体形式相互融合，因此，内容策划应该充分利用多媒体资源，如文字、图片、音频、视频等，为用户提供丰富多样的视听体验。

5. 承担社会责任

融媒体作为传递社会信息的重要渠道，应该承担起社会责任。内容策划应当关注社会热点问题、传播正能量、推动文化交流、关注环保和公益并促进社会进步。

人才素养　　在融媒体营销中，内容策划是非常重要的工作，策划人员应该熟悉融媒体平台的宣传和营销策略，具备扎实的文字功底，能够独立完成内容策划、营销策划和文案写作的相关工作。

2.1.3　内容策划的流程

内容策划是一个科学的计划，也是一套流程。策划人员只有掌握内容策划的流程，才能有效地推动整个融媒体项目的进展。

1. 明确目标和用户

策划人员首先要明确内容策划的目标是什么，如提升品牌知名度、提高产品销量等；然后明确内容面向的用户，可以通过年龄、性别、地域、兴趣、消费习惯等来总结用户的需求和行为特征。

2. 市场调研

通过市场调研，收集信息和数据，了解行业趋势、竞争对手的内容策略及潜在机会，从而为内容策划提供参考和依据。

3．制定内容策略

根据内容策划的目标和用户，以及市场调研结果，制定合适的内容策略，以确保内容的连贯性和目标性。内容策略包括以下几个方面。

（1）选择内容发布的媒体平台

不同媒体平台的用户有不同的特征，不同媒体平台的内容类型和传播方式也存在差异。策划人员应当分析各个媒体平台的特点，选择符合目标用户需求和能体现内容特征的媒体平台，以便更好地实现营销目标。

（2）设定内容主题

策划人员需要根据品牌定位和营销目标，选取与用户的需求相关的内容主题，并确保内容主题与品牌形象相符合。同时，还要注意区分各个媒体平台的不同特点，设定不同的内容主题，以满足不同用户的需求。

（3）选择内容形式

根据媒体平台的特征和内容主题，选择不同的内容形式，如文字、图片、音频、视频等，并结合具体的设计和制作手法，提升内容的视觉效果和加大传播力度，确保内容有足够的创新性、独特性和实用性。

（4）规划内容的发布时间和频次

策划人员需要根据用户的使用习惯和行为特点，规划内容的发布时间和频次，以便最大限度地吸引用户的注意力，提高用户的参与度。

4．内容制作

根据制定的内容策略进行内容制作。在制作过程中，策划人员应该注重内容的创意和质量，确保内容能够吸引用户并满足其需求。内容制作涉及文案创作、图像编辑、音视频制作等工作，需要专业人员或团队的支持。

另外，在制作完成后，策划人员需要对内容进行审核和修改，以确保内容的准确性、真实性和质量，并确保内容符合国家法律法规和社会公德的要求。

5．发布、推广和优化内容

在计划的时间和平台上，策划人员可以发布并推广内容，包括社交媒体推广、广告宣传、新闻发布等，以扩大内容的影响力和传播范围。

内容策划是一个持续改进和迭代的过程。发布并推广内容后，策划人员还需要关注用户的反馈和相关数据，通过监测和评估关键指标，如传统媒体中的观看人数、收视率，网络新媒体中的点击率、转化率等，不断地调整和优化内容，以提升内容的传播效果和质量，适应变化的市场和用户需求。

2.1.4 实战案例：策划《幸福乡村》节目

某电视台准备策划一档关注乡村发展和乡村生活的节目《幸福乡村》，该节目除了会在电视台播出外，还会在电视台的官方新媒体平台上发布。该节目旨在推广先进的农业技术，向观众传递乡村生活的美好和幸福，全面推进乡村振兴。基本的策划流程如下。

步骤01　确定目标和用户。根据背景可知，该节目的目标是推广先进的农业技术，传递农村生活的美好和幸福，全面推进乡村振兴；用户为乡村居民和关注乡村发展的城市居民，用户年龄跨度较大且具有职业多样化的特点。

步骤02　市场调研。通过问卷调查、访谈等方式，了解人们对乡村发展的关注点，乡村发展面临的问题和需求，以及用户对节目的意见和建议。具体内容如下。

① 通过问卷星、腾讯问卷等在线问卷调查工具设计一份关于乡村生活的调查问卷，问卷内容包括个人基本信息（年龄、性别、受教育程度等）、乡村发展的关注点（农田管理、种植技术、农产品加工等）、乡村发展面临的问题和需求（环境治理、农业产业化、乡村教育等）、对节目《幸福乡村》的期望和意见（内容主题、形式、播出时间等）。

② 组织关注乡村发展的人士和农业相关人员进行深入访谈，访谈内容包括农民代表介绍农民的真实需求和期望，探讨农业技术、农产品销售等问题；农业专家介绍先进的农业技术和发展趋势，为节目提供专业建议；乡村旅游从业者介绍乡村旅游资源和推广需求，探讨如何通过节目推动乡村旅游发展；农民创业者介绍乡村创业的机会和挑战，分享成功经验和创业故事。

③ 对问卷调查和访谈内容进行整理和分析，并从中提取关键信息，了解目标用户的主要关注点和需求等。

步骤03　制定内容策略。根据目标、用户和市场调研的结果，确定内容的发布平台、主题、形式、发布时间和频率，具体内容如下。

① 选择适合乡村主题的媒体平台。通过列项分析常见的媒体平台，如电视台的新闻和农业频道，微信、微博和抖音等新媒体平台，以及乡村教育相关的网站和论坛。具体分析不同媒体平台的用户特点和内容传播形式等，并根据分析结果制定不同的内容发布策略。

② 围绕乡村发展和农民生活选取内容主题，包括农业技术（介绍先进的农业技术，如节水灌溉、精准施肥、智能农业机械应用等，提高农业生产能力和效益）、乡村旅游（推广乡村旅游资源、展示乡村的美景和特色文化，吸引更多游客前往乡村）、乡村环境（关注乡村环境治理、宣传环保理念，提高用户的环保意识）和农民创业（鼓励农民创业创新、介绍成功的创业案例和经验，激发用户的创业热情）等。

③ 确定内容形式。除图文、视频、音频等形式外，节目可采用纪录片、访谈、专题报道等形式，结合真实场景和情感化叙事，使内容更贴近观众。

④ 规划发布时间和频率。根据用户的观看习惯和行为特点，选择合适的时间段和更新频率。例如，每周一期，每期时长 30 分钟；每周六晚 8 点发布新节目；发布后的 3 天内，每天在新媒体平台中进行一次分享和推广；在节假日或者重要农业节点前后，提高节目的发布频率。

步骤04 制作内容。电视台的专业团队进行节目的拍摄、剪辑和后期制作，并邀请农业专家、乡村旅游从业者、农民创业者等嘉宾进行访谈，同时将相关内容制作成精彩的故事和案例，最后由专业编辑对节目内容进行审核和修改。同时，结合图像、视频和音频等多媒体资源，制作生动、有趣的周边内容，包括幻灯片、软文和系列故事等，吸引更多用户的关注。

示例：《幸福乡村》节目策划方案

步骤05 发布、推广和优化内容。在电视台的新闻和农业频道中播放节目，在微信、微博和抖音等新媒体平台上发布剪辑短片，并使用多种方式推广，包括社交媒体推广、视频平台推广、与有影响力的人士合作推广等，以提高节目的曝光度，扩大节目的传播范围。同时，与相关机构合作，组织线下活动，如农业技术培训、乡村旅游体验等，吸引更多用户参与和关注。最后根据用户反馈和数据表现，评估关键指标，如观看节目的人数和次数、点赞数、评论数、分享数、曝光量和搜索量等，不断优化节目内容和推广策略。

2.2 营销策划

营销策划是指制订和实施营销活动的详细计划，旨在提高品牌知名度、扩大市场份额、增加销售额等。从融媒体策划与营销的角度出发，营销策划需要考虑如何更好地整合多种媒体平台并执行不同的营销策略，以达到最佳的营销效果。

2.2.1 营销策划的主要内容

融媒体的营销策划需要从品牌传播、产品推广、互动活动和危机公关等方面进行全面考虑和规划，并根据市场环境和融媒体平台的实际情况，制定具有针对性和创意性的策略，以增强品牌影响力、推广产品，构建良好的用户关系。

1. 品牌传播

在融媒体时代，品牌传播主要通过借助融媒体的多种内容形式，巧妙地设计和展示品牌标识图片、口号和故事等元素，展现品牌的诞生、发展历程及价值观，在表现品牌独特性的同时，引起用户共鸣并提高品牌的认知度和美誉度。需要注意的是，不管是传统媒体还是微博、微信、抖音等新媒体，品牌传递的信息都必须保持一致，以保证品牌信息能够统一、精准地传递给目标用户，建立与用户的情感联系，提升品牌传播效果。图2-2所示为华为在官方网站中发布的品牌宣传短视频，图2-3所示为华为在微博中发布的品牌文案。

▲ 图2-2　品牌宣传短视频

▲ 图2-3　品牌文案

2. 产品推广

产品推广主要通过各种媒体平台将产品信息传递给用户，以提高产品的知名度和销量。在推广过程中，可以综合运用各种手段，如短视频营销、直播带货、话题营销和电视广告等，以吸引用户的关注，增加产品的曝光度。同时，要根据用户的特点和需求，制定有针对性的推广策略，如针对不同年龄段、消费习惯和兴趣爱好的用户，采用不同的推广手段和内容形式，实现精准营销。

3. 互动活动

开展互动活动旨在提高用户的参与度，拉近与用户的距离。为实现这一目标，可结合线下和线上渠道，设计有趣的、具有互动性的活动，如抽奖、问答、挑战等，以吸引用户积极参与。同时，建立品牌社群、产品社群或在线互动平台也是一种有效的方法，还可以定期组织线上讨论、知识分享等活动，促进用户与品牌、产品进行深入交流。另外，还可以通过积分兑换、会员权益保障等方式，提高用户的回购率，增强用户的持续消费意愿。

4. 危机公关

危机公关主要是针对可能出现的负面事件或危机，制定相应的危机公关预案等应对措施，以减少或避免对品牌的损害。在危机发生时，要及时发现并迅速采取行动，利用融媒体的传播优势，在多个媒体平台发布声明，如致歉、解释等；或通过官方网站、社交媒体平台等渠道，积极与用户沟通，消除用户的疑虑和误解。同时，要注意危机发生后的品牌重塑和形象修复工作，通过持续改进和积极互动，重新获取用户的信任。

2.2.2　常用的营销策划创意方法

融媒体的营销策划不仅需要反映营销策划从构思到实施的整个环节，还需要突破原有思维，在旧的基础上创新。策划人员可以使用一些创意方法，使营销策划更具独特性和新颖性。

1. 元素组合

知名广告大师詹姆斯·韦伯·扬（James Webb Young）曾经说过，创意就是旧元素的新组合。旧元素可以让人产生熟悉感，新组合又能让人产生陌生感。元素组合就是将不同性质的事物或功能进行搭配与联结，从而产生创意的一种方法。元素组合的实现步骤如下。

步骤01　按照事物要素构成的层次和序列对需要组合的事物进行分解，分解应尽量详细、全面，直到无法分解为止。

步骤02　对分解后的各部分进行信息组合，此时可按照先小后大的顺序进行，从而使组合尽量规范，并且便于识别。

步骤03　对组合后产生的大量新信息进行筛选，在筛选的过程中要注意经济性与实用性。

2. 头脑风暴

头脑风暴是一种通过小型的讨论，鼓励人们打破常规思维，激发彼此的创造力，在短时间内产生大量灵感，最终产生创造性思维的创意方法。头脑风暴的实施需要注意以下4点。

（1）参与讨论的人数应尽量控制在6～10人，以保证每个人都能获得发言的机会，也保证头脑风暴的效率。

（2）不明确告知此次讨论的目的，只交代要讨论的问题，以充分激发参与讨论的人的思维拓展能力。

（3）鼓励参与讨论的人积极发言，并做好发言记录。

（4）讨论时不能反驳其他人的意见，也不能对其意见发表评论。

开展头脑风暴时，需要注重的是想法的数量，而非质量，因此可能会出现想法的实用性和可操作性不强等问题，这就要在讨论后进行合理、客观的分析。

3．类比

类比是指结合对已知事物的认知联想到其他事物，并根据已知事物的属性比较、推测其他事物是否也具有类似属性的创意方法。类比可以拓宽策划人员的视野，从而为营销策划的创意提供灵感。常用的类比创意方法有直接类比、象征类比、因果类比和综合类比。

（1）直接类比

直接类比是通过对两个事物的直接比较、推测，而在两个事物之间建立类似关系的类比方法。例如，有一颗和宝石外观相似的石头，人们只是通过直接比较石头和宝石的外观，就可以推测出普通的石头可能也有宝石的价值。

（2）象征类比

象征类比是通过具体事物来表示某种抽象概念或思想感情的类比方法。该方法能够借助事物的某一特征来比喻、形容、替代或突出另一事物，在营销策划中的应用较为广泛。例如，用一棵大树来象征某企业的结构和组成部分，大树的根是企业的基础，树干是企业的核心业务，树枝则是企业的各个部门和产品线。这样可以让用户更加直观地了解该企业的现状，并感受到企业的实力和潜力。

（3）因果类比

因果类比是根据已经掌握的事物的因果关系与正在接受研究改进的事物的因果关系之间的相同或类似之处，寻求创新思路的一种类比方法。例如，用食物链来象征一个企业的商业机会，食物链的相邻环节间存在因果关系，而该企业与供应商、生产商、销售商之间也存在因果关系。通过观察食物链各环节之间的关系，可以发现创新思路。

（4）综合类比

综合类比是根据事物属性的多种关系的综合相似性而进行推理的一种类比方法，其常用于对复杂的事物进行模拟类比，如模拟测试、模拟演练等，通过模拟情景推测事物的真实情况。

4．模仿创造

模仿创造是通过模仿已知事物来创造未知事物的创意方法，也是一种事物再创造的方法。当策划人员面临思路不清或无从下手的情况时，可优先考虑使用模仿创造的方法。但需注意，模仿并不等于抄袭，策划人员要在已知事物的基础上，因地制宜地进行创新。

2.2.3 营销策划方案的写作

营销策划方案是营销策划的书面呈现，策划人员通过调研和分析市场环境、目标用户、竞争态势等方面，将营销策划的具体构思和内容以书面形式呈现出来。营销策划方案具体包括以下几方面的写作。

1. 目标分析

营销策划目标是对营销活动所要达到的目标的总述，需要在写作前明确，如提升品牌知名度、增加产品销售量等。营销策划目标应该尽量细化为具体的指标，如在营销一款产品时，制定通过营销活动销售5000单的营销目标，并将该目标的达成情况作为评判营销活动效果的标准之一。

2. 环境分析

环境分析主要包括市场分析、竞争对手分析、产品的影响因素分析等方面，用于为制定营销策略提供正确的依据。环境分析的具体内容包括产品、品牌在当前市场的规模、销售量与销售额，市场占有率，目标用户的年龄、性别等基础信息，竞争品牌的优劣，以及各竞争品牌产品的优缺点、市场区域与产品定位、广告费用与广告表现、促销活动、公关活动等。

3. 营销策略组合

在目标分析和环境分析的基础上，对涉及的营销策略进行组合，形成有效的营销差异化组合策略，以便于开拓市场，提升营销效果。营销策略通常包括产品策略、渠道策略、价格策略和促销策略4个方面的内容。

（1）产品策略

产品策略需要关注产品的差异化、品质、功能、设计和定位等方面。

（2）渠道策略

渠道策略是指如何通过有效的途径向目标用户提供产品或服务，这需要考虑选择哪些销售渠道，如直接销售、经销商、电子商务平台等，以及如何建立和维护这些渠道。

（3）价格策略

价格策略是指如何为产品或服务制定合理的价格，以实现营销目标。价格策略需要考虑产品或服务的成本、竞争状况、目标用户对价格的敏感度、市场分级等因素。

（4）促销策略

促销策略是指如何通过广告、活动等手段提高产品或服务的知名度和购买率，这需要考虑广告渠道的选择、促销活动的形式、与目标用户的互动等因素。

4．内容规划

在营销策划方案的写作过程中，需要对营销的主题、媒体平台和内容形式、风格等进行详细规划。这个流程和它所包含的内容与内容策划中的"制定内容策略"类似，策划人员可以在内容策划的基础上，对营销的主题、媒体平台和内容形式、风格等进行更详细的说明，从而为营销策划的具体实施提供更加全面的指导。例如，某智能家居品牌的理念是"智能化、生活化、简单化"，目标用户的年龄为20~40岁。在策划其产品的营销活动时，可以将主题定为"环保生活"，倡导使用环保产品、减少浪费、重复使用等，利用微博、微信、抖音等社交媒体平台发布与该产品相关的短视频、图片和文字，并通过与网络达人合作制作直播节目进行推广。同时，内容风格可以幽默、轻松一些。

5．具体实施方案规划

具体实施方案是指针对营销策划的各个时间段推出的具体的行动方案。对该方案要在合理控制成本的基础上进行细致、周密的规划，同时要制定执行时间表作为补充。策划人员可以用图、表等形式描述具体实施方案，并注明营销时间、营销费用、人力资源和技术设备等内容。其中，营销时间是指各项工作的时间节点，营销费用是营销的总费用、阶段费用、项目费用等预算，人力资源是人员数量和职责分配，技术设备是指需要的技术设备和软件工具等。

示例：具体实施方案规划

> **知识补充**
>
> 营销策划方案如果要打印输出，需要整理成格式规范、结构完整的文档，还需要在以上内容的基础上，补充封面、前言、目录、摘要、结束语和附录等内容或项目。

2.2.4　实战案例：写作智能电子时钟营销策划方案

某数码电子产品品牌推出了一款智能电子时钟，这款智能电子时钟具有简约、时尚的外观，以及智能背光、温度和天气显示等功能，产品信息如图2-4所示。现在需要策划人员以"智能电子时钟营销策划方案"为标题，为这款智能电子时钟撰写营销策划方案，具体步骤如下。

▲ 图2-4　产品信息

步骤01　目标分析。在淘宝、京东和抖音上对近两个月销量最好的3款智能电子时钟的销售数据进行统计，包括销售单价、销售量、退货率、好评率等。根据销售单价和日销售量计算月销售量和月销售额，根据退货率和好评率估算用户的满意度，并选择一款月销售量和月销售额居中的智能电子时钟作为参考，将其月销售量和月销售额作为本产品的营销目标。

步骤02 环境分析。从市场状况、产品特点和竞争者3个方面进行环境分析，具体内容如下。

① 收集并分析智能电子时钟市场的相关数据，包括市场规模、增长率、用户数量、目标用户的居家时间等。其中，市场规模和增长率可以反映智能电子时钟市场未来的发展趋势，用户数量和目标用户的居家时间可以反映智能电子时钟市场的发展空间。

② 产品特点分析需要将这款智能电子时钟的特点与其他同类产品的特点进行对比，找到这款智能电子时钟与其他同类产品的相同和不同之处，其中，不同之处就是这款智能电子时钟的竞争优势和核心卖点。

③ 调查目标分析中3款产品的定价策略、核心卖点、市场定位和目标用户等信息，看看能否从这些方面找到市场机会。

步骤03 营销策略组合。从产品、渠道、价格和促销4个方面入手进行分析，具体内容如下。

① 根据产品特点分析，找到这款智能电子时钟的独特卖点，并将其作为产品策略的主要内容。

② 营销渠道有线下和线上两种，具体要根据品牌拥有的营销渠道来选择。例如，品牌没有线下实体店，就只能通过合作伙伴拓展的方式进行线下营销。

③ 价格则根据产品卖点和竞争对手制定，如果产品卖点是高级功能和独特设计，那么价格可以定得相对较高，以突出产品的高附加值。如果竞争对手提供类似的产品，并且价格较低，那么这款产品的价格需要定得更具竞争力，以吸引用户并增加市场份额；而如果竞争对手产品的价格较高但产品特点不如这款产品，那么这款产品的价格可以定得相对较高，以突出这款产品的优势。

④ 促销方式有很多，策划人员可以从当前热门的促销方式中选择几种比较常用的进行组合。另外，为了开拓线下营销渠道，可以将实体店推广加入促销方式中。

步骤04 内容规划。首先，根据产品的主要卖点提炼产品营销主题。然后，选择营销的媒体平台，从营销策略可以看出以新媒体平台为主，包括微信、微博等。最后，为了充分发挥媒体融合的特点，可以采用文字、图片和音视频等形式，根据媒体平台的特点来确定内容形式。例如，在社交媒体平台上发布营销文章和广告，或与网络达人合作制作直播节目进行推广，等等。

步骤05 具体实施方案规划。具体实施方案包括以下4个方面。

① 设置营销时间，将两个月的时间以周为单位划分为4个阶段，并为每个阶段设置具体的工作任务。

② 营销预算，包括制作、宣传和其他3个项目的预算，要具体到每个项目所包含的内容，并预估总价格。

③ 人力资源方面，主要包括营销人员、设计师、工程师和其他人员，要分别介绍其主要工作和预算。

④ 技术设备方面，主要包括开发工具、测试设备、服务器和其他设备，同样需要介绍主要设备和预算。

示例：智能电子时钟营销策划方案

步骤06 形成营销策划方案。根据前面的思路形成营销策划方案，最终效果可以扫描右侧的二维码查看。

2.3 文案写作

文案能够起到传达信息、引导用户，增强内容的吸引力和感染力，为内容营造特定氛围的作用。在内容策划与制作中，文案写作是一个至关重要的环节，对整个营销内容的质量和效果具有重要影响。

2.3.1 融媒体中常见的文案类型

文案可以按照不同媒体形式和平台的特点来进行划分，不同类型的文案都有其各自的特点和写作要求。

1. 平面广告文案

平面广告文案是指适用于印刷媒体，通常出现在报纸、杂志、宣传册等平面上的一种文案。平面广告文案通常包括主标题、副标题、正文、图像和口号等元素，以向用户传达广告信息，吸引用户的注意力，并促使其采取行动。优秀的平面广告文案需要简洁明了、有创意、有吸引力、符合品牌形象和用户的需求，同时还需要具有一定的说服力和记忆性。图2-5所示为某物流品牌发布在杂志上的平面广告文案，其内容简洁明了，直接传达了品牌理念。

▲ 图2-5 平面广告文案

2. 新闻稿文案

新闻稿文案主要用于发布新闻和产品，以及宣传企业动态。新闻稿文案以叙述性语言为主，需要突出新闻的重要性和价值，并通过简明扼要的语言传递关键信息。新闻稿文案通常包括标题、导语、主体、结尾等部分，其中，标题是比较重要的部分，需要吸引用户的注意力并引导其继续阅读新闻稿文案。优秀的新闻稿文案不仅要符合品牌形象和用户的需求，同时还应包含客观的信息和事实，且遵守新闻写作的基本规范。

3. 电视广告文案

电视广告文案是为电视媒体上播放的广告而设计的文案，配合画面、音乐、配音等元素，通过视觉和听觉的综合传达来宣传品牌、推销产品或服务。由于时间限制，电视广告文案通常需要简短、有趣、有创意，要能够迅速吸引用户的注意力，同时还需要具有一定的说服力和记忆性。优秀的电视广告文案能够通过情感共鸣和情感表达，让用户对品牌、产品或服务产生好感，提升品牌的知名度并激发用户的购买欲望。例如，"喝前摇一摇""海的味道我知道""不是所有牛奶都叫特仑苏""我们不生产水，我们只是大自然的搬运工"等，都是比较著名的品牌和产品的电视广告语，也属于电视广告文案的一部分。

4. 广播文案

广播文案是针对电台、网络音频平台等广播媒体所写作的文案。由于广播文案仅通过声音来传达信息，所以需要靠声音的节奏和声调的变化等吸引用户的注意力，并有效地传递广告或宣传信息。

5. 网站宣传文案

网站宣传文案是配合网站设计、内容策划等元素，在网页上通过文字、图片等进行宣传推广而设计的文案。图2-6所示为联通安全云市场的网站宣传文案。这类文案需要简洁明了地介绍产品或服务的特点、优势，并引导用户进行相关的操作或交互。另外，很多企业官方网站中的企业介绍、品牌故事等也属于网站宣传文案。

▲ 图2-6 联通安全云市场的网站宣传文案

6. 新媒体文案

新媒体文案就是在互联网的基础上借助新媒体平台写作的文案。新媒体文案通常具有简洁明了、互动性强、创意独特、内容多元化、推广方便和故事性强等特点。新媒体文案的目标是通过精准的定位、创造性的表达和互动性的设计，将品牌或产品信息传递给用户，并引导他们采取相应的行动。图2-7所示为微信中的文案，图2-8所示为微博中的文案。

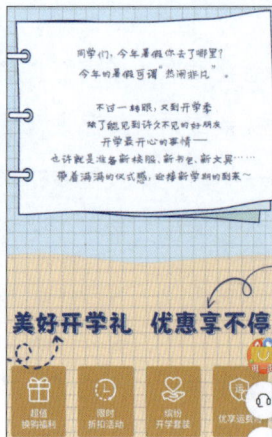

▲ 图2-7 微信中的文案

▲ 图2-8 微博中的文案

2.3.2 文案的写作技巧

在融媒体营销中，文案具有巨大的变现潜能。在进行文案写作时，文案人员需要深入了解用户的需求和心理，还需要掌握一些写作技巧，以达到吸引用户、提高转化率的目的。

1．保证文案简洁明了

应该保证文案简洁明了，避免使用过于复杂的词汇、重复的长句，以免让用户感到疲惫和难以理解，同时也能让文案更加精炼有力，例如，"3个步骤，快速制作熊猫时钟！""高效清洁，让你的家焕然一新！""大折扣！全场商品半价！"等。另外，文案还要避免使用模糊和抽象的词语，要尽量具体、生动、形象，例如，"这款护手霜，滋润保湿，9.9元就能带走！""这本书，洞悉人性、拓展思维，成就未来的你！"等。

2．情感引导

情感是文案写作中不可或缺的元素。通过加入情感元素，可以更好地引导用户，达成营销目的。文案人员可以根据品牌调性、产品类型和用户的特点，在文案中加入温馨、感动、亲切、兴奋、怀念、平静和快乐等情感元素，让用户更容易产生情感共鸣，以增强文案的吸引力和影响力。例如，"在这个寒冷的冬天，给自己一杯热腾腾的祁门红茶，温暖心灵！""一起笑出声吧！这个系列剧让人笑到肚子疼！"等。

3．创意表达

创意表达需要建立在理解用户需求和兴趣的基础上，文案人员可以通过创新的思维和方法，运用不同的表达方式和技巧，吸引用户的注意并传达信息，从而提高文案的吸引力和转化率。创意表达具体可以通过运用幽默的元素、采用拟人手法（为品牌或产品赋予人类特征或行为）、进行类比、讲述故事和运用视觉元素等方式来实现。例如，某汽车品牌的广告文案"宛如蒸汽朋克时代的舞者，优雅而强大！"，采用拟人手法为产品赋予人类特征或行为，可以很好地引起用户的情感共鸣；某旅游网站的宣传文案采用讲述故事的方式，讲述情侣在旅途中的故事，很好地让用户产生了情感共鸣，吸引用户关注，达到了推广该网站的目的。

4．引发好奇心

在文案中使用独特的标题或开头，可以引发用户的好奇心，让用户产生想要继续阅读或观看的欲望，例如，"你知道吗？每一杯××的咖啡都来自这颗小小的咖啡豆""每一只××的手工皮革包，都来自一位熟练工匠的精心制作。他们的手艺，源自对皮革的热爱"等。

5．突出核心观点

在开展融媒体营销时，文案应该突出核心观点：如果是品牌宣传，应强调品牌的理念、价值观；如果是产品或活动推广，应强调产品、活动的独特优势和价值；如果是危机公关，则应摆正态度、说清楚缘由。这需要文案人员根据具体的情况使用简洁、直观的语句描述来表达核心观点，例如，强调产品功能和价值的文案"无线耳机，360度环绕音效，让你身临其境！"等。

6．证据说明

文案中也可以使用具体的证据来增加文案的可信度和说服力。证据通常包括客户评价、用户案例、专家推荐和销售数据等，例如，"这部电影备受网友好评！他们说这是近年来最催泪的作品！""全国已有超过100万用户选择我们的产品，他们的评价说了算！""××都推荐的洗碗机，不容等待！"等。

2.3.3 文案的具体写作

完整的文案一般包括标题、开头、正文和结尾4个部分。一篇优秀的文案，通常会用标题来吸引用户，用开头来激发用户的阅读欲望，用正文来降低用户的跳出率，用结尾来引导用户采取相应的行动。

1．标题写作

标题通常决定着用户对文案的第一印象，用户大多会根据标题判断是否继续阅读文案。文案人员通常会使用以下一些常用的方法来写作标题。

（1）提出问题

在标题中提出问题可以引发用户的思考和好奇心，从而吸引他们阅读文案，例如，

"你是否想过如何快速提高英语口语水平？""华为Mate 60 Pro为什么是一款'争气'机？"等。

（2）告诉用户会获得的好处

在标题中直白地告诉用户会获得的好处，可以让用户更容易对文案感兴趣，例如，"送你一份健身食谱，让你的身材更有型！""挑战你的口才，赢取免费旅行机会！"等。

（3）报道新闻

报道新闻即借用新闻的形式，使文案具有一定的时效性和紧迫感，从而引发用户的关注，例如，"研究发现，吃××类食物能够增强记忆力！"等。

（4）总结盘点

经验分享类的文案实用性很强，非常容易吸引用户的关注，如果在标题中展显对文案中主要内容的总结、归纳，势必会带来不少的用户流量，例如，"'双十一'好书盘点，很多人都在买的畅销著作！""6款买了就不会后悔的防晒霜"等。

（5）借助名人效应

大多数用户存在一定程度的"名人情结"，看到一些有名人或专家名字的标题就会查看，所以，文案人员在标题中加入名人信息，可以提升文案的关注度，例如，"适合1~2人的迷你电饭煲，××（名人）同款""××品牌与××（名人）合作发布新品！"等。

（6）运用修辞手法

运用比喻、引用、对偶、对比、拟人和夸张等修辞手法不仅可以增强标题的吸引力和趣味性，还能让标题显得更有创意，例如，运用比喻的标题"××牌面包，仿佛融化在口中的云朵！"，运用夸张的标题"××牌3D眼镜，带你环游世界，体验颠覆重力的奇幻之旅！"等。

2. 开头写作

文案的开头具有承上启下的作用，上需承接标题，下需引导用户关注文案正文。文案的开头通常有以下几种常用的写作方法。

（1）设置悬念

设置悬念的开头通常比较重视文案的故事性，多与刺激、恐惧、好奇心联系在一起，表达较为扣人心弦，这种开头通常都把吸引用户放在第一位。例如，某智能家电的营销文案开头"你有没有想过，只需轻轻一按，它就能改变你的生活方式？"。

（2）开门见山

开门见山的文案开头直接揭示主题思想或点明要营销的对象，将文案要表达的内容直接呈现给用户。这种开头通常直接描述产品或服务是什么、有什么好处、能解决什么问题等。这种写作方法常以标题为立足点进行直接阐释，从而避免用户产生心理落差。

（3）引用名言

引用名言即在文案开头精心设计一个短小精悍、扣题又意蕴丰厚的句子，或使用名人名言、诗词等来引出正文，凸显文案的主题及其蕴含的情感。这种开头会大大增强文案的可读性，提高营销内容的可信度。例如，某手机品牌为宣传新品而写作的文案开头"正如伽利略曾经说过，'追求科学需要特殊的勇敢'，而我们的产品则勇敢地引领这场无尽的探索"。

（4）讲故事

讲故事即在文案开头创造一个故事情景，文案人员可以用富有哲理的故事，或者用与要表达的中心思想或段落相关的故事作为开头，然后用一句话揭示道理；还可以直接写故事，然后在其中植入营销内容；等等。

知识补充	标题的一些写作方法也可以应用到开头写作中，如提出问题、告诉用户会获得的好处和运用修辞手法等。另外，还可以在文案开头将内心的真实想法表露出来，或者运用热点话题和热点事件作为切入点，或者运用权威机构、权威专家的调查数据、分析报告等资料作为切入点。

3. 正文写作

文案的核心是正文，正文是营销创意和内容的具体体现。除了写作技巧外，正文写作尤其需要学习常用的结构组织方式，目的是使文案脉络清晰、行文自然。

（1）总分式

"总"是指文案的总起或总结，起到点明主题的作用；"分"指的是分层叙述，即将中心论点分成几个分论点，一一进行论证，逐层深入。例如，"成都景区直通车"微信公众号发布的"三星堆游园指南"文案就是总分式，第一段总结全文要讲述的内容，接下来展开论述，介绍三星堆相关基础知识和具体的游园指南，文案脉络清晰，将游园的方方面面介绍得十分清楚。

示例：三星堆游园指南

（2）并列式

并列式结构的正文写法一般是从营销对象的各方面特征入手，不分先后和主次各部分并列平行地叙述事件、说明事物。正文的各组成部分是相互独立、完整的，材料与材料间的关系是并行的，前一段材料与后一段材料位置互换并不会影响文案主题的表现。并列式正文的组成形式基本上有两种：一种是围绕中心论点，平行地列出若干个分论点；另一种是围绕一个论点，运用几个存在并列关系的论据。例如，每日优鲜的生鲜产品系列文案就是典型的并列式结构，单个文案独立存在，又为同一个主题服务，如图2-9所示。

▲ 图2-9 并列式文案正文

（3）三段式

三段式结构的正文写法是从新闻学中的"倒三角"写法延伸而来的，"三段"是指文案的3个部分，这种结构比较适合新闻稿和新媒体文案的正文写作。使用三段式结构写作正文时，第一部分通常是用一段话或陈列要点的方法来概括全文的营销话术，第二部分则是解释卖点或营销话术的延伸，第三部分一般是强调营销对象的独特卖点。其中，第三部分最为重要，写作时要把用户使用产品的场景、效果直接描述出来，让用户产生购买欲望。

（4）片段组合式

片段组合式结构的正文写法就是将几个生动、典型的片段有机组合，拼接成文，使它们共同叙述一个主题，以完成文案写作的目标。在写作片段组合式文案时，正文部分通常被细分为多个片段，它们相互关联又各自独立。例如，一篇报道本地大学生在创业大赛中获得佳绩的新闻稿，其正文就是大学生个人情况介绍、创业大赛介绍、比赛过程展示、大学生获奖情况说明和开展创业大赛的意义介绍5个片段的有机组合。

（5）层进式

层进式结构的正文写法就是把用户的问题一层层地剥开，然后在论证的过程中逐层推进、纵深发展，内容之间的前后逻辑关系和顺序不可随意颠倒，因为后面的内容只有建立在前面内容的基础上才有意义。这种结构的正文常用于宣传和推广一些比较复杂或科技水平较高的产品，多进行观点或事件的论证和讲述，常以议论体和故事体的形式进行写作。层进式结构正文的常规写法是从用户痛点讲到痛点产生的原因，然后介绍解决方案，接着引入产品，最终促成用户下单。

4. 结尾写作

在文案中，用户最后看到的就是结尾，用户对文案的印象及后续的行为常常会受到结尾的影响。文案人员可以灵活运用多种写作方法来写作结尾。

（1）设置转折

这里的转折是指用出其不意的逻辑思维，使正文与结尾形成"奇怪"的逻辑关系，从而达到出人意料的效果。这种结尾写作方法营造的氛围会让用户感到震撼，还会让用户惊叹于文案的独特构思，并留下深刻的印象。例如，一款家庭健身器的营销文案正文详细介绍了该款产品在健身塑形等方面的性能特点，结尾部分却揭示了该款产品的另一个独特功能，即它也是一个智能家居中心，可以帮助用户控制家里的各种智能设备。这个转折改变了用户对家庭健身器的认知，不仅给用户带来了惊喜感，还增加了该款产品的吸引力，强化了用户对该款产品的印象。

（2）引导行动

引导行动是指在结尾通过说明会获得的好处、使用引起情感共鸣和思考或带动情绪等方式来引导用户，使其产生购买、下载或互动等进一步行动。例如，"立即前往网店，享受优惠价格，购买特惠产品！""抓住机会，点击下方链接，立即体验并购买产品！""赶快分享官方微博账号，赢取积分并兑换丰富奖品！"等。

（3）运用亮眼语句

在结尾写作一些言简意赅、富含哲理、能够触动人心的语句，有助于引起用户的共鸣和思考。这些亮眼语句可以是名言警句，还可以是文案人员的个人总结，重要的是能帮助用户深刻地领悟文案思想，提升其对文案的认同感。

（4）构建场景

构建场景是指在结尾描绘一种理想的环境或使用场景，进而带动用户的情绪，让他们感同身受。例如，"你需要一款舒适的枕头，帮助你睡好、睡饱，让你每天起床精神焕发，能量满格地投入工作，高效率地完成工作任务，更快地达成自己的事业目标，不是吗？"这是某款枕头的营销文案的结尾，给用户构建了一个拥有好枕头而精神焕发、工作顺利、事业目标达成的场景，给了用户消费的理由，从而促使其产生购买的愿望。

2.3.4 实战案例：为四川会理软籽石榴写作营销文案

软籽石榴是四川会理的特色农产品，具有汁多味甜、营养丰富、食用方便、有益健康等特点。本案例将使用前面所学的文案写作方法和技巧，为该产品写作一篇营销文案，以突出该产品特点（详细的产品信息可以通过网络搜索获得），提升用户对其的认知和好感度，吸引他们下单购买，从而达到推广销售的目的，具体操作如下。

步骤01　标题写作。标题需要使用吸引用户的词汇，突出产品特点。这里将软籽石榴的美味与健康这两个特点作为核心卖点来吸引用户，并使用开门见山的写法指明产品名称——四川会理软籽石榴，品尝美味，纵享健康。

步骤02　开头写作。文案开头同样需要吸引用户的注意，可以用一段话先描绘四川会理美丽的自然风光和丰富的物产，为用户构建一个生动的场景，让用户对该地产生兴趣，文案为"亲爱的朋友们，让我们一起走进美丽的四川会理，感受那里独特的自然风光和丰富的物产"；然后引入产品，明确说明要介绍的产品，文案为"今天，我们要为您介绍的是四川会理的软籽石榴"。

步骤03　正文写作。正文采用总分式结构，详细介绍四川会理软籽石榴的特点和优势。文案人员在写作时，先对石榴进行简短的概述，强调它的独特口感和健康价值。然后描述种植环境和气候，突出果农的用心和丰富的种植经验，进一步展示石榴的高品质；描述石榴的口感和味道，让用户能够想象和期待品尝这些石榴；强调石榴的食用方便性，特别是对孩子和老人的友好性；构建节日送礼和自己品尝两个主要的应用场景，再次强调石榴的美味和健康。

步骤04　结尾写作。结尾使用引导行动的写法，并再次强调产品的优势。先号召用户采取行动，文案为"现在就来尝尝四川会理的软籽石榴吧！"；然后说明购买石榴的好处，并强调石榴的卖点，文案为"让它们带给您美味与健康的双重享受！"。

示例：软籽石榴的营销文案

综合实训

为攀枝花凯特杧果写作营销策划方案和营销文案

1. 任务背景

凯特杧果作为一种优质的杧果品种，在四川乃至全国都具有庞大的市场需求和广阔的发展前景。老李是四川省攀枝花市的一位果农，今年他种植了30亩（1亩≈666.67平方米）凯特杧果。由于是第一次种植凯特杧果，老李对相关的营销宣传都不熟悉，需要专业的策划人员帮助，针对目标用户写作营销策划方案，制定有效的营销策略和写作具有吸引力的营销文案，从而推动凯特杧果的销售和产业的长远发展。

2. 任务目标

（1）能够写作营销策划方案。

（2）能够写作营销文案。

3. 任务实施

（1）写作营销策划方案

在听了老李的情况介绍后，几名大学生决定帮助老李解决问题，并以提高凯特杧果的知名度和销售量、抢占高端市场为主要目标，为老李的宣传销售写作一份营销策划方案，具体操作如下。

步骤01 目标分析。老李是第一次种植凯特杧果，没有成熟的营销策划方案和渠道，所以，这次的营销目标应该是提高产品的知名度和销售量抢占高端市场。在网上搜索当前主要的杧果类型和热销的杧果类型，据此来对凯特杧果进行定位。

步骤02 环境分析。从当前市场、竞争对手、产品的影响因素3个方面进行分析，具体内容如下。

① 收集并分析攀枝花及全国的杧果市场的相关数据，包括市场规模、增长率、用户数量等。其中，市场规模和增长率可以反映杧果市场未来的发展趋势，用户数量可以反映杧果的受欢迎程度。

② 产品特点分析需要将凯特杧果的特点与其他几款主要的杧果（如金煌杧、贵妃杧、象牙杧和澳杧）的特点进行对比，找到凯特杧果与其他杧果的相同和不同之处，不同之处就是凯特杧果的竞争优势和主要卖点。

③ 产品的影响因素主要包括品质、价格、渠道和促销等。由于老李的凯特杧果是第一次销售的，对价格和渠道两个因素的依赖性不强，所以，另外两个因素是主要的分析对象。其中，品质是产品销售重要的影响因素，促销则可以更好地完成营销目标。

步骤03 营销策略组合。首先是产品策略，根据环境分析的结果，将品质因素作为产品营销的主要突破点，所以，需要在营销中突出产品高品质的特点。其次是渠道策略，需要介绍主要的销售渠道，以及如何使用融媒体平台来提高销量。接下来是价格策略，需要确定凯特杧果的定价，以及通过哪些产品策略和营销方式来支撑这种定价。最后是促销策略，需要分成线上和线下两个方向进行具体介绍。

步骤04 内容规划。营销主题可以从凯特杧果独特的营养价值、口感等方面入手。营销人员应该充分发挥融媒体的优势，进行多渠道营销，以目前常用的社交媒体平台为主要的营销渠道。内容形式应该包含目前所有的形式，营销人员要以多种形式展示凯特杧果的特点，并通过直播增加与用户的互动。

步骤05　具体实施方案规划。具体实施方案中除了营销的时间、预算、人员和技术设备外，还涉及具体行动的说明，具体内容如下。

① 本案例可以划分为市场调研、营销策划、营销执行和评估总结4个阶段。根据普通营销活动的时间划分，这4个阶段的时间占比分别为20%、30%、40%和10%，具体时间也要标注。

② 预算和人员职责划分，以及营销活动中所需要的技术设备则需要根据老李提供的总预算进行分配，其中最重要的是制作、宣传，以及营销、策划和设计人员的费用，这些可以根据普通营销活动的预算分配比例进行分配。

③ 罗列具体的营销行动，并对这些行动进行说明，包括树立品牌形象（选择一些简单易行的操作，如设置和制作品牌Logo，注册社交媒体账号等）、与农户合作（根据现有的条件，这是比较快捷和容易实现的操作，如联合攀枝花的其他果农）、媒体推广（选择当前热门且老李容易接受的操作，如在淘宝等电子商务平台开设网店，使用微信、微博和抖音等多种媒体平台进行宣传，与网络达人合作直播销售）。最后，提供两种能够提升营销效果，并适用于高品质农产品的营销行动，一是参加农业展览和推介活动；二是进行品质认证，如绿色食品认证。但这两种营销行动需要很多的资金支持，且第二种还需要找到专业的认证机构进行申请和认证，要花费大量的时间。

步骤06　结束语写作。首先明确通过营销策划方案能够实现哪些目标，然后表达对老李的信任和期待，强调可持续发展的重要性，最后则展望未来。

步骤07　生成营销策划方案。根据前面的思路生成营销策划方案，并为营销策划方案制作封面，最终效果可以扫描右侧二维码查看。

示例：凯特杧果营销策划方案

（2）写作营销文案

为了提高凯特杧果的知名度，并增强用户购买的信心，吸引用户购买，需要为老李写作一则营销文案，将其用于官方网站、社交媒体平台、电子商务平台、宣传单中，具体操作如下。

步骤01　标题写作。根据当前用户对水果的"自然、健康"的需求来写作标题，并利用用户对于知名人物或者产品的认知来增强文案的吸引力，标题可以确定为"老李的凯特杧果：品味自然，享受健康"。

步骤02　开头写作。开头先通过介绍让用户认识到凯特杧果的产地优势，然后制造悬念，提及凯特杧果在市场上被广泛认可，使用户对凯特杧果产生好奇。

步骤03　正文写作。正文采用片段组合式的结构，详细介绍了凯特杧果的特点、优势、种植故事和品牌理念。文案使用简洁明了的写作方式，易于阅读和理解，可以让用户快速了解凯特杧果的特点和优势，并增强用户的购买兴趣。首先介绍凯特杧果的总体特点，说明其肉质饱满、口感鲜美多汁、甜而不腻等特点；然后重点描述凯特杧果的功效多样化的特点，包括富含多种维生素和矿物质；接着从经济效益和社会效益两个方面介绍凯特杧果带给用户的好处；最后强调老李种植的凯特杧果的优秀品质，并呼吁用户立即行动进行购买。

步骤04　结尾写作。结尾使用引导行动的写法，总结凯特杧果的主要卖点，以及对用户的好处，呼吁用户尽快购买老李种植的凯特杧果。

示例：凯特杧果营销文案

知识拓展

使用AI写作工具生成文案

使用AI写作文案是一种使用以人工智能技术为核心的AI写作工具生成文案的方法。AI写作工具可以快速生成大量的文案，提高工作效率，减少人工成本。很多AI写作工具都使用了先进的自然语言处理技术，可以理解人类的语言和行为，因此生成的文案质量较高，语句通顺，用词准确；而且大部分AI写作工具都提供了定制化的选项，可以根据用户的需求和要求，生成相应文案。

文心一言是AI写作工具的代表之一，其是由百度研发的知识增强大语言模型，能够与人类对话互动，回答问题，协助创作，高效便捷地帮助用户获取信息、知识和灵感。例如，要为老李的凯特杧果写作一句广告文案，就可以打开文心一言的网站，在对话框中输入文案写作需求"为攀枝花凯特杧果创作一句广告语"，按【Enter】键后，文心一言就会根据需求创作文案。如果对创作结果不满意，还可以修改写作要求，文心一言就会重新创作文案，如图2-10所示。

但使用AI写作工具生成文案也有一些注意事项。首先，一定要选择正规的AI写作工具，确保其生成文案的准确性和合法性。其次，虽然AI写作工具可以快速高效地生成大量文案，但是也存在一定的隐患，会出现诸如语法错误、语义不准确等问题，因此要加强审核和管理，确保文案质量。另外，AI写作最好用于辅助创作，保持创意和个性化才能让文案更加有特点和吸引力。

▲ 图2-10　使用文心一言创作文案

本章小结

　　本章全面介绍了内容策划的知识，包括内容策划的意义和作用、内容策划的基本原则，以及内容策划的流程；同时还介绍了营销策划的主要内容、常用的营销策划创意方法，以及营销策划方案的写作；另外，还介绍了融媒体中常见的文案类型，以及文案的写作技巧和具体写作等知识。

　　这些知识的实用性很强，从事或将要从事融媒体策划与营销相关工作的人员掌握了这些知识，可以提高专业素养、创意能力和写作水平；在为未来的职业发展打好基础的同时，能够更好地运用文案来提高品牌知名度和产品的销售额；还能够更好地适应不同渠道的传播需求，提高自身的实践能力和创意水平。

课后练习

1．单选题

（1）在融媒体策划与营销中，内容策划的意义和作用主要表现在强化内容制作和（　　）两个方面。

　　　　A．优化内容质量　　　　　　　　　B．降低内容制作成本

　　　　C．提升营销效果　　　　　　　　　D．塑造品牌形象

（2）围绕产品、价格、渠道、促销这4个方面展开的策划称为（　　）。

　　　　A．市场定位策划　　　　　　　　　B．竞争战略策划

　　　　C．营销策略策划　　　　　　　　　D．营销战术策划

（3）适用于印刷媒体，通常出现在报纸、杂志、宣传册等平面上的文案是（　　）。

  A. 平面广告文案　　　　　　　　　B. 电视广告文案

  C. 新媒体文案　　　　　　　　　　D. 广播文案

2. 多选题

（1）在融媒体中进行内容策划需要遵循一些基本的原则，包括（　　）。

  A. 事实客观　　B. 以用户为导向　　C. 内容创新　　D. 承担社会责任

（2）营销策划方案的内容通常有一定的规范，下列选项中，属于营销策划方案内容的有（　　）。

  A. 目录　　　　B. 摘要　　　　C. 结束语　　　　D. 前言

（3）标题"2023年消费者认可的5种健康水果，你选对了吗？"运用的写作方法有（　　）。

  A. 提出问题　　　　　　　　　　　B. 告诉用户会获得的好处

  C. 总结盘点　　　　　　　　　　　D. 运用修辞手法

3. 操作题

（1）假设你是某家居品牌的策划人员，品牌推出了一款新产品——家居智慧控制中心，具有智能控制、节能环保、安全可靠等特点，现在需要通过营销策划来提高品牌知名度和新产品的销售量。请你撰写一份营销策划方案，内容要求包括市场分析、产品分析、营销目标、营销策略、营销预算、营销行动和结论。

（2）某公司推出了一款折叠屏智能手机，具有折叠大屏、性能强、时尚轻巧、续航时间长的特点，请你为该手机写作营销文案，并突出该手机的吸引力和优势。注意，字数不要超过150字。

第3章　其他内容制作

在融媒体时代，图片、音频和视频等多媒体元素，能够丰富内容的表达方式，增强内容的吸引力和影响力，提高用户的参与度并引起用户的共鸣。合理运用这些多媒体元素，掌握相关的制作方法，可以为融媒体策划与营销工作提供有力支撑。

—— **知识与能力目标**

1　了解图片、音频和视频制作的基础知识。

2　掌握图片的制作方法。

3　掌握音频的制作方法。

4　掌握视频的制作方法。

—— **素养目标**

1　发掘和展现各种融媒体项目的创意，提升审美素养和艺术鉴赏能力。

2　能够更好地应对融媒体策划与营销中的内容制作需求，理解和应用融媒体策划与营销的策略和手法，提升营销策划和实战能力。

—— **思维导图**

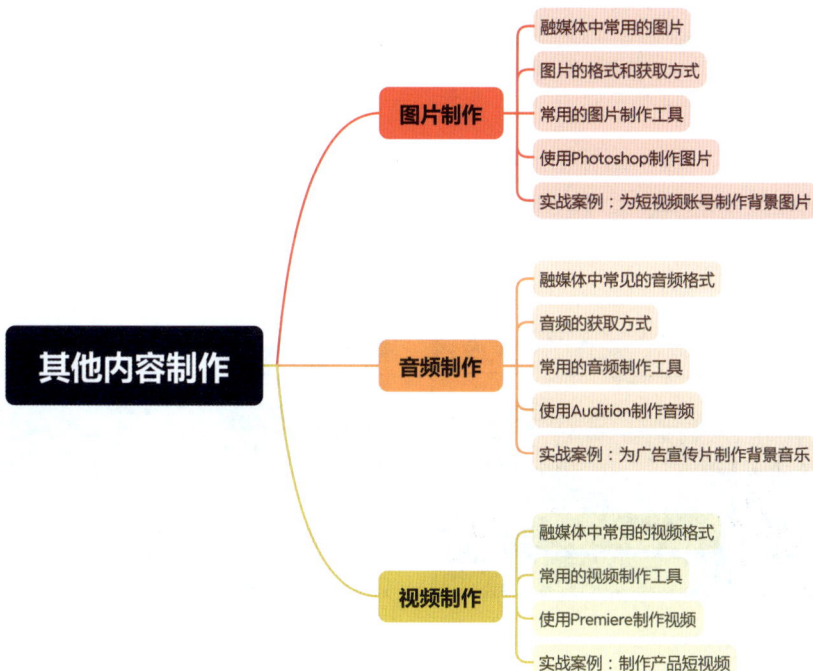

3.1 图片制作

融媒体时代，精美的图片在传达信息、增强视觉效果、提升阅读体验和品牌形象等方面的作用越来越明显。好的图片不仅可以为用户带来更加丰富和愉悦的体验，还可以进一步增强融媒体的影响力和传播效果。

3.1.1 融媒体中常用的图片

融媒体中有多种不同类型的图片，这些图片在不同的媒体平台和行业中都有广泛的应用。

1. 新闻图片

新闻图片主要用于报道新闻事件，通常以抓拍的形式记录新闻事件，以直观的方式展现新闻事件的真实情况，能增强新闻报道的可信度和感染力，用户在报纸、电视和网络新闻中，都可以看到这类图片。例如，新华社在有关"一带一路"重要项目雅万高铁的新闻报道中，就使用了近距离拍摄的雅万高铁高速动车组的新闻图片，如图3-1所示。

2. 广告图片

广告图片通常以插图、照片、图表等形式存在，具有创意性和设计感。广告图片主要用于宣传和营销，通常以极强的吸引力和视觉冲击力传递广告信息，以引起用户的兴趣，激发用户的购买欲。例如，某品牌的智能音箱上市前就在网络新媒体上发布了广告图片，如图3-2所示。

▲ 图3-1　新闻图片

▲ 图3-2　广告图片

3. 人物图片

人物图片通过头像、全身像、特写等多种形式，展现人物的情感、气质和形象，主要用于人物摄影、社交媒体分享及商业广告宣传等。例如，在社交媒体上发布人物图片分享个人生活，在商业广告中使用人物图片宣传产品或服务，在新闻报道中使用人物图片展现人物的形象和情感，等等。

4．风景图片

风景图片的内容包括自然风光、城市景观等，这类图片用于展现大自然的美丽和神秘、城市的文化和历史等。在融媒体中，风景图片通常被应用在旅游指南中介绍景点、在自然纪录片中呈现自然风貌、在广告宣传中营造品牌氛围等。

5．建筑图片

建筑图片的内容包括建筑物、城市规划、园林景观等，这类图片用于呈现建筑物的外观、内部装饰和周边环境，城市的布局和设计，以及园林景观的绿化。例如，买卖房产时在网上查看的房屋户型图就属于建筑图片，如图3-3所示。

6．科学图片

科学图片是一种用于科学研究和科普教育的图片，通常以实验照片等形式展示科学数据和实验结果，帮助人们更好地理解科学知识和研究成果。科学图片需要具备清晰、准确、直观等特点，可以在学术论文、科学报告、科普文章等中使用。例如，科学家所做的棱镜色散实验，其实验结果的照片就是科学图片，如图3-4所示。

▲ 图3-3　建筑图片

▲ 图3-4　科学图片

7．艺术创作图片

艺术创作图片是一种表现个人风格和创意的图片，包含绘画、雕塑、摄影等形式，用于展示创作者的灵感和才华。艺术创作图片可以在艺术展览等中使用，以吸引人们的注意力和提高艺术价值。

3.1.2　图片的格式和获取方式

使用图片前通常需要选择不同的格式，下面介绍相关知识。

1．图片的格式

融媒体中可以使用多种格式的图片，不同的场景中也可以选择不同的图片格式。

- TIFF（*.tif、*.tiff）格式。该格式可以实现无损压缩，是图片处理中常用的格式之一，其格式较复杂，但对图片信息的存放方式较灵活多变，且支持较多色彩系统。TIFF格式常用于印刷、出版、医学影像和档案管理等需要保留细节和保证色彩准确性的领域。

- BMP（*.bmp）格式。该格式是Windows操作系统中的标准图片格式，能够被多种应用程序支持，这种格式的图片几乎不进行压缩，文件所需的存储空间较大。BMP格式常用于计算机图形处理、图像编辑和嵌入式系统等领域，适用于需要进行简单的图像存储和处理的场景。

- JPEG（*.jpg、*.jpeg、*.jpe）格式。该格式是一种支持有损压缩和真彩色，生成的文件较小的图片格式。可以通过设置压缩类型来生成不同大小和质量的图片文件，压缩比越高，图片文件越小，图像质量也就越差。JPEG格式适用于存储大量彩色照片和复杂图像，在新闻报道、广告宣传、营销推广中常用于展示事物的风貌。

- GIF（*.gif）格式。该格式是一种无损压缩格式。GIF格式的图片文件较小，常用于网络传输。网页上使用的图片大多是GIF格式和JPEG格式。与JPEG格式相比，GIF格式的优势在于支持动画和透明背景，这种格式的图片可以用于制作简单的动画、表情包等。

- PNG（*.png）格式。该格式可以使用无损压缩方式压缩图片文件，支持24位图像，能够产生有透明背景且没有锯齿边缘的图片，图像质量也较高。PNG格式可以保留更多的图像细节和透明度，适用于存储图标、有透明背景的图像及需要保留较高质量的图片。

若需要在网络新媒体中使用图片，则可以将图片存储为JPEG格式、PNG格式或GIF格式；若需要创建带有透明背景的静态图片，则可以将图片存储为PNG格式；若需要创建带有动态效果的图片，则可以将图片存储为GIF格式；若需要打印输出图片，则可以将图片存储为TIFF格式或JPEG格式。

2. 图片的获取方式

在融媒体时代，获取图片的方式有很多种，以下是几种常见的方式。

- 自行拍摄。自行拍摄是指自己使用相机或手机拍摄图片。这种方式可以获得质量高、原创性强、具有个性的图片，但需要拍摄者具备一定的摄影技巧和拍摄经验。

- 自行制作。自行制作是指利用软件或其他工具制作图片。这种方式可以制作出具有创意和个性的图片，但需要具备一定的制作技巧和设计能力，以及软件使用和编辑能力。

- 使用搜索引擎。在搜索引擎中输入相关的关键词，可以获得大量的图片，根据实际需求选择合适的图片下载使用即可。

- 图库网站。常见的图库网站包括百度图片和千图网等，这些网站提供高质量、可商用的图片，用户可以在这些网站上搜索需要的图片并下载使用。

- 社交媒体平台。微博、微信等社交媒体平台中存在大量的图片，用户可以在这些平台上搜索需要的图片，然后关注相关账号或加入相关话题获取更多相关图片。

- 专业摄影机构或个人的相关网站。一些专业摄影机构或个人会在相关网站上展示拍摄的图片，用户可以在这些网站上寻找需要的图片。

- 购买。对于一些具有版权的图片，可以通过购买的方式获得。

> **人才素养**　在融媒体中使用图片时，需要遵循真实、客观、简洁、有视觉冲击力等原则。在使用非自行拍摄和制作的图片时，务必确认图片的来源，并注明出处，应当尊重原作者的权益，还需要获得版权持有人的授权或遵循"先许可后使用"的原则，避免因侵权而引发纠纷或承担法律责任。

3.1.3　常用的图片制作工具

获取图片后通常需要对图片进行编辑和处理，这就需要使用图片制作工具。在融媒体时代，图片制作工具通常分为PC端和移动端两种类型。

1. PC端

PC端的图片制作工具主要以Photoshop、Illustrator和光影魔术手为代表。

（1）Photoshop

Photoshop是一款专业的图形图像处理软件，被广泛应用于平面设计、建筑装修设计、三维动画制作及网页设计等领域。Photoshop具有调整色彩、修复照片、添加特效、合成图像等强大的图像处理和编辑功能。在融媒体营销中，Photoshop被用于制作产品广告图、品牌标识、社交媒体宣传图、活动海报等。

（2）Illustrator

Illustrator是一款专业的图形设计工具，提供丰富的像素描绘功能及顺畅灵活的矢量图编辑功能，能够快速设计工作流程。利用Illustrator强大的矢量图形设计功能，可制作高质量的图标、插图、品牌标识和平面设计作品。在融媒体营销中，可以利用Illustrator制作独特的品牌标识、社交媒体图、产品包装设计图等。

（3）光影魔术手

光影魔术手是一款优化和处理图片的软件，具有反转片效果、黑白效果，还具有数码补光、冲版排版等功能。在融媒体营销中，光影魔术手可以打造专业胶片摄影的色彩效果，也可以快速美化图片，以及整理和冲印数码照片，满足绝大部分图片后期处理的需要。

2. 移动端

移动端的图片制作工具通常以App的形式存在于手机、平板电脑等移动设备中，能够方便、快捷地制作各种图片，并应用在网络新媒体中。

（1）美图秀秀

美图秀秀是一款操作简单的图片制作工具，功能很多，且大部分支持免费使用，用户还能将图片分享到微博、微信等社交媒体平台中。图3-5所示为美图秀秀的图片编辑界面。

（2）醒图

醒图是一款比较常用的图片制作工具，用户可以根据自己的需求进行图片的美化和编辑，这款工具很适合用来编辑小红书、微信等社交媒体平台中的图片。图3-6所示为醒图的图片编辑界面。

（3）黄油相机

黄油相机是一款可以为图片添加文字的轻量化图片制作工具，用户可以为图片应用黄油相机提供的特色字体、图形等，从而轻松制作出一张图片。图3-7所示为黄油相机的图片编辑界面。

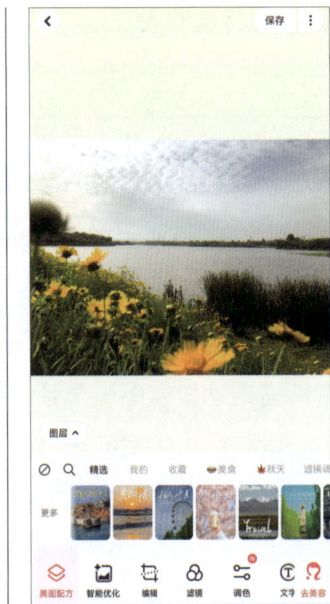

▲ 图3-5 美图秀秀的图片编辑界面　　▲ 图3-6 醒图的图片编辑界面　　▲ 图3-7 黄油相机的图片编辑界面

3.1.4 使用Photoshop制作图片

在使用Photoshop制作图片的过程中，常用的操作包括调整图片大小、添加文字、给图片调色和优化图片等。

1. 调整图片大小

融媒体中使用的图片可能会出现大小不符合要求的情况，此时可通过调整图片大小来处理。在Photoshop中可以通过"图像大小"对话框调整图片大小，调整后图片的像素和尺寸会发生变化。这里以Adobe Photoshop 2022为例，调整图片大小的方法为：在Photoshop 中打开需要调整大小的图片，选择【图像】/【图像大小】选项，打开"图像大小"对话框，在"宽度""高度"数值框中重新设置图片的大小，如图3-8所示。

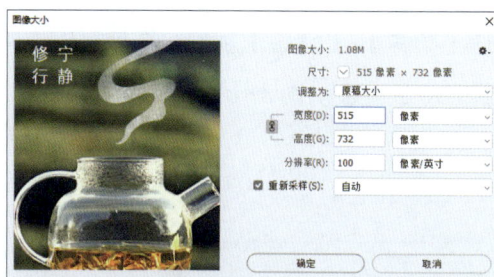

▲ 图3-8　调整图片大小

> 知识补充
>
> 　　如果只需要裁剪图片中多余的区域，可以选择"裁剪工具" ⬜，此时图片编辑区中将出现8个控制点用于确认裁剪区域，你可以长按住【Alt】键不放并拖动控制点以确认裁剪区域，之后单击图片上的其他区域即可完成图片的裁剪。

2. 添加文字

在图片中添加文字有利于向用户传递信息。在使用Photoshop制作图片时，可以使用文字工具直接在图片中添加文字。其方法为：选择"横排文字工具" T，在工具栏中设置文字的字体、大小和颜色，如图3-9所示，然后在图片中需要添加文字的位置单击并输入文字。

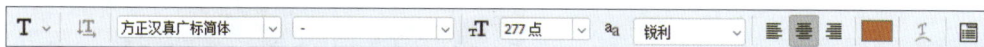

▲ 图3-9　设置文字格式的工具栏

如果要设置字符和段落格式，则需要先选择文字，再选择【窗口】/【字符】选项或【窗口】/【段落】选项，打开"字符"面板或"段落"面板，在其中进行设置，如

图3-10所示，完成设置后，在"图层"面板中单击任意空白处退出文字编辑状态。如果要设置文字的特殊变形效果，可以在选择文字后，单击工具栏中的"创建文字变形"按钮，在打开的对话框中进行参数设置。

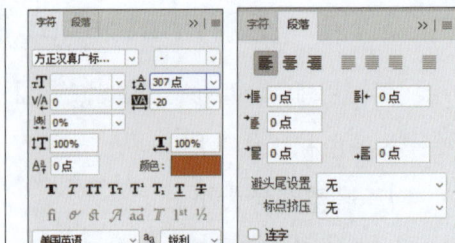
▲ 图3-10　设置文字的字符和段落格式

3. 给图片调色

给图片调色可以调整图片的明暗，增强图片中物体的层次感，也可以对图片的整体色彩搭配进行调整，使图片色彩更生动、丰富。

（1）调整图片的明暗

调整图片明暗可以通过设置亮度/对比度、曝光度、阴影/高光、曲线和色阶等参数进行，其方法为：选择【图像】/【调整】选项，在展开的子菜单中选择对应的选项，打开参数设置对话框设置对应的参数。图3-11所示为"曝光度"和"色阶"对话框。

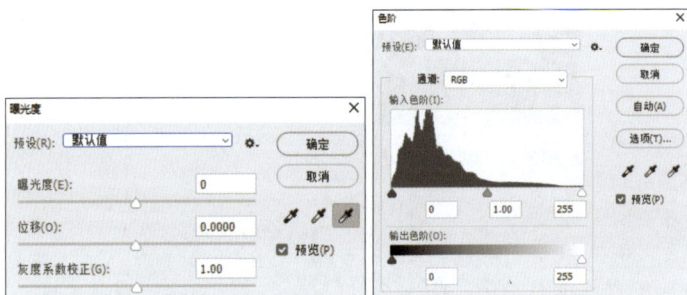
▲ 图3-11　"曝光度"和"色阶"对话框

（2）调整图片的色彩搭配

调整图片的色彩搭配可以通过设置色相/饱和度、色彩平衡、自然饱和度、可选颜色等参数进行，其方法为：选择【图像】/【调整】选项，在展开的子菜单中选择对应的选项，打开参数设置对话框设置对应的参数。图3-12所示为"色彩平衡"对话框，图3-13所示为图片设置色彩平衡参数前后的对比效果。

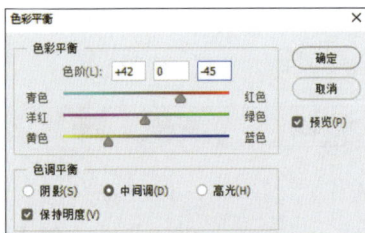
▲ 图3-12　"色彩平衡"对话框

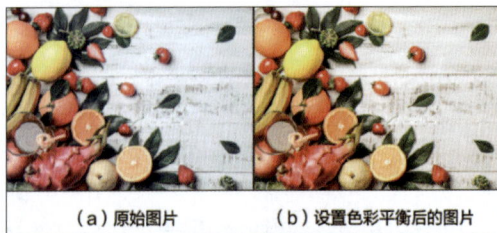
（a）原始图片　　（b）设置色彩平衡后的图片
▲ 图3-13　图片设置色彩平衡参数前后的对比效果

4. 优化图片

优化图片通常需要使用模糊工具、锐化工具、加深工具、减淡工具、涂抹工具和海绵工具等，以降低或提高图片的模糊度、对比度和饱和度等，使图片具有特殊的效果。例如，使用"模糊工具" △ 反复涂抹图片会使图片变得模糊；使用"锐化工具" △ 可以提高图片的清晰度和增加图片的细节；使用"加深工具" ◎ 会使图片的亮度降低，让图片变暗；使用"减淡工具" ✎ 会使图片变亮，使色彩变淡；使用"涂抹工具" ✎ 可以模拟手指涂抹在图片中产生的色彩流动效果；使用"海绵工具" ● 可以提高或降低指定图片区域的饱和度。

这些工具的使用方法基本相同。首先选择工具，然后在工具栏中设置对应的参数，最后在图片需要优化的区域中进行反复涂抹。例如，图3-14所示为一张风景图片，图3-15所示为使用"减淡工具" ✎ 在图片的天空区域横向涂抹，将天空的色彩减淡的效果；图3-16所示为使用"加深工具" ◎ 涂抹图片的4个角以及部分花朵的阴影，加深区域色彩，形成色彩层次后的效果。

▲ 图3-14 原始图片　　▲ 图3-15 减淡效果　　▲ 图3-16 加深效果

3.1.5 实战案例：为短视频账号制作背景图片

某乡镇盛产水果，在县级融媒体中心的指导下拓宽了宣传渠道，还在抖音上新建了一个官方账号，现在需要使用Photoshop为该账号制作一张展示水果信息的背景图片，涉及调整图片大小、添加文字和调色等基础操作，具体操作如下。

微课：为短视频账号
制作背景图片

步骤01 启动Photoshop，选择【文件】/【打开】选项，在打开的对话框中选择"背景图.jpg"图片（素材文件:\第3章\水果\背景图.jpg），单击 打开(O) 按钮打开背景图，选择【图像】/【图像大小】选项，打开"图像大小"对话框，单击"限制长宽比"按钮 🔒 ，解除长宽比的锁定状态，然后将宽度设置为"1125像素"，高度设置为"633像素"，单击 确定 按钮，将背景图的大小调整为抖音账号背景图的标准大小。

步骤02 选择【图像】/【调整】/【色彩平衡】选项，打开"色彩平衡"对话框，设置色阶为"42、0、-45"，增加背景图中水果色彩中的红色和黄色，将水果调整至正常色彩。

61

步骤03　选中"阴影"单选项，设置色阶为"-17、0、-5"，增加树叶色彩中的青色和黄色，将树叶调整至正常色彩，单击 确定 按钮，如图3-17所示。

步骤04　选择【图像】/【调整】/【自然饱和度】选项，打开"自然饱和度"对话框，设置自然饱和度、饱和度分别为"21""18"，单击 确定 按钮，如图3-18所示。

步骤05　选择"横排文字工具" T.，在工具栏中设置文字的字体为"方正兰亭中粗黑_GBK"，字号为"37点"，在背景图的右侧单击，然后输入"每日"。

步骤06　使用同样的方法添加文字"安全·美味·健康·新鲜"，设置字体格式为"方正粗倩简体，6.25点"；添加文字"优质水果"，设置字体格式为"方正粗倩简体，12点"；添加文字"鲜"，设置字体格式为"方正粗倩简体，50点"。

步骤07　选择文字"鲜"，设置文字颜色为"黄色"（f5c30f），如图3-19所示，并在工具栏中单击"创建文字变形"按钮 ，打开"变形文字"对话框，选择"挤压"样式，单击 确定 按钮，如图3-20所示。

步骤08　调整文字的位置，文字效果如图3-21所示。在"背景"图层上右击，在弹出的快捷菜单中选择"合并可见图层"选项，然后选择【文件】/【存储】选项，在打开的对话框中单击 保存(S) 按钮保存文件。选择【文件】/【存储为】选项，在打开的对话框中设置保存格式为JPG，单击 保存(S) 按钮保存为网络传输可用的格式（效果文件:\第3章\水果\背景图.jpg、背景图.psd），完成背景图的制作，背景图效果如图3-22所示。

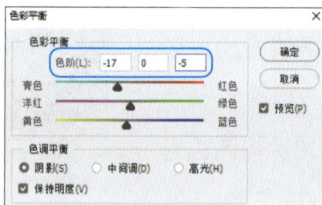

▲ 图3-17　设置色阶

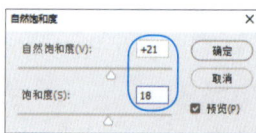

▲ 图3-18　设置自然饱和度、饱和度

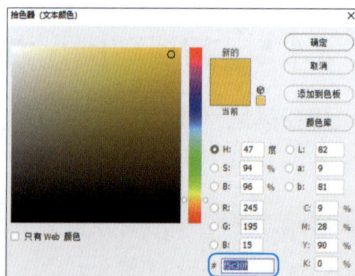

▲ 图3-19　设置文字颜色

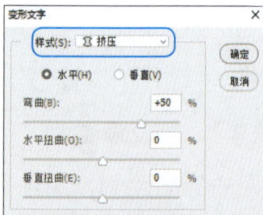

▲ 图3-20　文字变形

▲ 图3-21　文字效果

▲ 图3-22　背景图效果

3.2 音频制作

音频可以刺激用户的听觉感官，引导他们更加深入地理解内容。音频多以旁白、音乐、音效等形式呈现，配合视觉信息共同增强媒体内容的艺术表现力。

3.2.1 融媒体中常见的音频格式

融媒体包含了多种媒体形式，用户在制作融媒体内容时，不可避免地会遇到很多不同的音频格式，不同格式的音频在不同的场景和应用中具有各自的优缺点。

1. 无压缩音频格式

无压缩音频格式是指不经过任何数据压缩的音频格式，可以完整地保留音频信号的原始质量，适用于音乐制作、影视制作等对声音质量要求较高的专业领域。无压缩音频格式的文件较大，并占用较多的存储空间和传输带宽。WAV格式和AIFF格式就是无压缩音频格式的代表。

- WAV（*.wav）格式。WAV格式的音频文件通常用于存储无压缩的音频数据，在Windows系统中广泛使用。
- AIFF（*.aif）格式。AIFF格式是另一种通用的无压缩音频格式，主要在Mac系统中使用。

2. 无损压缩音频格式

无损压缩音频格式是一种在不影响音频质量的情况下，通过压缩音频文件的数据大小来减少存储空间和传输带宽消耗的压缩格式。这种音频格式通常用于网络新媒体的音乐存储、传输和播放等场景。目前，较为流行的无损压缩音频格式有APE格式和FLAC格式两种。

- APE（*.ape）格式。APE格式是较早流行的无损压缩音频格式之一，音频原始数据文件压缩成APE格式后，还可以再从APE格式完全还原成未压缩的状态，从而保证音频的完整性。相较于FLAC格式，APE格式的压缩率更高且有查错能力，但不提供纠错功能。
- FLAC（*.flac）格式。FLAC格式也是一种无损压缩音频格式，这种格式的音频文件占用的存储空间较大，适合音乐深度爱好者或音乐专业人士使用。FLAC格式的音频文件的每个数据帧都包含了解码所需的全部信息，并且中间帧的错误不会影响其他帧的正常播放。

3. 有损压缩音频格式

有损压缩音频格式是一种通过牺牲一定的音频质量来减少音频文件占用的存储空

间和传输带宽消耗的压缩格式。这种音频格式广泛应用于在线音乐、流媒体、广播等领域，适用于需要平衡音质和存储/传输效率的场景。网络新媒体常用的音频格式以有损压缩为主。

• MP3（*.mp3）格式。MP3格式是一种广泛应用的有损压缩音频格式，能够在对原音频进行10倍甚至更高的压缩之后仍保持一定的音频质量。当然，压缩后的音频质量与压缩码率密切相关。通常较高的压缩码率可以获得更高质量的音频文件，但音频文件也会增大；而较低的压缩码率可以减小音频文件，但音频质量会有损失。

• WMA（*.wma）格式。WMA格式是微软公司开发的兼顾音质和网络传输效率的网络数字音频格式，是一种非常适合在线播放的音频格式。与MP3格式相比，WMA格式可以在压缩码率较低和音频文件较小的情况下实现高质量的音频压缩编码。

• AAC（*.aac、*.m4a、*.m4b、*.m4p、*.m4r）格式。AAC格式是一种高级压缩音频格式，与MP3格式相比，在相同的压缩码率下，AAC格式可以提供更高的音频质量和压缩效果。AAC格式通常应用于移动设备的音乐和视频中。

• OGG（*.ogg）格式。OGG格式是一种完全免费、开放且无专利限制的有损压缩音频格式，非常适合一些无版权的内容进行存储和传播。

• AMR（*.amr）格式。AMR格式主要用于移动设备，压缩码率较高，相对其他的音频格式来说，AMR格式的音频质量比较差，基本只在语音领域有较多的应用。

3.2.2　音频的获取方式

融媒体中可能会使用音乐、音效和语音等音频，这些音频可用于媒体内容制作、音乐制作、后期配音等。要获取这些音频，需要通过以下几种方式。

1．录制原始音频

录制原始音频，可以使用录音机、录音笔、手机等录音设备，也可以使用话筒、声卡等音频采集设备，还可以使用音频工作站等软件。录制原始音频可以捕捉到真实的音频内容，适用于音乐制作、广播、采访等需要高质量音频的场景。

2．下载和购买

在合法的音乐平台、音频分享网站和专业音频库中，可以下载和购买各种音频。

• 从音乐平台购买。目前比较常见的音乐平台主要包括酷狗音乐、QQ音乐和网易云音乐等，这些音乐平台提供大量的音乐、音效、语音等音频，用户可以从这些平台购买音频。

• 从音频分享网站下载。目前比较常见的音频分享网站有喜马拉雅、微信听书、番茄畅听和荔枝FM等，这些网站通常提供流媒体音乐服务，涵盖了新闻、音乐、广播剧、小说和讲座等各种类型的音频内容，用户可以方便地在线播放和下载音频。

● 从专业音频库购买。目前比较常见的专业音频库包括淘声网、爱给网和耳聆网等，这些音频库提供各种类型的音乐、音效等专业的音频，适用于商业场景，用户也可以从这些音频库中购买音频。

3．数字化转换

数字化转换包含两个方面的内容，一是使用诸如 Audition 这类音频编辑软件，将视频中的音频分离出来并保存为独立的音频文件；二是通过音频转换工具将视频或音频转换成不同格式的音频文件。

3.2.3 常用的音频制作工具

音频制作工具较多，比较知名的包括 Audition、GoldWave、录音宝和变声专家等，这些工具都具有较为直观的图形化用户界面，操作简单，能够满足日常媒体内容制作中的音频编辑和处理需求。

1. Audition

Audition 是 Adobe 公司开发的一款音频编辑工具，其界面直观实用且功能强大，支持多轨音频编辑、混音，以及精确的音频编辑、噪声消除、音频增益控制等功能，能高质量地完成录音，音频编辑、控制和合成等多种音频处理工作。

2. GoldWave

GoldWave 是一款功能强大的数字音频编辑工具，可以用来编辑、录制音频，还可进行多轨混音、音频效果处理、噪声消除、均衡器设置等音频特效处理工作，提供多种插件和扩展，用于提高音质。

3．录音宝

录音宝是一款由科大讯飞推出的手机录音工具，操作界面简洁，如图 3-23 所示，录音质量较高，且支持精准定位、听声识人。录音宝还有一种特别的功能，就是能够将录制的音频直接转换成文本。

4．变声专家

变声专家是一款专业改变声音效果的音频制作工具，主要功能包括多种声音变化，为视频剪辑、解说等配音，

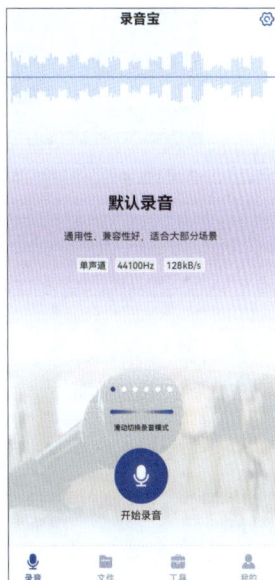
▲ 图3-23　录音宝操作界面

模仿人的声音，改变歌曲中的声音，制作动物声音，等等。

3.2.4 使用 Audition 制作音频

有了音频的加持，融媒体内容传递的信息和表达的情绪将更容易被用户接受。因此，掌握制作音频的方法和技能，可以进一步提升融媒体内容的质量。这里以 Adobe Audition 2022 为例，介绍制作音频的常用操作。

1. Audition 的操作界面

Audition 的操作界面主要由菜单栏、工具箱和各种功能面板组成，如图 3-24 所示。其中，菜单栏共包含 9 个菜单项，每个菜单项下有对应的菜单选项，用户充分利用这些菜单选项可以完成对音频的编辑和处理；工具箱中集合了波形编辑模式和多轨编辑模式中经常使用的工具按钮；除菜单栏和工具箱以外，Audition 的操作界面中绝大部分是各种功能面板，如"文件"面板、"编辑器"面板、"效果组"面板等。

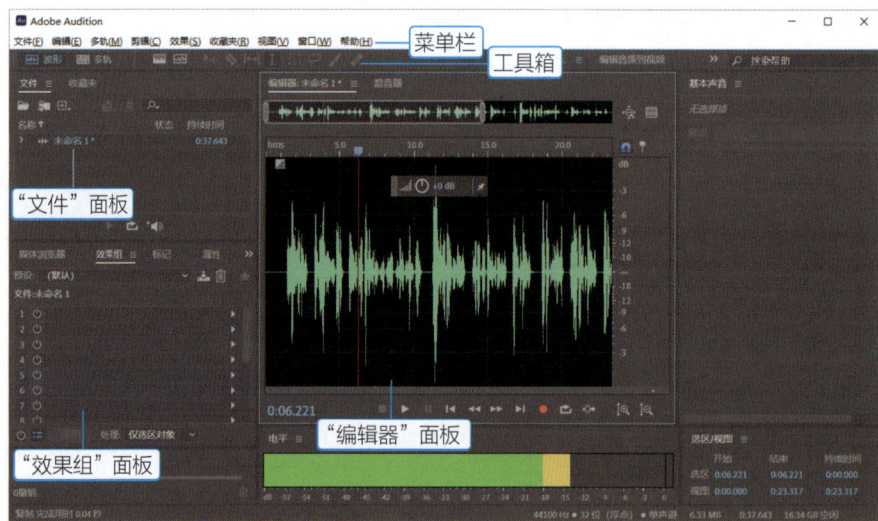

▲ 图 3-24 Audition 的操作界面

需要注意的是，这里的波形编辑模式和多轨编辑模式是 Audition 中编辑音频的主要模式。波形编辑模式主要用于对单条音频内部细节进行处理（去除杂音、降噪等），多轨编辑模式主要用于对多条音频进行剪辑、合成等。

2. 录制音频

在计算机上连接话筒等音频输入设备，启动 Audition，单击"编辑器"面板下方的"录制"按钮 ■，打开"新建音频文件"对话框，设置文件名、采样率、位深度（即量化位数）和声道参数，单击 确定 按钮，Audition 将进入录音状态。话筒接收到的各种声音可转换为波形显示在"编辑器"面板中。录制完成后再次单击"录制"按钮 ■，录制后的声音可保存为不同格式的音频文件。

3. 选择音频波形

在Audition中编辑音频，需要先选择音频波形，可以直接使用"时间选择工具" Ⅱ 在"编辑器"面板中拖曳鼠标指针选择需要的音频波形。当需要精确选择音频文件中的某段音频波形时，可在"选区/视图"面板中的"选区"栏的"开始"数值框、"结束"数值框和"持续时间"数值框中输入参数，图3-25所示为确定开始位置在第2秒、结束位置在第8秒的音频波形。

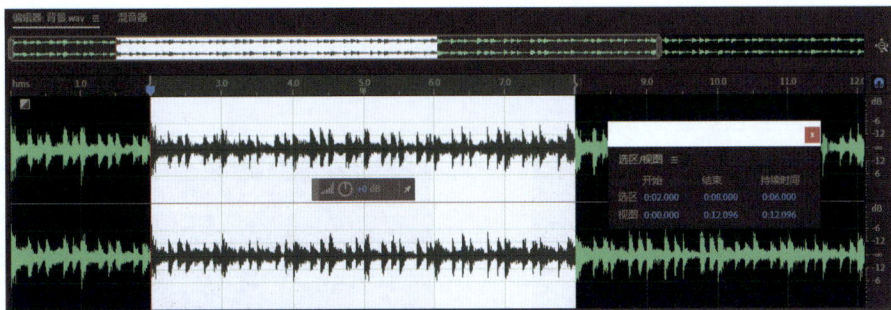

▲ 图3-25 精确选择音频波形

4. 调整音频波形的显示比例

为了便于查看和准确操作，可以根据需要调整音频波形的显示比例，方法主要有两种：一种是将鼠标指针定位到需要放大或缩小显示比例的音频波形处，向上滚动鼠标滚轮放大显示比例，向下滚动鼠标滚轮缩小显示比例；另一种是在"编辑器"面板下方右侧的显示比例调整按钮区域，如图3-26所示，单击不同的按钮调整音频波形的显示比例。

▲ 图3-26 显示比例调整按钮区域

5. 剪切或复制音频波形

当需要将音频中的某段波形移动或复制到另一个位置时，可以剪切或复制音频波形。其操作方法为：选择需要剪切或复制的音频波形，选择【编辑】/【剪切】选项或【编辑】/【复制】选项，然后将播放指示器定位在目标位置，选择【编辑】/【粘贴】选项，便可在该位置创建剪切或复制的音频波形。

6. 裁剪和删除音频波形

裁剪音频波形是指将音频波形中多余的内容裁剪掉，保留需要的内容。其操作方法为：选择需要保留的音频波形，选择【编辑】/【裁剪】命令，未选择的音频波形将被裁剪。如果需要删除音频波形，只需要选择需要删除的音频波形，按【Delete】键删除。

7. 设置音量

在Audition中设置音频的音量，可通过"增幅"效果实现。其方法为：选择【效果】/【振幅与压限】/【增幅】选项，打开"效果 – 增幅"对话框，如图3-27所示，向右侧拖动滑块增大音频的音量，向左侧拖动滑块则减小音频的音量。

8. 降噪处理

如果音频中出现较多噪声，影响音频质量，可进行降噪处理。其方法为：选择【效果】/【降噪/恢复】/【降噪（处理）】选项，打开"效果-降噪"对话框，选择噪声波形并将其捕捉为噪声样本后，就可以在样本预览图中调整和控制曲线。其中，在曲线上单击可添加控制点，拖曳控制点可以调整曲线形状。黄色区域（最上层）表示高振幅噪声，绿色区域（中间层）表示阈值，红色区域（最底层）表示低振幅噪声，如图3-28所示。需注意的是，降噪时只会处理低于阈值的部分。

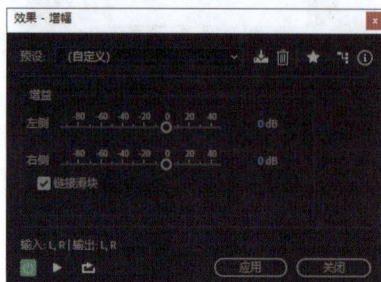

▲ 图3-27　设置音量

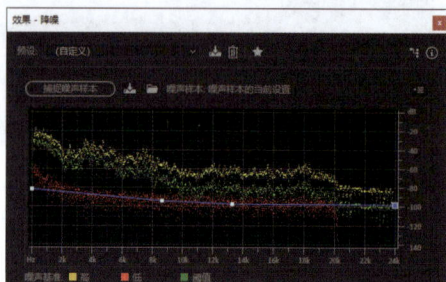

▲ 图3-28　降噪处理

技术讲堂

对音频进行降噪处理时，首先需要选择具有代表性的噪声，且尽量使选择的噪声不夹杂音频内容，然后以该噪声为样本，对整个音频进行降噪处理。如果噪声样本选择的是包含音频内容的区域，降噪后就可能影响音频效果。另外，降噪时若将"降噪"和"降噪幅度"参数的数值设置过大，并进行多次降噪处理，也可能影响音频原有的效果。

9. 淡入淡出波形

淡入淡出波形能让音频的出现和结束更加自然。Audition通常支持"线性"淡化、"对数"淡化和"余弦"淡化3种淡化类型。

- "线性"淡化。水平拖曳"淡入"标记▨或"淡出"标记▨，可创建"线性"淡化，如图3-29所示，这种淡化类型适用于对大部分音频进行均衡音量变化的操作。
- "对数"淡化。非水平拖曳"淡入"标记▨或"淡出"标记▨，可创建"对数"淡化，如图3-30所示，这种淡化类型能够使音频的音量产生先缓慢保持平稳，再快速变化的效果（或先快速变化，后缓慢保持平稳的效果）。
- "余弦"淡化。按住【Ctrl】键并拖曳"淡入"标记▨或"淡出"标记▨，可创建

"余弦"淡化,如图3-31所示,这种淡化类型能够使音频的音量产生先缓慢保持平稳,再快速变化,结束时再缓慢保持平稳的效果。

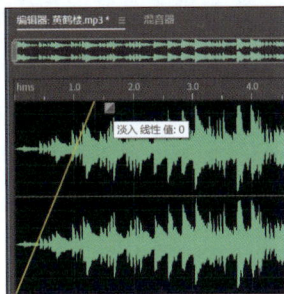

▲ 图3-29 "线性"淡化　　▲ 图3-30 "对数"淡化　　▲ 图3-31 "余弦"淡化

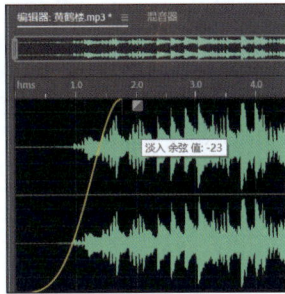

3.2.5 实战案例:为广告宣传片制作背景音乐

某家具厂商拍摄了一则广告宣传片,现需要为该广告宣传片制作背景音乐,要求根据背景音乐素材和宣传口号声音制作出既包含应景的音乐效果,又有宣传口号声音的背景音乐,具体操作如下。

微课:为广告宣传片制作背景音乐

步骤01　启动Audition,按【Ctrl+I】组合键,打开"导入-文件"对话框,选中素材文件中的3个音频素材(素材文件:\第3章\广告背景音乐素材\),按【Enter】键将这3个音频素材导入"文件"面板中。选择【文件】/【新建】/【多轨会话】选项,打开"新建多轨会话"对话框,将会话名称设置为"合成",将采样率、位深度和主控分别设置为"48000""32(浮点)""立体声",单击 确定 按钮,如图3-32所示。

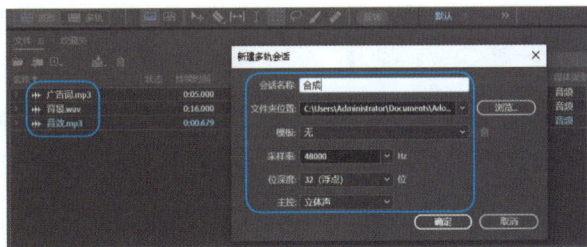

▲ 图3-32 导入音频素材并新建多轨会话文件

步骤02　在"文件"面板中将"背景.wav"音频素材拖曳到"编辑器"面板的"轨道1"上,释放鼠标后自动打开提示对话框,提示由于采样率不匹配,可以根据多轨会话的采样率制作一个相同采样率的文件副本,单击 确定 按钮。用相同方法将另外两个音频素材分别添加到"编辑器"面板的"轨道2"和"轨道3"上,并允许制作一个相同采样率的文件副本。

步骤03 按住【Ctrl】键，在"文件"面板中选择3个音频素材的源文件选项，在其上右击，在弹出的快捷菜单中选择"关闭所选文件"选项。

步骤04 利用"编辑器"面板下方右侧的显示比例调整按钮调整音频波形的显示比例。然后使用"移动工具"将"轨道1"上的音频文件向右拖曳，使其与下方其他轨道上的音频文件没有重叠的区域。再使用"切断所选剪辑工具"，在时间"8.0"的位置单击，切断音频。在切断后的右侧音频时间"17.0"的位置再次切断音频，并使用"移动工具"选择切断后的左右两侧的音频，如图3-33所示，按【Delete】键删除，仅保留中间的部分。

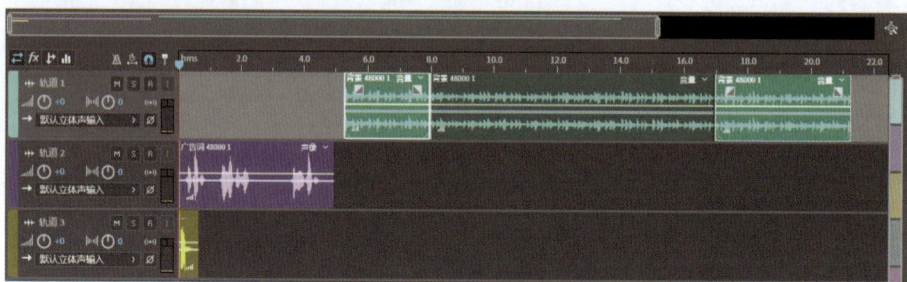

▲ 图3-33 编辑音频

步骤05 使用"移动工具"拖曳3个轨道上的音频，调整其位置，效果如图3-34所示，然后将鼠标指针定位到"轨道1"上的音频末尾处的"淡出"标记上，按住鼠标左键并向左拖曳该标记，为音频添加"线性淡出"效果，淡出的起始位置与"轨道2"上的音频的左侧大致对齐，如图3-35所示。

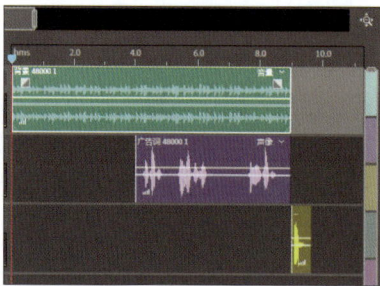

▲ 图3-34 调整音频位置

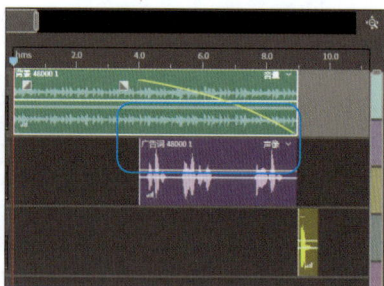

▲ 图3-35 添加"线性淡出"效果

步骤06 选择【多轨】/【将会话混音为新文件】/【整个会话】选项，将所有音频混音为一个音频文件，然后选择【文件】/【另存为】选项，打开"另存为"对话框，将文件名设置为"广告背景音乐"，在"位置"文本框中输入保存位置，在"格式"下拉列表框中选择"MP3音频（*.mp3）"选项，单击 确定 按钮完成广告宣传片背景音乐的制作（效果文件:\第3章\广告背景音乐.mp3），如图3-36所示。

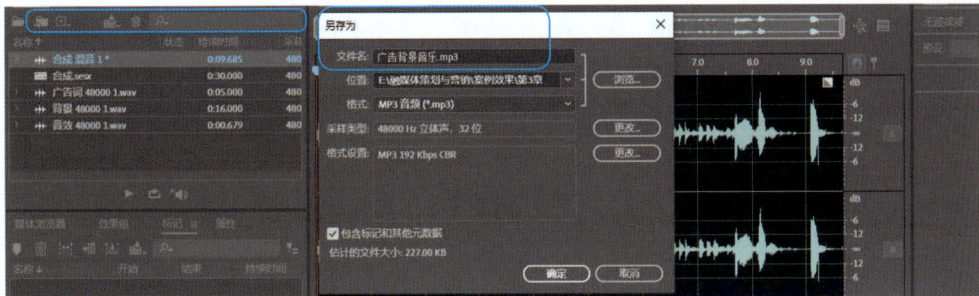

▲ 图3-36　完成广告宣传片背景音乐的制作

3.3 视频制作

视频同时具有视觉和听觉的特性，能够增强内容的表现力。通过制作高质量的视频，融媒体内容可以更好地实现信息的表达和传递。

3.3.1 融媒体中常用的视频格式

融媒体中常用的视频格式不仅能够应用在各种网络新媒体中，还能应用在传统的电视媒体中。

● MPEG（*.mpg、*.mpeg、*.mpe、*.dat、*.vob、*.asf）格式。MPEG格式是一系列视频格式压缩标准的统称，包括MPEG-1/2/4等。其中，MPEG-2常用于数字电视广播和视频编辑等领域，MPEG-4则广泛应用于流媒体和互联网视频等领域。

● AVI（*.avi）格式。AVI格式可以支持各种视频编解码器（如DivX、Xvid等）和音频编解码器（如MP3、AC3等），在Windows平台上被广泛应用。AVI格式的视频文件较大，这种格式的优点是兼容性好、调用方便、图像质量好。

● WMV（*.wmv）格式。WMV格式的文件通常较小，且具有较高的压缩比，虽然图像质量略逊于AVI格式，但更适用于在线视频和流媒体传输。

● MP4（*.mp4、*.m4v、*.3gp、*.f4v）格式。MP4格式是一种融媒体中极其常见的视频格式，它可以存储视频、音频和字幕等多种形式的媒体数据。MP4格式通常使用H.264视频编码和AAC音频格式，被广泛应用于网络视频、流媒体服务等领域，现在大多数手机和平板电脑拍摄的视频都是MP4格式的。

● MKV（*.mkv）格式。MKV格式是一种开放的、免费的视频格式，最大特点是能够存储多种不同类型编码的视频、音频及字幕流等数据。MKV格式在压缩效率、画质和功能方面都具有很大优势，因此被广泛应用于动画片、电影和音乐视频等领域。

71

- RM/RMVB（＊.rm、＊.rmvb）格式。RMVB格式是由RealNetworks开发的一种能容纳Real Video和Real Audio编码的视频格式，其视频图像的质量与WMV格式相似。RM格式则是可变比特率的RMVB格式，这种格式的视频文件很小，图像质量却与RMVB格式差不多，更容易在网络中被下载。

- SWF（＊.swf）格式。SWF格式的视频文件统称为Flash动画文件，该文件包含丰富的视频、声音、图形和动画，在融媒体中常用于网络用户交互。

- FLV（＊.flv）格式。FLV格式是一种流媒体格式（可以在网络中边缓冲边播放的媒体文件格式），特点是文件极小、加载速度极快。这种格式非常适合用于在线播放的视频，因此很多新闻媒体平台和影视剧播放平台都愿意使用FLV格式的视频。

3.3.2　常用的视频制作工具

根据视频的不同用途，可以选择通过PC端或移动端的工具进行视频的制作。

1．PC端

PC端的视频制作工具主要以快剪辑、会声会影和Premiere为代表。

（1）快剪辑

快剪辑是360公司推出的视频剪辑软件，其特点是支持录制全网范围内的所有视频，还可导出不同格式的视频、GIF文件和各种视频表情包。另外，利用快剪辑还可以将制作好的视频一键分享到多个视频平台中。图3-37所示为快剪辑的操作界面。

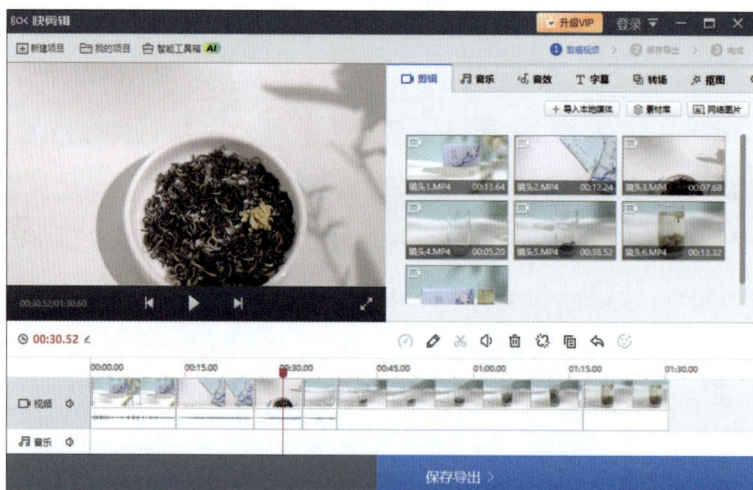

▲ 图3-37　快剪辑的操作界面

（2）会声会影

会声会影是一款功能强大的视频编辑软件，具有图像抓取和编辑功能，可提供超过100种的编辑功能，内置丰富的视频特效和转场效果，并可以导出多种常见的视频格式，能够满足家庭、个人及普通企业视频制作的需要。

（3）Premiere

Premiere是Adobe公司推出的一款视频制作软件，其编辑画面质量较高，且有较好的兼容性。Premiere内置众多的视频特效、过渡效果和滤镜，使用户能够精确地剪辑、调整和创作高质量的视频内容。Premiere被广泛运用于电影、电视、广告、网络视频等领域的视频制作和后期编辑，几乎是融媒体视频制作人员的必备工具。

2. 移动端

常用的移动端的视频制作工具有剪映、秒剪和巧影等。移动端视频制作工具使用方便快捷，操作也比较智能化，用户可应用这些工具自带的特效模板，轻松制作出各种视频。

（1）剪映

剪映是一款比较全能的视频制作工具，具备视频拍摄和剪辑功能，自带多种视频特效和模板，用户能够轻松完成拍摄、剪辑和发布视频等相关操作。剪映还具备美颜、滤镜和贴纸等辅助特效功能，支持添加和自动识别字幕及关闭水印等。在视频制作领域，剪映几乎是首选工具，而且，剪映也推出了PC端版本，这更加方便了用户制作视频。图3-38所示为剪映的主界面和视频制作界面。

（2）秒剪

秒剪是微信官方推出的视频制作工具，通过腾讯强大的算法团队，使用AI对导入的视频、图片或文字等素材进行匹配，直接将它们制作成新的视频，并且用户可以将视频分享到微信视频号中。图3-39所示为秒剪的主界面。

▲ 图3-38 剪映的主界面和视频制作界面

▲ 图3-39 秒剪的主界面

（3）巧影

巧影是一款功能齐备的专业级视频制作工具，其视频剪辑、视频特效添加和背景抠像功能非常强大，而且操作简单、易上手，可实现较专业的视频制作效果。

3.3.3 使用 Premiere 制作视频

Premiere 具有强大的视频剪辑和制作功能，可以将视频素材制作成媒体中播放的视频。这里以 Adobe Premiere Pro 2022 为例，介绍使用 Premiere 制作视频的相关操作。

1. Adobe Premiere Pro 2022 的操作界面

Adobe Premiere Pro 2022 的操作界面如图 3-40 所示，该界面主要由"操作模式"选项卡、工具箱和各种面板组成。单击"操作模式"选项卡中的不同选项可以切换操作模式，同时，操作界面中各面板的组成状态也会发生变化。默认的操作模式为"编辑"模式，此时界面的左上角主要有"源"面板、"效果控件"面板、"音频剪辑混合器"面板等，右上角为"节目"面板，左下角为"项目"面板、"媒体浏览器"面板、"库"面板等，右下角为"时间轴"面板（包括工具箱，工具箱中有制作视频的各种工具按钮）。各面板也可以根据需要通过"窗口"菜单项在操作界面中显示或隐藏。

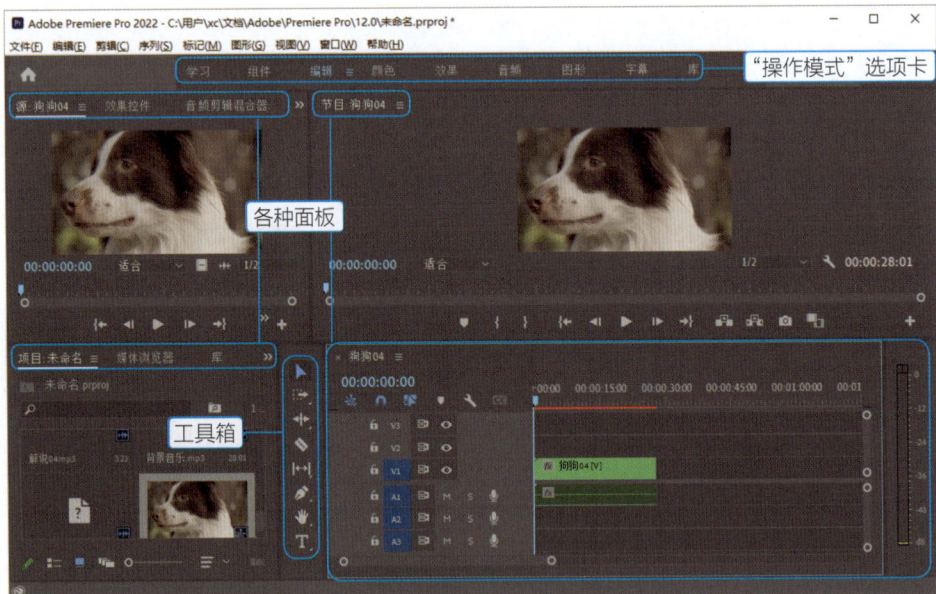

▲ 图 3-40　Adobe Premiere Pro 2022 的操作界面

2. 创建项目和序列

在 Premiere 中制作视频时，首先需要创建项目，然后在项目中创建序列。项目用于管理序列，序列则是管理视频内容的载体。一个项目可以包含一个或多个序列，序列除了可以管理视频内容外，本身也可以作为素材添加到其他序列中。其操作方法为：选择【文件】/【新建】/【项目】选项或【文件】/【新建】/【序列】选项，打开"新建项目"或"新建序列"对话框，在对话框中可设置项目或序列的相关参数。

3. 添加素材

制作视频时需要将各种素材添加到"项目"面板中，然后在"项目"面板中将需要编辑的素材添加到序列中。添加素材的操作为：双击"项目"面板的空白区域，打开"导入"对话框，选择需要添加的一个或多个素材，单击 打开(O) 按钮将其添加到"项目"面板中；在"项目"面板中选择需要添加到序列的素材，将其拖曳到"时间轴"面板相应的轨道上，在将素材移至目标位置后，释放鼠标，完成将素材添加到序列的操作。

4. 移动、复制与删除视频

移动、复制与删除视频的操作通常在"时间轴"面板中进行。首先，在轨道上选择并拖曳视频至目标位置，释放鼠标便可移动该视频。然后，在轨道上选择需复制的视频，按【Ctrl+C】组合键，将时间定位至目标位置，按【Ctrl+V】组合键粘贴视频。最后，在轨道上选择需删除的视频，按【Delete】键删除。

5. 裁剪视频

裁剪视频是指将视频中多余的部分裁剪掉。在 Premiere 中，比较简单的裁剪操作是先在"时间轴"面板中将时间定位到视频需要裁剪的位置，然后拖动视频左侧或右侧的边缘到该位置，如图 3-41 所示。

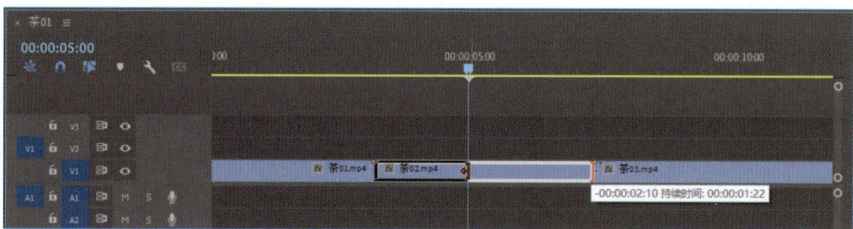

▲ 图3-41　裁剪视频

此外，还有一种能够精确裁剪视频的方式，其操作方法为：在"项目"面板中双击需要剪辑的视频，在"源"面板中将显示该视频；拖曳蓝色的播放指示器到所需内容的开始处，单击"标记入点"按钮 ；将播放指示器拖曳到所需内容的结束处，单击"标记出点"按钮 ；确定需要插入的内容；此时拖曳"时间轴"面板的播放指示器到目标位置，单击"项目"面板中的"插入"按钮 ，就可以将选取的内容插入"时间轴"面板的目标位置。

6. 调色

视频的画面色彩十分重要，调色是对视频中光线、色彩、细节等方面的调整，以校正视频画面的色彩问题。Premiere的调色主要依靠"Lumetri颜色"面板，其包含了6个部分，每个部分都侧重于不同的调色功能。

（1）基本校正

在对视频进行调色前，首先应查看画面是否出现偏色、曝光过度、曝光不足等问题，然后针对这些问题对画面颜色进行基本校正。通过"基本校正"选项可以校正或还原画面颜色、修正其中过暗或过亮的区域、调整曝光与明暗对比等，如图3-42所示。

（2）创意

通过"创意"选项可以进一步调整画面的色调，实现所需的颜色创意，从而打造艺术效果，即进行风格化调色。"创意"选项主要包含"Look""强度""调整"3种色彩设置，如图3-43所示，特别是"调整"栏中又包含了多种色彩设置参数。

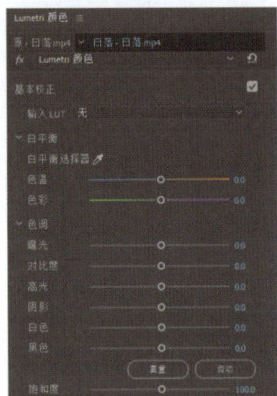

▲ 图3-42 "基本校正"选项　　▲ 图3-43 "创意"选项

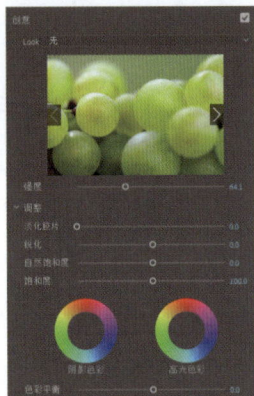

（3）曲线

通过"曲线"选项可以快速、精确地调整视频的色调范围，以获得更加自然的视觉效果。曲线有两种类型。一种是RGB曲线，调整方法为先在曲线上方选择一个颜色通道，即单击对应的圆形颜色块，然后在颜色块对应颜色通道的曲线上单击添加控制点（可添加控制点的数量无上限），拖曳控制点可调整曲线，如图3-44所示（以红色通道的曲线为例）。另一种是色相饱和度曲线，调整方法为打开其中一个颜色通道的曲线选项卡，单击吸管工具🖊，在"节目"面板中单击某种颜色进行取样，曲线将自动添加3个控制点，向上或向下拖曳中间的控制点可升高或降低选定范围的色相饱和度输出值，左右两边的控制点之间则是控制范围，如图3-45所示。

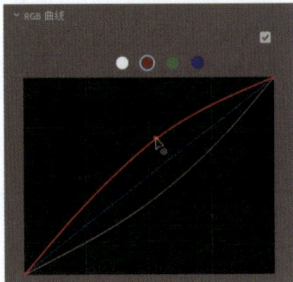

（4）色轮和匹配

通过"色轮和匹配"选项可以更加精确地对视频进行调色。Premiere

▲ 图3-44 调整RGB曲线　　▲ 图3-45 调整色相饱和度曲线

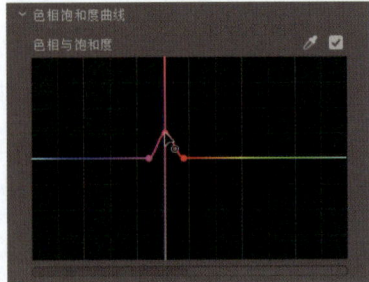

提供3种色轮，分别用于调整阴影、中间调、高光的颜色及亮度，如图3-46所示。单击并拖曳色轮中间的十字指针可以添加颜色，色轮被填满表示已进行调整，空心色轮则表示未进行任何调整，双击色轮可将其复原。

（5）HSL辅助

"HSL辅助"选项可用于精确地调整某个特定颜色，而不会影响视频中的其他颜色，适用于局部细节调色。其中，通过"键"栏可以提取画面中的局部色调、亮度和饱和度范围内的像素，如图3-47所示。像素提取完毕后，可以通过"优化"栏调整颜色边缘。展开"更正"栏，单击色轮可以将提取的颜色修改为另一种颜色，拖曳色轮下方的滑块可以调整提取的颜色的色温、对比度、锐化程度和饱和度。

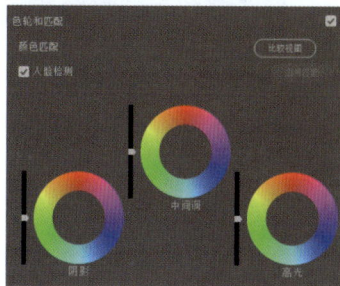

▲ 图3-46 "色轮和匹配"选项　　　　▲ 图3-47 "HSL辅助"选项

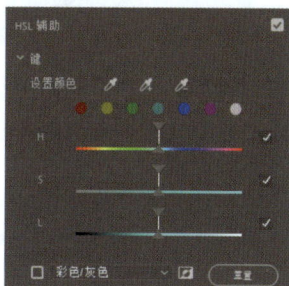

（6）晕影

通过"晕影"选项可以调整视频边缘变亮或者变暗的程度，从而突出视频画面的主体。

7. 添加字幕

视频中的字幕也可以理解为文字。添加字幕的方法为：在工具箱中单击"文字工具"按钮 [T]，在"节目"面板中单击确定文本输入点，然后输入文字；在"时间轴"面板中选择需要设置的字幕，在"效果控件"面板中展开"文本/源文本"选项，在其中可以设置字幕的格式，包括字体、填充颜色、对齐方式等。

8. 添加图形

在Premiere中不仅可以添加字幕，还可以添加图形，丰富视频中元素的展现方式。添加图形只需在工具箱中选择相应的图形绘制工具，如"矩形工具" ■、"椭圆工具" ●、"多边形工具" ⬟，然后在"节目"面板中拖曳相应的工具以绘制图形。之后，通过"基本图形"面板中的"对齐并变换"栏和"外观"栏可设置图形的大小、位置、不透明度等属性，以及填充、描边、形状蒙版、阴影等外观参数，其方法与设置文字的方法类似。

9. 添加视频效果

视频效果是指通过Premiere自带的功能，让视频内容产生变化，包括视频间的过渡、音频、文字和画面等。添加视频效果的方法为单击"效果"选项卡，展开"效果"面板，如图3-48所示，依次展开对应的效果选项，将需要的视频效果拖动到"时间轴"

面板中对应的视频上。另外，添加视频效果后，可以双击该效果标记，展开"效果控件"选项卡，在其中对视频效果的持续时间等进行编辑和设置，如图3-49所示。

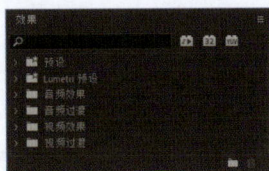

▲ 图3-48 "效果"面板　　　　▲ 图3-49 "效果控件"选项卡

10. 开启和添加关键帧

关键帧是丰富视频效果的有效工具，在不同位置插入不同参数的关键帧，视频在播放时就能以动态的形式按关键帧的参数发生变化。在"时间轴"面板中选择需要添加关键帧的视频，然后将时间定位到需要添加关键帧的位置，在"效果控件"面板中需要添加关键帧的选项前单击"切换动画"按钮，此时该按钮变为蓝色，呈激活状态，且自动在定位位置所在时间点生成一个关键帧。开启某属性的关键帧后，在该属性栏右侧将激活按钮组，将当前时间指示器拖曳到需要添加关键帧的位置，重新设置该属性值，或单击其中的"添加/移除关键帧"按钮，可在"效果控件"面板右侧的时间线位置添加一个关键帧，同时该按钮变为蓝色，呈激活状态。

3.3.4　实战案例：制作产品短视频

某网店的新品柠檬鲜果即将上市，为让更多用户了解这一信息，该网店需要制作一段名为"柠檬鲜果"的产品短视频，并通过多种融媒体渠道进行宣传。本案例将使用Adobe Premiere Pro 2022制作这段短视频，具体操作如下。

微课：制作产品短视频

步骤01　打开Adobe Premiere Pro 2022，新建名为"'柠檬鲜果'产品短视频"的项目文件，新建"1280像素×720像素""方形像素（1.0）"的序列文件，将视频（素材文件:\第3章\水果素材\）全部导入"项目"面板。

步骤02　将"1.mp4"视频拖曳到V2轨道中，在"效果控件/视频效果"选项卡的"缩放"数值框中输入"40"，在"00:00:03:10"位置裁剪视频，并将多余的部分删除，然后在剩余视频上右击，在弹出的快捷菜单中选择"速度/持续时间"选项，在打开对话框的"速度"数值框中输入"120%"，然后按【Enter】键。

步骤03　为V2轨道中的素材添加"颜色键"视频效果，并在"效果控件"面板中设置图3-50所示的相应参数，抠除画面中的蓝色背景，前后的对比效果如图3-51所示。

▲ 图3-50　设置视频效果　　　　▲ 图3-51　前后的对比效果

步骤04　选择【文件】/【新建】/【颜色遮罩】选项，打开"新建颜色遮罩"对话框，按【Enter】键，在打开对话框最下面的文本框中输入"#E3CB7A"，按【Enter】键，继续打开一个对话框，按【Enter】键，为视频新建一个颜色遮罩，然后将其拖曳到V1轨道中，并为该素材应用"纯色合成"效果。将时间定位到"00:00:00:04"处，选择颜色遮罩，按【Ctrl+K】组合键裁剪素材。使用相同的方法依次在"00:00:00:08""00:00:00:10""00:00:00:13""00:00:00:17""00:00:00:21""00:00:01:01""00:00:01:09""00:00:01:15""00:00:01:23""00:00:02:01"处裁剪素材，将素材分为12段。

步骤05　为V2轨道的素材添加"Lumetri颜色"效果，在"效果控件"面板中通过调整RGB曲线增加柠檬的亮度和对比度，如图3-52所示。

步骤06　将时间指示器移动到00:00:02:09处，然后输入文字，并设置字体为"方正字迹–新手书"，字号为"150"。复制该文字，修改字号为"50"，字距为"140"，并修改文字内容和位置，效果如图3-53所示。为文字添加"块溶解"效果，在"效果控件"面板中设置"块溶解"效果的参数，如图3-54所示。

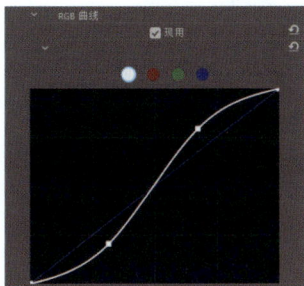  

▲ 图3-52　调整RGB曲线　　　▲ 图3-53　文字效果　　　▲ 图3-54　添加视频效果

步骤07　在当前位置单击"动画切换"按钮🎬添加"过渡完成"关键帧，将时间定位到"00:00:03:00"处，单击"添加/移除关键帧"按钮🎬添加关键帧，设置过渡完成为"0%"，然后将所有素材的出点都设置为"00:00:04:14"。

步骤08　将"采摘.mp4"视频拖曳到V1轨道中的"00:00:04:15"处，设置缩放为"35.0"，将时间定位到"00:00:09:16"处，裁剪视频。在"采摘.mp4"素材的开始位置添加关键帧，设置缩放为"100"，将时间定位到"00:00:05:05"处，添加关键帧，设置缩放为"35"，如图3-55所示。

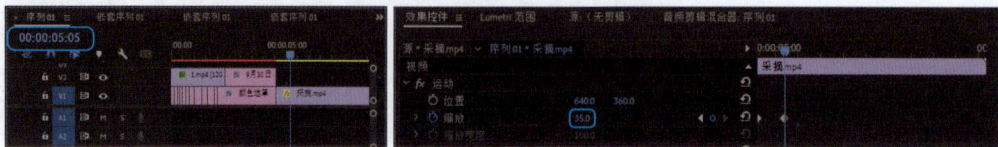

▲ 图3-55　添加关键帧并设置缩放

步骤09　在"00:00:05:15"处使用"矩形工具"▣在画面中绘制一个白色矩形作为装饰，并添加"不透明度"和"位置"关键帧，设置不透明度为"0%"。在"00:00:06:15"处设置不透明度为"100%"，旋转为"15"，创建一个"位置"关键帧。在"00:00:07:14"处调整白色矩形的位置，创建一个"位置"关键帧，并在V3轨道中绘制一个白色矩形作为文字背景。在"效果控件"面板中展开V3轨道中的白色矩形，单击"自由绘制贝塞尔曲线"按钮✎，激活蒙版选项，设置蒙版羽化为"0"，然后在"源"面板中绘制蒙版，如图3-56所示。

步骤10　为V3轨道中的白色矩形应用"线性擦除"效果，在"效果控件"面板中设置过渡完成为"41%"，擦除角度为"270"，然后创建"过渡完成"关键帧，将时间定位到"00:00:08:14"处，设置过渡完成为"0%"。调整V2和V3轨道中的图形素材出点，使其与V1轨道中的视频素材出点一致，将时间指示器移动到"00:00:08:05"处，输入文字"24小时新鲜采摘"，并设置文字颜色为"黑色"，字体为"黑体"，效果如图3-57所示。

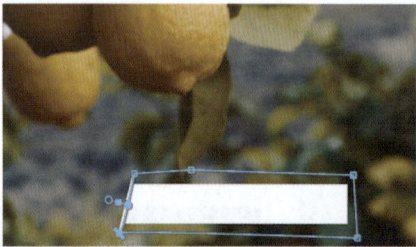

▲ 图3-56　绘制蒙版

▲ 图3-57　添加文字

步骤11　为文字添加"交叉溶解"过渡效果，并设置过渡效果的持续时间为"00:00:00:10"，设置文字的出点与其他轨道中素材的出点一致。选择V2、V3和V4轨道中的图形和文字并右击，在弹出的快捷菜单中选择"嵌套"选项将其嵌套。

步骤12　将"细节1.mp4"视频拖曳到V1轨道中的"00:00:09:17"处，调整该素材的缩放为"35"。在"项目"面板中复制前面创建的嵌套序列素材，然后将其拖曳到V1轨道中的"细节1.mp4"视频上方，调整"细节1.mp4"视频的入点，使其与V2轨道的嵌套序列素材入点一致，再修改复制的嵌套序列素材中的文字为"色泽金黄 果香浓郁"。

步骤13　将"细节2.mp4"视频拖曳到V1轨道中的"00:00:13:19"处，调整该素材的缩放为"35",速度为"150%",用同样的方法复制嵌套序列素材,并修改文字为"皮薄肉厚 汁水充沛"。将"柠檬水.mp4"视频拖曳到V1轨道中的"00:00:17:20"处,调整该素材的缩放为"81",用同样的方法复制嵌套序列素材,并修改文字为"丰富维C 泡水必备"。

步骤14 删除音频轨道中的素材,然后导入"背景音乐.mp3"素材,将其拖曳到A1轨道,并使其出点与V1轨道中的视频出点一致。为音频结尾添加"交叉淡化/恒定增益"过渡效果,制作完成的"时间轴"面板如图3-58所示。

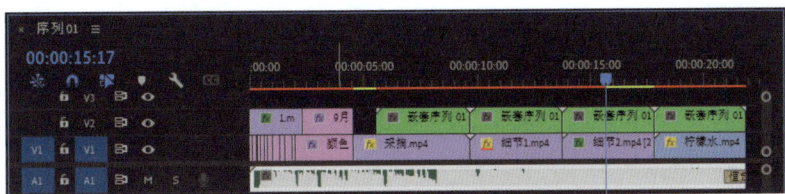

▲ 图3-58 制作完成的"时间轴"面板

步骤15 选择【文件】/【导出】/【媒体】选项,打开"导出设置"对话框,在右侧窗格的"导出设置"栏的"格式"下拉列表框中选择"H.264"选项,单击输出名称后的文件名称超链接,在打开的对话框中将文件名称设置为"柠檬鲜果",然后单击"保存"按钮,返回"导出设置"对话框,单击 ▐导出▌ 按钮导出视频(效果文件:\第3章\"柠檬鲜果"产品短视频.mp4),产品短视频部分效果如图3-59所示。

▲ 图3-59 产品短视频部分效果

⚷ 综合实训

为电视台节目制作宣传视频

1. 任务背景

融媒体时代,电视台为了提升收视率,通常会通过多种媒体渠道进行宣传。某电视台新开设的旅游节目《说走就走》需要制作一个包含节目Logo、本期看点和下期预告等内容的宣传视频，并通过电视、微博、微信和抖音等渠道进行播放，以进行宣传和推广。因此，本次任务需要先使用Photoshop制作节目Logo，然后使用Premiere制作宣传视频。

2. 任务目标

（1）能够使用Photoshop制作节目Logo。

（2）能够使用Premiere制作宣传视频。

3. 任务实施

（1）制作节目Logo

利用已有的素材文件制作节目Logo，具体操作如下。

微课：制作节目Logo

步骤01　启动Photoshop，打开素材文件"文字背景.png"和"Logo.png"（素材文件:\第3章\节目宣传\），如图3-60所示。选择"Logo.png"图片，按【Ctrl+T】组合键，使图片进入自由变换状态，拖动图片四周的控制按钮，适当调整"Logo.png"大小，并将"Logo.png"图片拖动到"文字背景.png"图片中。

步骤02　选择"Logo.png"图层，在"图层"面板中将图层的混合模式设置为"点光"。

步骤03　合并可见图层，得到制作好的节目Logo，将其保存为"Logo.png"（效果文件:\第3章\Logo.png），效果如图3-61所示。

▲ 图3-60　素材文件

▲ 图3-61　节目Logo效果

（2）制作宣传视频

在制作宣传视频时，为了保证节目整体风格和谐统一，视频中的文字与图形选择节目Logo中的颜色。另外，为了让宣传视频能够在更多的媒体中播放，设计要求为1280像素×720像素，总时长16秒左右，具体操作如下。

微课：制作宣传视频

步骤01　打开Adobe Premiere Pro 2022，新建名为"《说走就走》宣传视频"的项目文件和大小为"1280像素×720像素"的序列01文件，然后将需要的素材（素材文件:\第3章\节目宣传\）导入"项目"面板。注意，这里使用的节目Logo应该是使用Photoshop制作好的图片。

步骤02　在"项目"面板中选择"Logo.png"素材并右击，在弹出的快捷菜单中选择"从剪辑新建序列"选项，得到"Logo"序列，并且"Logo.png"素材自动添加到该序列中。在"时间轴"面板中选择"Logo.png"素材，激活"缩放"关键帧，在"00:00:00:05"和"00:00:00:15"位置设置缩放为"80"，在"00:00:00:10"和"00:00:00:20"位置设置缩放为"100"。选择所有的关键帧并复制，分别在"00:00:01:20""00:00:03:16"位置粘贴关键帧。

步骤03　返回"序列01"文件，将"冲浪.mp4"素材拖曳到"时间轴"面板的V1轨道中，设置缩放为"37"。将"Logo.png"素材拖曳到V2轨道，然后激活"旋转"关键帧，在"00:00:00:05"处设置旋转为"180"，在"00:00:00:10"处设置旋转为"0"。在"00:00:01:00"处激活"缩放"和"位置"关键帧，在"00:00:01:15"处设置缩放为"29"，位置为"1100,573"，效果如图3-62所示。

▲ 图3-62　移动Logo

步骤04　将"Logo"序列拖曳到"序列01"文件的V2轨道当前时间指示器所在位置，如图3-63所示，设置"Logo"序列的缩放和位置分别为"29""1100,573"。使用"椭圆工具"在"节目"面板中绘制一个正圆形，设置颜色为"#49FFFF"，然后调整大小与位置。

▲ 图3-63　拖曳素材

步骤05　打开"基本图形"面板，选择"形状01"图层，单击"切换动画的位置"按钮 ，调整位置参数为"-390.1，347.5"，在"00:00:02:00"处调整位置参数为"-69.1，347.5"。在"00:00:02:00"处再绘制一个颜色为"#C9A3FF"的圆形，效果如图3-64所示。

▲ 图3-64　添加图形

步骤06　在"形状02"图层中调整位置参数为"-240.5，361.5"，然后在"00:00:02:03"处调整位置参数为"101.5，361.5"。复制"形状02"图层并命名为"形状03"，图层中的形状颜色为"#FFFF4C"。在"效果控件"面板中将"形状（形状03）"的两个"位置"关键帧移动到"00:00:02:05"位置，并用同样的方法制作"形状

04"图层（图层中形状颜色为白色），并移动"位置"关键帧到"00:00:02:10"位置。输入"本期看点"文字，设置字体为"汉仪中黑简"，字号为"50"，并移动文字到白色圆形内。

步骤07 在"00:00:02:20"处设置不透明度为"0%"，在"00:00:03:00"处设置不透明度为"100%"。在"00:00:04:00"处激活"位置"关键帧，在"00:00:05:00"处设置位置参数为"298.0，360.0"。在"00:00:05:10"处的"冲浪.mp4"素材上右击，在弹出的快捷菜单中选择"添加帧定格"选项，为视频添加帧定格。

步骤08 将"皇冠.png"素材拖曳到V4轨道的当前位置，调整其大小和位置，并将其置于左侧人物头上，然后使用"钢笔工具" 🖊 绘制一个颜色为"#CC0A0A"的披风，通过应用"波纹变形"和"湍流置换"效果使披风产生被风吹动的效果，如图3-65所示。输入"冲浪达人：李言"文字，设置字体为"方正综艺简体"，颜色为"白色"，字号为"35"，并为文字添加颜色为"#6C94FF"、宽度为"4"的描边效果，将文字调整至画面左侧。将皇冠、披风、人物出场文字的出点都调整为"00:00:06:14"，为人物出场文字应用"线性擦除"效果，在"效果控件"面板中设置擦除角度为"-90"，过渡完成为"95%"，激活"过渡完成"关键帧，将时间指示器移动到"00:00:06:00"处，设置过渡完成为"67%"。

步骤09 将"冲浪.mp4"素材的出点调整为"00:00:06:15"，将"人物出场.mp4"素材拖曳到"冲浪.mp4"素材的出点后。调整"人物出场.mp4"素材的速度为"200%"，缩放为"68"，然后为其添加"线性擦除"效果，设置过渡完成为"27%"，擦除角度为"245"，再设置"人物出场.mp4"素材的位置参数为"262，360"，使人物处在画面中心。

步骤10 将"人物出场2.mp4"素材拖曳到"人物出场.mp4"素材上方，调整"人物出场2.mp4"素材的速度为"200%"，缩放为"68"，出点与"人物出场.mp4"素材的出点相同。添加"线性擦除"效果，设置过渡完成为"34%"，擦除角度为"65"，再设置"人物出场2.mp4"素材的位置参数为"900，360"，使其与"人物出场.mp4"素材无缝衔接。

步骤11 复制V2轨道中的"Logo"序列到V3轨道当前位置，输入文字"下期预告"，设置字体为"方正综艺简体"，间距为"89"，并为文字添加颜色为"#6C94FF"、宽度为"4"的描边效果。然后在文字下方绘制一个颜色为"#39D6FF"的矩形。

步骤12 为V4轨道上的图形素材添加"快速模糊入点"效果，调整第2个"模糊度"关键帧的位置为"00:00:07:03"。在画面左下角绘制一个颜色为"#39D6FF"的矩形，然后使用"钢笔工具" 选中矩形左上角的顶点（顶点变为实心即为选中），将其向右轻微移动，然后使用相同的方法移动矩形右上角的顶点，制作一个不规则的四边形。复制"形状02"图层，将其命名为"形状03"图层。选择"形状02"图层，取消该形状的填充颜色，设置描边颜色为"#39D6FF"；选择"形状02"图层，在"节目"面板中调整形状的长度，输入文字并为"导演"二字添加颜色为"#6C94FF"、宽度为"3"的描边效果，如图3-66所示。

▲ 图3-65　添加皇冠和披风

步骤13　在"效果控件"面板中激活源文本，在"00:00:07:16"修改文字为"大家可以期待一下"。在"00:00:08:10"处选择"大家可以期待一下"文字图层，通过文本蒙版制作出下方字幕消失的效果，并将最下方的3个图层移动到文字蒙版图层上面。继续在画面中间输入文字，并使文字居中对齐，然后调整V5轨道中的视频出点，使其与其余素材出点一致，效果如图3-67所示。

▲ 图3-66　制作形状和文字

▲ 图3-67　使用文本蒙版

步骤14　将"片头.mp4"素材拖曳到V1轨道中，将其他所有素材拖曳到"片头.mp4"素材后。将"Logo.png"素材拖曳到V2轨道中，入点为"00:00:04:16"，出点与"片头.mp4"素材一致。将"背景音乐.mp3"素材拖曳到A4轨道中，入点为"00:00:05:24"，出点为整个视频的结尾，并在结尾处添加默认的过渡效果，最后导出为mp4格式的视频文件（效果文件:\第3章\"说走就走"宣传视频.mp4），完成制作。

知识拓展

融媒体中的动画制作

融媒体的很多领域都需要应用动画。例如，在新闻报道中应用动画可以简化复杂的信息和数据，使新闻报道更易于理解和记忆；在教育、健康、安全等主题的公共服务广告中应用动画可以通过创造引人入胜的故事和场景来吸引用户的注意力，同时清晰传达信息；在社交媒体平台上，动画也经常被用在短视频、动态图像或者是与其他用户的交互中；在在线教育中，动画可以将复杂的概念和技术以直观、易理解的方式进行呈现；

在电影、电视剧、动画短片、游戏设计等领域，动画可以用来创建奇幻的世界、角色和场景，以增强趣味性和视觉效果。

Animate是Adobe公司推出的一款集动画制作、游戏设计和广告设计于一体的创作软件，它包含简单直观而又功能强大的设计工具和命令，为专业设计人员和业余爱好者制作动画提供了便利。用户通过Animate可以制作逐帧动画、补间动画、引导层动画、遮罩动画和交互动画等，为原本静止的图片增添动感，使数字媒体的作品内容和展现效果更加丰富多彩，从而推动数字媒体朝动态化、互动化等方向发展。

本章小结

本章全面介绍了融媒体中图片、音频和视频这3种内容的基础知识和制作方法，包括图片的类型、格式、获取方式和制作工具，以及使用Photoshop制作图片的基本操作；音频的格式、获取方式和制作工具，以及使用Audition制作音频的方法；视频的格式和制作工具，以及使用Premiere制作视频的方法。

了解这些内容形式的特性和制作方法，大家可以在开展融媒体策划时更加得心应手，更好地利用这些内容形式来传达信息，从而创造出更具吸引力和影响力的融媒体内容。另外，通过学习使用Photoshop、Audition和Premiere等工具的使用方法，大家可以提升在图像、音频和视频制作方面的技能，进而提高融媒体策划与制作的整体质量。

课后练习

1. 单选题

（1）融媒体中用于科学研究和科普教育的图片被称为（   ）。

  A. 广告图片 B. 科学图片 C. 科研图片 D. 新闻图片

（2）融媒体中常用的WAV（*.wav）格式是一种（   ）音频格式。

  A. 有损压缩 B. 有损 C. 无压缩 D. 无损压缩

（3）Premiere是一款计算机中常用的视频剪辑软件，通常被称为（   ）视频剪辑工具。

  A. 移动端 B. 运动端 C. 飞行端 D. PC端

2. 多选题

（1）下列选项中，属于图片格式的有（   ）。

  A. JPEG B. PNG C. AIFF D. TIFF

（2）下列选项中，属于音频格式的有（　　）。

    A．MP4　　　　　B．MP3　　　　　C．APE　　　　　D．FLV

（3）下列选项中，可以制作视频的工具有（　　）。

    A．会声会影　　B．剪映　　　　　C．秒剪　　　　　D．Audition

3．操作题

（1）某电视台制作了一期关于中国电影发展史的节目，为了宣传和推广该节目，该电视台决定制作一张具有默片时代风格的节目海报，并在多个媒体平台上发布。制作时，可以使用选区工具、形状工具组，配合滤镜、剪贴蒙版和图层混合模式等功能。参考效果见"节目海报.psd"（效果文件:\第3章\节目海报.psd）。

（2）某无人机研发企业将在社交媒体平台、电视、户外广告等媒体上投放宣传广告。现有录制的6个视频素材（素材文件:\第3章\企业宣传\），你需要利用这些素材制作一段视频，并通过视频内容让潜在用户了解企业的情况与产品。操作提示：视频内容可以重点从研发和产品这两个角度进行展现，视频结尾可以展现企业的宣传口号。整个视频的风格应该轻松愉快，画面与画面之间需要过渡得自然流畅，背景音乐需要有一定的节奏感，强调科技公司的属性。参考效果见"企业宣传.prproj"（效果文件:\第3章\企业宣传\企业宣传.prproj）。

第4章 融媒体营销

从传统的电视、报纸和广播，到互联网中的网站、社交媒体和移动应用，再到物联网中的智能设备、VR和AR，媒体形态正在不断演变和融合。这种媒体融合的趋势，不仅提供了更多的营销方式，也带来了全新的挑战。

知识与能力目标

1　了解融媒体营销的基础知识。

2　认识融媒体营销方式。

3　认识社会化消费者、跨屏传播和一体化营销。

素养目标

1　树立正确的学习观、成才观和商业伦理观，激发创新意识。

2　遵守职业道德，维护良好的融媒体营销环境，给广大用户提供更好的服务。

3　严格遵守国家相关法律法规，营造和谐、有序的融媒体营销环境。

思维导图

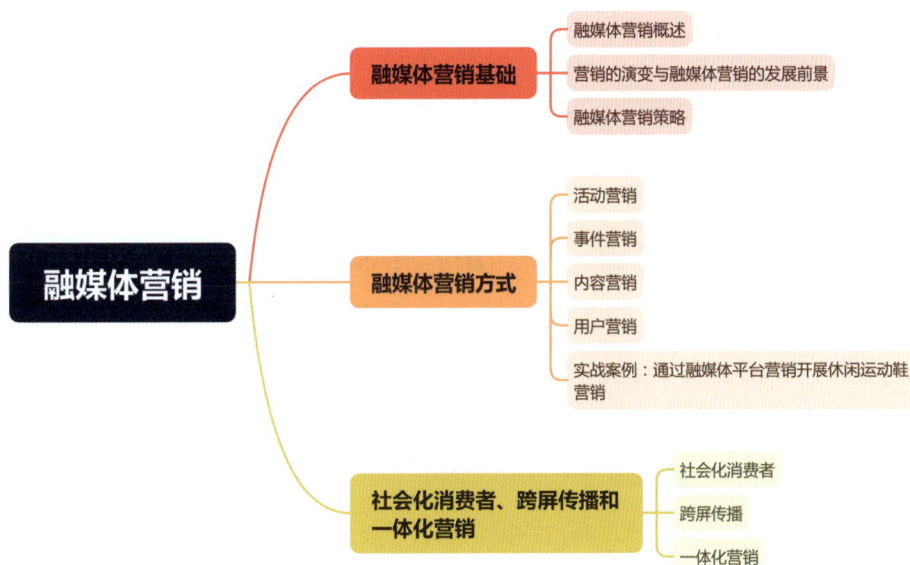

4.1 融媒体营销基础

融媒体营销是一种创新的营销策略，其通过多渠道的整合和传播，不仅可以帮助提升品牌知名度，还能拓展目标用户，实现更好的营销效果和品牌推广效果。

4.1.1 融媒体营销概述

融媒体营销通常被认为是利用多种媒体平台和渠道，整合传统媒体和网络新媒体的特点和优势，推广和宣传企业产品、品牌或服务的营销策略。融媒体时代，在传统媒体上进行广告投放和宣传仍然具有一定的效果，尤其是对于特定目标用户。网络新媒体具有广泛的覆盖面和互动性，可以有效提升宣传效果并使企业与用户进行实时互动。

1. 融媒体营销的优势

相对于传统市场营销和网络营销，融媒体营销具有更多优势，这些优势有助于企业更好地了解市场和用户，制定更为精准的营销策略，从而取得更好的营销效果。

（1）互动性更强

融媒体营销更强调与用户之间的互动和沟通，企业充分利用各种媒体平台和渠道，与用户进行互动和交流，以了解用户的需求和反馈，从而更好地调整和优化营销策略。

（2）营销效果好且可测量

企业借助数据分析技术和监测工具，可以更准确地了解目标用户的需求、兴趣等信息，直接量化评估营销效果，从而精准投放广告，提升营销效果。

（3）更注重个性化和定制化

在融媒体营销中，企业能够根据目标用户的特征和需求，选择合适的营销渠道和媒体平台，将产品或服务推广给最有可能购买的用户。在该过程中，企业需要以目标用户为中心，为他们量身定制营销方案，并提供符合目标用户需求和喜好的产品或服务，以实现个性化和定制化的营销效果。

（4）营销渠道更广

在融媒体营销中，企业可以同时利用包括传统媒体和网络新媒体在内的多个媒体平台和渠道，实现跨媒体传播和互动，从而扩大营销渠道，从多维度向不同用户进行宣传。

（5）营销成本更低

由于营销渠道更广，在融媒体营销中，企业可以选择和利用免费或低成本的媒体平台和渠道来开展品牌推广和营销活动，从而降低营销成本，提高投资回报率。例如，在微博、抖音等社交媒体平台创建官方账号，并建立社交媒体管理团队等，实现低成本营销。

（6）更强的信任感

在融媒体营销中，首先，用户可以通过传统媒体或网络新媒体获取产品或服务相关信息，这种多样化的信息来源使用户可以更全面地评估产品或服务的品质和可靠性。其次，融媒体营销强调互动和用户参与，用户可以看到其他用户的真实反馈和评价，进而形成更准确的判断。所以，融媒体营销为用户提供了更多的信息和信息获取机会，从而增加了用户对产品或服务的信任感。

2. 融媒体营销的作用

融媒体营销融合了传统媒体和网络新媒体的优势，在企业的营销过程中发挥着重要的作用。

（1）信息发布

企业通过各种融媒体营销方式，以高效的手段将营销信息传递给目标用户、合作伙伴等群体。

（2）拓展销售渠道

融媒体营销融合了实体店铺、经销商等传统销售渠道，以及社交媒体、电子商务平台等网络在线销售渠道，可以最大限度地拓展销售渠道并实现线上线下的无缝衔接，使企业能够更灵活地开展销售和推广活动。

（3）品牌传播和宣传

企业通过各种融媒体平台和渠道开展品牌传播和宣传，通过有创意、有吸引力的内容和形象，吸引目标用户的关注，在提高品牌知名度的同时建立或加强目标用户对品牌的信任。

（4）加强客户服务与关系维护

企业通过网站和社交媒体等渠道提供在线服务，与用户进行直接的互动，回答用户的问题、解决用户的疑虑，建立良好的用户关系和口碑。在线客户服务具有成本低、效率高的优点，在提高客户服务水平方面具有重要作用，同时也直接影响网络营销的实际效果。企业还可以通过多种融媒体渠道定期发布有价值的内容，与用户保持持续联系，提高用户黏性和忠诚度，建立良好的用户关系。

（5）促进销售

企业通过融媒体的多种在线渠道和方式，对用户进行精准定位，提供个性化服务，并在社交媒体等平台上开展广告推广、用户互动、口碑传播等营销活动，实现从提高品牌知名度、产品曝光度到促进产品销售的全方位营销。而且，融媒体营销并不限于促进线上销售，很多情况下，对促进线下销售也有帮助。

4.1.2 营销的演变与融媒体营销的发展前景

融媒体营销是融媒体技术发展和全媒体时代信息化变革的产物，是不断演变的，也是值得不断探索和创新的。

1. 营销的演变

营销的发展经过了漫长的阶段，最早可追溯到20世纪50年代。随着经济的发展和商业的繁荣，营销理论逐渐完善，著名营销学专家菲利普·科特勒（Philip Kotler）总结出了营销发展的5个重要阶段，这5个阶段也充分体现了营销是如何演变的，如图4-1所示。

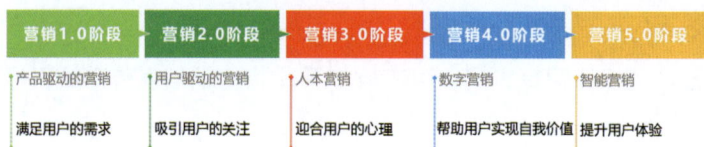

营销1.0阶段	营销2.0阶段	营销3.0阶段	营销4.0阶段	营销5.0阶段
产品驱动的营销	用户驱动的营销	人本营销	数字营销	智能营销
满足用户的需求	吸引用户的关注	迎合用户的心理	帮助用户实现自我价值	提升用户体验

▲ 图4-1 营销发展的5个重要阶段

- 营销1.0阶段。这个阶段的营销以产品为中心，其内涵是解决企业如何实现更好交易的问题，其中，功能诉求、差异化卖点成为帮助企业将产品转化为利润的核心。

- 营销2.0阶段。这个阶段的营销主要以用户为导向，其内涵是营销中不仅需要产品有功能差异，更需要企业向用户传达情感与形象。在这个阶段，出现了大量以品牌宣传和推广为主的营销公司。

- 营销3.0阶段。这个阶段的营销主要以企业的价值观驱动，其内涵是将用户从企业的"猎物"还原成有丰富个性的"人"，即人本营销。营销从关注产品转移到关注用户，再到关注人文精神。

- 营销4.0阶段。这个阶段的营销主要以数字化为基础，其内涵是以大数据、社群、价值观为基础，企业将营销的重心转移到与用户积极互动、尊重用户作为营销主体的价值和让用户参与营销价值的创造中。

- 营销5.0阶段。这个阶段的营销主要以智能化为基础，其内涵是以人工智能、自然语言处理、传感器、机器人、VR、AR、物联网和区块链等技术为基础，通过智能化营销帮助营销人员在整个用户体验过程中更好地创造、传播、交付和提高价值。

2. 融媒体营销的发展前景

融媒体营销在当今数字化时代发展迅速，未来的发展前景仍然非常广阔，呈现出多渠道整合与合作、数据驱动营销、虚拟与现实融合、用户生成内容、智能营销助手辅助、整合营销与全媒体发展等特点。

（1）多渠道整合与合作

随着社交媒体、搜索引擎、电子商务平台和移动应用等在线渠道的不断涌现和发展，未来的融媒体营销将更加注重多渠道整合与合作，并涵盖更多的媒体形式，形成更加丰富多彩的内容形式。企业会利用多个媒体平台实施统一的营销策略，跨越不同媒体平台传播和推广品牌形象和信息。这种趋势将进一步推动融媒体营销的发展，创造出更多的商业机会和发展空间。

（2）数据驱动营销

大数据和人工智能技术的发展将进一步推动融媒体营销的发展。通过对用户行为和消费数据的深入分析，企业可以更加精准地洞察用户需求，优化广告投放、个性化推荐和服务策略，提升用户的购买决策意愿和转化率。

（3）虚拟与现实融合

随着VR和AR技术的不断成熟和普及，融媒体营销将更加注重实时互动和沉浸式体验。通过虚拟与现实融合，企业可以提供更加生动和沉浸式的产品展示和购物体验，让用户产生身临其境的感受。例如，虚拟试穿、虚拟看房、虚拟旅游等，都是通过打造虚拟场景和互动模拟在现实中向用户提供服务，图4-2所示为虚拟试衣镜的效果。

▲ 图4-2 虚拟试衣镜的效果

（4）用户生成内容

在融媒体营销中，用户生成内容的重要性将继续增强。现阶段，社交媒体、电子商务等平台上用户生成的点赞、分享和评论等内容对于品牌形象和产品的推广会产生重要影响。未来的融媒体营销将更加注重与用户的互动，积极引导用户生成有利于品牌的内容，并通过推动用户参与营销活动提升用户黏性和忠诚度。

（5）智能营销助手辅助

随着人工智能技术的不断发展，智能营销助手将在融媒体营销领域扮演重要的辅助角色。智能营销助手可以通过自然语言处理、机器学习等技术，为企业提供智能化的营销策略建议，辅助企业进行更加有效和智能的融媒体营销。智能营销助手的应用场景包括自然语言处理引擎、推荐引擎、决策辅助系统、聊天机器人和自动化广告投放等，图4-3所示为某电子商务平台提供的智能机器人服务，它可以为用户提供在线帮助。

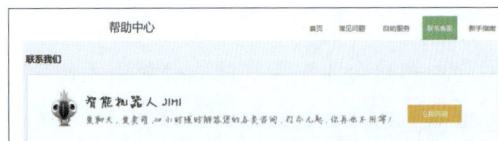

▲ 图4-3 某电子商务平台提供的智能机器人服务

（6）整合营销与全媒体发展

未来的融媒体营销注重将各种营销策略与多种媒体形式进行融合，通过整合不同的营销策略，并以全媒体的形式进行传播，实现更加全面和有效的营销。这种趋势将需要企业拥有更加全面和综合性更强的营销团队和技能，以适应市场变化和用户需求。

4.1.3 融媒体营销策略

融媒体营销策略即根据目标用户的特征和偏好选择合适的媒体平台和渠道，发挥不同媒体间的协同作用，形成全方位的营销传播。通过综合使用多种媒体手段，企业可以实现更广泛的曝光和更深入的用户互动，从而提高品牌知名度、扩大市场份额、增加销售额。

在媒体融合的背景下，菲利普·科特勒对传统的营销理论进行了扩展，提出了新的4C营销理论，旨在提升用户参与度和营销效果。

1. 共同创造（Co-creation）

共同创造是指企业与用户共同参与，共同创造价值。在融媒体营销中，共同创造需要企业与用户建立良好的互动和信任关系，企业可以通过社交媒体互动、用户生成内容、话题讨论等方式让用户参与其中，并为用户提供更好的产品和服务。同时，企业也需要不断关注用户的反馈和需求，持续改进和创新，以实现更好的营销效果。

2. 浮动定价（Currency）

浮动定价是指企业根据用户过去的购买行为、时间、地点等因素，制定不同的价格。融媒体时代，定价也从标准化逐渐转向动态，价格会根据市场需求不断波动。这要求企业关注市场需求和竞争情况，随时调整和优化定价策略，以实现最大化的盈利和市场占有率。

3. 共同启动（Communal Activation）

共同启动指的是企业通过融媒体平台与用户共同参与某一项具体的商业活动，将用户拥有的产品或服务提供给其他用户，从而促进销售和增强品牌影响力。例如，在共享经济模式下，爱彼迎（全球民宿短租公寓预订平台）将有空闲房间的用户与需要住宿服务的用户联系起来，满足双方的需求，而爱彼迎则作为中间平台获得信息传播收益。共同启动需要企业与用户建立良好的互动和信任关系，通过多种融媒体平台共同参与和分享信息，企业将用户拥有的资源转化为自身的优势和品牌产品，从而实现三方受益。

4. 对话（Conversation）

对话是指企业通过与用户进行积极有效的双向沟通，从而建立基于共同利益的新型企业/用户关系。在融媒体营销中，企业可以利用社交媒体等融媒体渠道，让用户不仅可以和企业直接沟通，还能与其他用户进行对话和讨论。融媒体营销可以实现真正的双向对话，这种对话可以促进用户参与营销活动，提高品牌认知度和口碑，并为企业提供宝贵的市场洞察和反馈信息。

4.2 融媒体营销方式

　　融媒体营销需要通过整合各类媒体平台，面向活动、内容、事件和用户等各种对象进行，其常见的有4种方式——活动营销、事件营销、内容营销和用户营销。这些营销方式在实际应用中可以根据品牌的特点、用户的需求和市场环境的变化相互结合和交叉运用。

4.2.1 活动营销

　　活动营销是一种整合资源的营销方式，指企业结合线上和线下渠道，通过介入社会活动，以创新的方式和个性化的互动策划开展营销活动。活动营销的目的是提高品牌曝光度、吸引用户的关注和参与，并最终实现品牌认知度和用户转化率的提升。

1. 活动的类型

　　企业进行活动营销可以开展的活动既包括线上活动，又包括线下活动，企业可以根据营销需求进行选择。

（1）线上活动

常见的线上活动主要包括抽奖活动、折扣活动、红包活动和免费活动等。

① 抽奖活动

抽奖活动是一种通过随机选择来确定获奖者的活动。在抽奖活动中，用户通常需要满足一定条件或者完成特定的任务，如购买产品、填写问卷、分享活动等，以获得参与抽奖的资格。在保证活动真实性和公正公平的基础上，抽奖活动需要考虑奖品设置（要对用户有吸引力，且与销售的产品相关）、中奖概率（中奖概率越高，用户参与的热情越高）和用户参与流程（不能烦琐，简单为宜）等因素。图4-4所示为中国移动App中的抽奖活动，用户可以通过做任务或登录的方式获取抽奖次数，从而参与抽奖活动，获得话费和流量等奖品。

② 折扣活动

折扣活动是为促进产品销售而开展的一种优惠活动。折扣活动通常会通过降低产品价格来吸引用户，使他们能以更低的价格买到自己所需的产品。为确保折扣活动能成功开展，必须确立明确的主题，如节日折扣、庆典折扣、用户回馈折扣等，并有意识地引入主题，拟定较有品位的活动标题、宣传标语和口号。还要选择合适的折扣幅度，因为折扣幅度较小，对用户没有吸引力；折扣幅度过大，用户可能会期望更高的折扣率，容易萌发观望、等待等心理，从而影响产品的销售。图4-5所示为某品牌网店在"双十一"开展的折扣活动，该活动不但提供折扣，还提供购物红包。

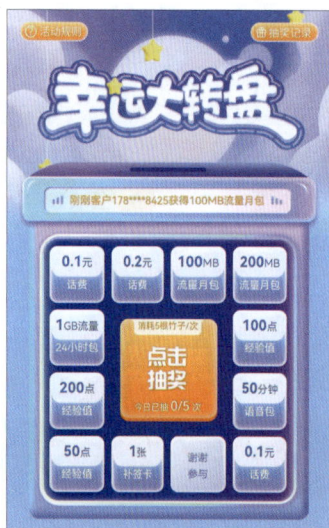

▲ 图4-4 中国移动App中的抽奖活动

▲ 图4-5 某品牌网店在"双十一"开展的折扣活动

③ 红包活动

随着移动互联网和社交媒体的普及，红包活动越来越流行，且被广泛应用到营销推广中。红包活动的形式多样，如注册账号送红包、购买产品参与领红包、二维码扫一扫领红包、输入口令领红包等。企业可以根据营销需要，选择合适的时间段开展红包活动，并且要注意控制成本，明确红包的数量和金额。

④ 免费活动

免费活动并不是单纯地提供免费的产品或服务，而是通过免费模式达成收费的目的。免费活动可以从体验、产品和增值服务3个方面进行设计。

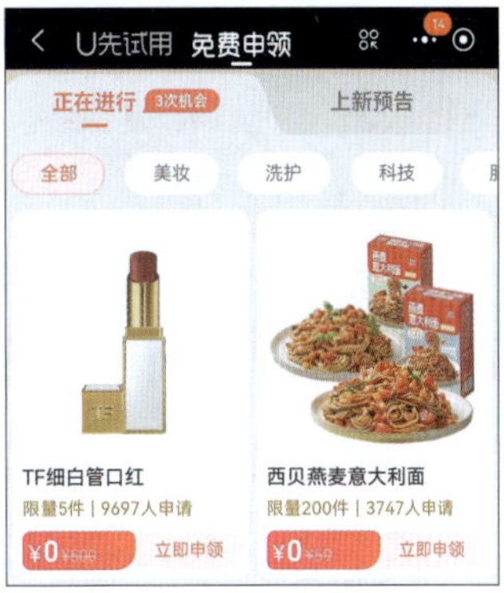

▲ 图4-6　免费申领体验活动

• 免费体验。体验式的免费活动主要运用在新品上市和品牌推广上，以赠送和试用两种形式为主。赠送主要是让用户免费体验，以打造品牌和产品的口碑；试用主要面向有需求的用户，促使其后期进行付费购买。图4-6所示为淘宝U先试用频道中的免费申领体验活动，符合条件的用户可以免费申领并体验多种产品。

• 免费产品。免费产品主要包括诱饵产品（将产品部分功能设置为免费，再通过后续服务引导用户进行其他功能的消费）、赠品（其他产品）和分级产品（设计不同版本的产品，对更加高级的、个性化的产品进行收费）3种形式。

• 免费增值服务。免费增值服务指的是在用户购买产品或服务的基础上，额外给用户提供附加价值，但用户无须额外支付费用的服务。这种服务通常旨在提升用户体验、树立品牌形象、提高用户忠诚度等。例如，汽车4S店提供终身保修、一年保险、10万千米保养等服务。

（2）线下活动

线下活动是在实际场所中进行的诸如会展、评选、赛事、节庆活动等多种形式的营销活动。与线上活动相比，线下活动的优点在于企业能够直接与潜在客户和合作伙伴面对面交流和互动，缺点则是需要投入大量的人力、物力和财力。

① 会展活动

会展活动是一种通过展示和交流来促进产品销售和品牌宣传的重要营销活动。企业可以在会展活动上展示产品和服务，与潜在客户和合作伙伴面对面交流，了解市场趋势和竞争对手的情况。会展活动可以是行业内的专业展会，也可以是面向大众的消费类展览。例如，在成都举行的第110届全国糖酒商品交易会、广州举行的中国进出口商品交易会都是会展性质的线下活动。

② 评选活动

评选活动是一种通过评选来展示和宣传优秀品牌或个人的营销活动。企业可以通过参加评选活动来获得认可和荣誉，从而提高品牌知名度和美誉度。例如，企业如果参与中华人民共和国商务部的中华老字号评选活动，一旦被认可并进入《中华老字号名录》，将享有中华老字号的知名度和品牌影响力，可以极大提升品牌和产品的声誉，同时也会获得政策支持和相关保护。

③ 赛事活动

赛事活动是一种通过比赛来展示和宣传品牌或产品的营销活动。企业可以通过赞助或组织赛事来吸引用户和参与者，提高品牌的知名度和美誉度。例如，很多运动产品生产企业就是通过冠名赞助体育比赛的方式来宣传和推广品牌的。

④ 节庆活动

节庆活动是一种通过庆祝特定节日或纪念日来吸引用户和宣传品牌的营销活动。企业可以在节庆活动中进行各种形式的营销，如打折促销、游戏互动、文艺表演等。

2. 活动营销的流程

不管是线上活动还是线下活动，企业在具体实施活动营销时都需要做好活动的筹备、策划、实施和复盘4个环节。

（1）筹备

筹备是活动营销的首要环节，在活动筹备期间，主要工作包括明确活动目的、活动对象、活动呈现形式，以及盘点活动资源。

• 明确活动目的。活动目的是活动营销的核心，通常包括品牌曝光、获得新用户、销售转化、促进销售、提高用户活跃度和留住用户等。

• 明确活动对象。活动对象基于活动目的产生，企业需要分析活动对象的需求、特性、职业，最终形成此次活动的用户画像。当然，企业也可以利用往期活动数据初步界定目标用户，还可以从现有用户中筛选出目标用户。

• 明确活动呈现形式。企业一定要快速确定活动呈现形式，才能有更多的时间去准备活动资源，通常根据活动目的在活动类型中选择一种匹配的形式即可。

• 盘点活动资源。企业开展活动营销时或多或少都会遇到资源受限的情况，因此，在活动筹备阶段就需要提前沟通、平衡需求，协调好各项工作和各个部门的时间。

（2）策划

策划是活动营销流程中非常重要的环节，通过活动策划，企业可以更好地规划和准备活动，为活动营销的成功实施打下坚实的基础。

• 策划方案输出。规范化的活动营销需要一个全面、逻辑清晰的策划方案。这个策划方案应该让营销团队和企业领导都能了解活动的全过程，以便更好地调配资源和相互配合。

• 活动流程测试。活动流程测试是活动实施前的一个把关环节，企业可以通过内部测试来检查整个流程是否合理合规，若发现问题需要及时调整和优化。

（3）实施

通过流程测试后，活动就可以正式对外推广实施。在实施过程中，营销人员需要实时根据活动的进展情况进行调整。

- 推广实施。营销人员可以将推广实施分为预热、启动、起势、高潮4个阶段，逐步拓展推广渠道，保证活动的推进井然有序。

- 紧急预案。活动实施过程中可能会遇到紧急事件或特殊情况，需要有应急预案，以便协助处理。

（4）复盘

复盘是为了总结活动营销的经验教训，为下次活动举办打好基础。

- 数据收集分析。复盘需要收集和分析活动的各种数据，例如，参与人数、活动时长、活动成本、活动转化率、用户反馈和社交媒体的数据等。

- 活动流程分析优化。活动流程分析优化的目的是发现本次活动实施过程中遇到的问题，及时总结，分析原因，从而避免下次活动中再次出现同样的问题。

4.2.2　事件营销

事件营销指企业通过策划、组织和利用具有价值的事件，引起媒体、社会团体和用户的兴趣和关注，从而提高产品和服务的知名度、美誉度，树立良好的品牌形象，促成产品或服务销售。

1. 事件的类型

在媒体中被广大用户主动关注的事件通常自带热度和传播性，是企业进行事件营销的天然素材，企业运用这些事件开展营销所需的成本也更低廉。此外，企业还可运用危机事件和热点事件，甚至自行打造事件进行营销。

（1）危机事件

有些突发的或意外的事件可能对企业的声誉甚至生存产生严重威胁或给企业带来挑战，这类事件通常被称为危机事件。当面临危机事件时，企业就需要通过危机公关来消除危机事件的负面影响，这也是一种事件营销。危机公关是指应对危机事件的有关机制，其对应的危机事件主要包括两种，一是危害社会或人类安全的重大事件，如自然灾害、疾病等，二是企业自身管理不善、同行竞争或外界特殊事件引起的负面事件。

当出现危机事件时，合理的危机公关不仅可以提升企业形象，增强用户对企业的信任，还可能改变用户的观念，打开市场。例如，海底捞某分店被曝后厨卫生状况不佳后，海底捞立刻发表声明，对旗下所有分店进行详查和整改，并对出问题的分店做出处理，既接受了用户的批评，又表明了改正错误的态度，最终成功化解了这次危机。

（2）热点事件

热点事件是指受到广泛关注和讨论的事件，如社会事件、政治事件、经济事件等。热点事件通常具有用户面广、突发性强、传播速度快等特点。合理利用热点事件可以为企业节约大量的营销成本，同时带来爆炸性的营销效果。例如，在2023年杭州亚运会期间，安踏特别设计了亚运会主题的服装和配件，并在微博、抖音等融媒体平台进行了广泛的宣传和推广。图4-7所示为安踏发布的亚运会领奖装备的微博，其借助杭州亚运会这一热点事件的巨大影响力和关注度，通过深度合作和创新性的事件营销，实现了品牌价值的提升和业务的拓展。

▲ 图4-7　安踏发布的亚运会领奖装备的微博

（3）自行打造事件

企业也可以自行打造事件进行营销。企业自行打造事件开展营销活动需要注重创意和独特性，以吸引目标用户关注和参与。此外，企业还需要注重事件的落地执行和后续跟进，以保证事件顺利实施并达到预期的营销效果。自行打造事件可以从以下3个方面入手。

● 创新性事件。企业在事件营销的过程中，打造一些诸如举办新产品发布会、创意特色活动、挑战赛等具有创新意义的事件，能够吸引用户的关注和兴趣，提高品牌的知名度。

● 公益性事件。企业可以打造一些公益性的事件，如慈善义卖、公益捐赠等，这些事件能够提升品牌形象，展现品牌的社会担当，吸引更多用户关注和支持。

● 文化性事件。企业可以打造一些具有文化内涵的事件，如文化节、艺术展览等，这些事件能够提升品牌的品位和档次，吸引更多文化爱好者的关注。

知识补充

　　在自行打造事件的过程中，可以利用名人达到引人注意、扩大影响的效果。例如，通过名人代言来刺激消费，通过名人出席慈善活动带动用户对某些社会人群的关怀，等等。

2. 事件营销的要素

事件营销需要精心策划和执行，才能吸引用户关注和参与，特别是要具备真实性、相关性、重要性、显著性和趣味性等基本要素。

（1）真实性

事件营销有时具有不可预测性，如果事件比较浮夸反而会造成负面影响，所以，事件营销中的事件应该是真实的、自然形成的，或水到渠成的。另外，企业要从自身的实际情况出发，对事件可能产生的后果负责。

（2）相关性

在策划事件营销时，必须考虑到用户的相关属性，如心理、利益和地理上与用户接近和相关的事实，因为这些特殊的属性能够引起用户更广泛的关注，增加事件营销的成功性和影响力。

（3）重要性

重要性是指事件的重要程度，它是影响事件营销的重要因素。通常来说，事件能对越多的用户产生越大的影响，其营销价值就越大。

（4）显著性

事件中的人物、地点和内容的知名度越高，也越容易引起用户的关注。因为人们普遍对知名的人物、地点和内容比较熟悉和感兴趣，这些更能激发用户的兴趣和好奇心，进而吸引更多用户关注和参与。例如，某企业想要通过事件营销来推广品牌，可以选择邀请一位知名人物来参与事件，或者选择在知名地点举办营销活动。

（5）趣味性

有趣的事件能够吸引用户关注和参与，并且能让他们感到愉悦和满足，从而增加事件的吸引力和可分享性，进而扩大事件的传播范围和影响力。趣味性可以通过创意设计、幽默搞笑、制造惊喜悬念和提供互动体验等方式来实现。

3. 事件营销的步骤

企业要进行成功的事件营销，应该结合自身的条件制订具体的计划，具体可以按照以下步骤实施。

（1）选择媒体平台

通常情况下，在进行融媒体营销时，企业都会在多个媒体平台发布信息，以扩大影响力和覆盖范围，所以，事件营销的第一个实施步骤是选择信息传播的媒体平台。媒体平台类型众多，不同的媒体平台有着不同的用户和特点，企业通常会根据品牌或产品的需求进行选择。当前，一些用户流量较大、较热门的媒体平台比较受欢迎，如微博、微信和抖音等。

（2）策划事件

在选择媒体平台之后，需要对事件进行策划。事件策划的主要内容包括确定事件的目标、主题、时间、地点及参与者等，并设计合适的活动内容和互动环节。策划事件时，切入事件的角度要与产品或服务相关，企业需要将自身的诉求点、用户的关注点和事件的核心点结合起来。

（3）预热

策划好事件后，需要通过预热的方式提前引起用户的关注和兴趣。例如，与种子用户和核心粉丝分享、沟通，通过他们将内容传播出去。又如，利用融媒体的多种传播渠道，发布预告片、海报、宣传文章等内容，逐渐揭示营销事件的一些亮点和惊喜，提前建立话题并提升热度。

（4）传播

经过预热后，事件已经有了一定的热度，在后续的环节中，企业可以通过微信抖音等社交媒体平台，以及新闻稿、电视纪录片等多元化、跨平台的传播方式，将品牌形象和产品信息等内容传递给更多的目标用户，增加目标用户的认知度和购买欲望，有效扩大事件营销的覆盖面和影响力。

（5）评估

评估的目的是了解营销活动对品牌认知度、用户参与度及销售业绩等方面的影响，进而为未来的营销活动提供参考和优化方向。评估主要分为两个阶段：第一个阶段是根据事件的熟知率、认知渠道和用户对具体内容的评价等指标对事件本身进行评估，第二个阶段是通过分析用户对品牌的认知、情感和意愿等方面对品牌影响进行评估。

4.2.3 内容营销

内容营销是指将图片、文字、视频和音频等元素以不同的形式呈现出来，使其成为用户可以消费的信息。例如，京东快报就是实施内容营销的典型代表，主要通过文章的形式将需要营销的内容转化为对用户有价值的服务，进而吸引用户点击、阅读，引起用户的购物兴趣并使用户付诸行动。内容营销的实质是通过分析用户的购物行为，并借助多种融媒体渠道，将营销内容推送给匹配的用户，从而实现精准化营销。

1. 营销内容的表现形式

营销内容的表现形式非常丰富，包括软文、新闻稿、音频、动画、信息图、电子书、视频、游戏等。营销内容并没有固定的表现形式，一般视选择的融媒体渠道和平台而定。图4-8所示为不同企业在不同融媒体平台发布的营销内容。

▲ 图4-8　不同企业在不同融媒体平台发布的营销内容

2. 内容营销的要素

内容营销的要素一般包括用户、关键词、价值、品牌和情感共鸣等。

（1）用户

用户是内容营销的中心，成功的内容营销以用户的需求为导向，企业拥有用户才可以实现最终的营销效果。内容营销前要明确目标用户，根据目标用户的需求制订内容营销计划，创作优质、有创意的营销内容，加强用户与品牌之间的联系，同时推动用户与产品进行更深入的互动，为用户提供指导和帮助，并促使用户购买产品。

内容营销还可以引导用户的需求，即当用户不清楚自己想要什么时，企业可以通过营销内容去激发用户的需求。例如，某厨房小家电品牌可以通过发布一些关于厨房整理、厨房工具应用等技巧性的营销内容来吸引用户的关注。这些营销内容可以向用户传达轻松烹调和使用厨房清理工具的重要性，并激发用户对小家电的需求。

（2）关键词

融媒体时代的用户通常会接收多种媒体渠道推送的大量营销内容，其中，只有能被用户关注和搜索到的营销内容才有机会发挥营销价值。因此，营销内容中的关键词就具有极其重要的意义，如果用户浏览完营销内容后，能够记住其中重点传播的关键词，那么该营销内容的传播无疑是成功的。

（3）价值

在内容营销中，价值包含很多方面，如营销内容的价值、品牌的价值、产品的价值等。融媒体传播的内容信息量很大，普通用户难以准确区分看上去十分相似的产品，所以，内容营销需要将产品的价值充分凸显出来，企业可以通过提供有用的、独特的和有洞察力的营销内容，如专业知识、实用建议、行业见解等，满足用户的需求并解决他们的问题，从而使自己的营销内容比其他竞争对手更有价值。

（4）品牌

融媒体营销更加注重向品牌化的方向发展，品牌可以有效提高用户对产品的辨识度、接受度和忠诚度，品牌化的产品也更容易被大众所接受。因此，进行内容营销时，企业要有意识地树立和宣传品牌形象，在营销内容中保持一致的品牌声音、风格和价值观，以加强用户对品牌的认知和记忆。同时，企业可以通过内容营销传达品牌故事，帮助用户建立与品牌的情感连接。

（5）情感共鸣

在内容营销中，真实、有个性的普通人愈发成为关注对象。用户大多是普通人，所以真实、自然、有感情的普通人的故事才会更贴近用户，更容易让用户产生共鸣，这也可以在无形中拉近用户与品牌的距离。内容营销通过了解和剖析用户的情感需求，表达用户内心深处的情感需求，可以引起用户的情感共鸣。例如，在很多传统节日的内容营销中，企业都会借助用户对亲人、朋友的情感，设计感性的文字，再结合高质量的视频和音频，使用户感同身受，从而留下深刻的印象。

4.2.4　用户营销

用户营销是一种以用户为中心的营销方式。它通过深入了解用户，精准定位用户并吸引用户参与来提高用户参与度、增强用户黏性。用户营销强调与用户建立密切的关系，通过持续的沟通和互动，将用户转化为粉丝，实现用户满意度和忠诚度的提升。

1. 用户营销中的粉丝

粉丝不仅是企业的用户，还是与企业存在情感关系的产品、服务或品牌的受益者。企业的任何事物、话题都可能引起粉丝的关注和兴趣，继而可能产生消费行为。例如，一个购买过某产品的用户，加入了该产品的用户群，并通过多种融媒体平台获取该产品的各种信息，还通过该产品的多个电子商务平台购买了不同型号的产品，这样，用户就与产品存在情感关系，是对产品有较高忠诚度的粉丝。

粉丝的兴趣爱好往往能带来极强的行动力和购买力，对融媒体文化生产和线上线下消费产生巨大的影响。产品、品牌或企业拥有一批忠实的粉丝后，更容易在市场中站稳脚跟。例如，自称"花粉"的华为粉丝数量就达到了一个较高的水平。了解粉丝可以了解大部分目标用户的特定需求，可以为品牌和企业挖掘更多有价值的用户。同时，品牌和企业可以根据粉丝的行为特征开展有效的营销活动，从而利用产品和服务拉拢庞大的消费群体。

2. 利用用户打造良好口碑

用户营销的本质是利用用户进行信息的传播，通过用户引导用户，从而壮大用户群体。一个拥有庞大用户群体的品牌，往往更容易实现新产品的快速传播，打开销售局面。归根结底，用户营销就是利用用户打造良好口碑，其常用的方式包括与用户互动和让用户主动参与营销环节。

（1）与用户互动

要利用用户打造良好的口碑，需要与用户建立联系。很多融媒体平台都具有即时通信功能，企业可以直接与用户沟通，精准传递营销信息，并为用户提供更多便捷服务。特别是微博、微信等社交媒体平台，企业可以应用这些媒体平台拉近与用户的距离，并引导其与企业互动并进行品牌传播。当然，用户营销需要企业进行科学管理，逐步累积各种营销数据，以此指导营销活动。以微博为例，企业对发布的每条微博进行活动、新闻、行业信息、科技等多维度的标签定义，并根据不同维度下微博的互动情况，分析不同背景下的用户互动偏好，用以指导后续的运营。

（2）让用户主动参与营销环节

围绕用户，企业可以构建从产品定位、研发设计、产品更新、营销推广与客户关系管理到售后服务等的整个商业模式。随着营销理念的不断更新，越来越多的企业意识到仅仅与用户互动不能达到良好的营销效果，因此选择让用户主动参与营销环节。例如，小米手机在运营之初就根据产品特点，运用用户营销策略，积累了一批忠实粉丝，然后根据粉丝需求设计产品，并邀请粉丝参与产品内测，再根据粉丝意见完善产品设计和性能。最后，在小米手机量产和预售阶段，粉丝自主成为营销后盾和推广人员，极大地促进了小米手机的销售。

3. 用户维护

企业、产品和用户之间的关系越密切，用户对企业的黏性越强，忠诚度越高，对扩大品牌影响力起到的推动作用越强。但用户对企业的忠诚度越高，同时也就对企业的预期越高，如果企业无法达到用户的预期，就很容易造成用户流失。用户维护可以从提升产品和服务质量、保持与用户的互动、建立成熟的信息反馈机制3个方面入手。

- 提升产品和服务质量。注重企业产品和服务质量的提升是维护用户的首要条件。企业应提升产品和服务质量，包括改进产品功能、提供高品质的售后服务、加强质量控制等，以确保用户能够获得优质体验。

- 保持与用户的互动。与用户保持积极的互动是维护用户的重要手段。企业可以通过多种渠道与用户沟通，如社交媒体平台、客户服务热线等，并及时回应用户的问题、反馈和需求。企业也可以通过线上、线下的各种活动等提高用户活跃度，如通过线上抽奖或发红包、线下组织用户活动等方式回馈用户，与用户建立良好的关系。

- 建立成熟的信息反馈机制。建立科学、完善的信息反馈机制，让用户能够方便地提出意见、建议，并反馈问题。通过收集和分析这些反馈信息，企业可以了解用户的需求和期望，并针对性地做出改进和调整。在监督和反馈过程中，企业可以结合线上和线下两种途径建立多种形式的反馈渠道，以及时全面地了解、分析并处理反馈信息。

4.2.5　实战案例：通过融媒体平台开展休闲运动鞋营销

某运动品牌推出了一款休闲运动鞋，为了吸引更多用户的关注，并增加休闲运动鞋的曝光度和销售量，品牌计划通过运用事件营销、活动营销和用户营销等多种方式宣传休闲运动鞋，具体操作如下。

步骤01　营销平台选择。首先选择适合的融媒体平台。休闲运动鞋的用户通常为健身人群、学生等，这些用户通常使用的融媒体平台包括以微博、微信和QQ等为代表的社交媒体平台，以哔哩哔哩、抖音、视频号等为代表的视频平台，以淘宝、京东和拼多多等为代表的电子商务平台。除此之外，还可以选择运动或健身相关的融媒体平台，如Keep、人邮体育等，这些平台上的用户也可能对休闲运动鞋感兴趣。

步骤02　营销策划。结合品牌的营销需要，策划事件和活动吸引用户的注意力，对休闲运动鞋进行营销。

① 运动员代言。结合运动产品的特性，可以邀请运动员代言。例如，杭州亚运会期间涌现了一批优秀运动员，品牌可以邀请一两位作为该休闲运动鞋的代言人，并在抖音或淘宝举办一场线上直播活动，让代言人展示该休闲运动鞋的功能和特点。

② 发起比赛。发起一场休闲运动鞋个性化设计比赛，邀请广大用户参与设计他们心目中理想的休闲运动鞋，并通过微博、QQ等社交媒体平台进行投票和展示，最后选出一位优胜者并将其设计的休闲运动鞋投入生产、销售。

③ 发起挑战。发起一项运动挑战，让用户在特定时间内完成某项运动任务。例如，在一个月内完成50千米的跑步任务，每天至少跑5千米；或者在半年内完成100次的健身任务，每周至少进行3次健身；等等。然后，用户向品牌在社交媒体平台或视频平台上的官方账号发送视频或照片（此举同时可以增加品牌在融媒体平台上的粉丝数量），以参与活动。最后，品牌评选出表现最佳的参与者，奖品为该款休闲运动鞋。

步骤03 营销预热。在正式营销之前，可以开展预热宣传。

① 制作精美的宣传海报和视频，并通过社交媒体平台和视频平台上的品牌官方账号进行发布和分享，同时也可以在一些户外广告位进行展示，如体育馆、健身房等。

② 与运动或健身领域的网络达人或专业人士合作，让他们提前展示、评价和推荐该休闲运动鞋，引导他们的粉丝关注并参与营销活动。

③ 在选择的融媒体平台上发布一些关于营销事件或营销活动的预告片段，然后制作一些短视频或GIF动图来展示营销事件或营销活动的亮点，激发用户参与的兴趣。

步骤04 传播推广。在产品营销正式开始后，通过选择的融媒体平台与用户互动，对营销事件或营销活动进行传播推广，扩大影响力。

① 社交媒体互动。通过微博话题、抖音挑战赛等形式，鼓励用户参与讨论和分享营销事件或营销活动，增加曝光度；还可以考虑使用如问答、投票等方式，提升用户的参与度。

② 鼓励用户主动分享。鼓励用户通过自己的社交媒体账号展示他们参与营销事件或营销活动的过程和成果，并添加相关的标签或话题进行分享，进一步扩大营销事件或营销活动的传播范围。为鼓励用户分享，可以设立一些特定的奖励机制，如评选最佳分享者、最佳用户等。

③ 提升用户体验。通过在线下实体店或运动场馆等场所设立展示区，展示休闲运动鞋，并向用户提供试穿体验；同时可以引导用户在融媒体平台上分享试穿体验；或考虑组织一些小型的线下用户体验活动，提升用户的参与感。

4.3 社会化消费者、跨屏传播和一体化营销

在融媒体时代，消费者的行为和需求发生了显著变化，因此出现了一种新的消费者称呼——社会化消费者。社会化消费者是指在消费行为和消费决策上受到网络新媒体影响的消费者，以及在网络新媒体平台上积极参与、分享和影响他人消费决策的消费者。

社会化消费者是信息传播活动和营销活动的积极参与者和创造者，通过跨屏传播获取丰富多样的信息，进行全面的比价和决策，同时也通过一体化营销与品牌进行互动和分享。

4.3.1　社会化消费者

社会化消费者获取信息的渠道主要是各种融媒体平台，这些信息以产品、服务、品牌、价格等与消费密切相关的内容为主。而且，社会化消费者希望与企业进行平等、双向的信息交流。

在我国，社会化消费者与网民主流群体构成相近，年龄多集中在20~30岁，拥有较高的学历，较典型的就是大学生和白领。社会化消费者习惯频繁使用各种社交媒体平台，以获取信息和进行社交活动。同时，社会化消费者还是活跃的网购用户，经常通过电子商务平台购买产品。

社会化消费者习惯使用社交媒体平台与朋友互动交流，并关注他们共同感兴趣的产品或服务，当产生足够的购买兴趣并形成一定的购买意愿时，他们会倾向于进一步了解所需信息。例如，搜索其他用户的评价或者他们所需要的产品或服务的信息等，这已经成为他们进行消费决策的必要前提。此外，社会化消费者在购买产品或服务后，并不会终止自己的行为和活动，他们还会通过各种社交媒体平台分享自己的消费体验，这也是社会化消费者的独特之处。社会化消费者分享的购物信息又成为其他消费者搜索的重要内容，如此反复循环，最终会形成大量复杂的社会化消费网络。

4.3.2　跨屏传播

跨屏传播是互联网视听传播在数字电视、网络视频、移动视频之间连接与交互，资源共享，以搭建屏幕随处可见的协同互动式传播网络。在融媒体营销过程中，跨屏传播可以简单看成同一消费者在不同屏幕之间"流动"，即消费者在不同屏幕上完成浏览、搜索、社交或购买等行为。

跨屏传播通过整合不同屏幕上的媒体资源，将内容信息传递给消费者，以实现更广泛、多样的覆盖和传播效果。此外，跨屏传播进一步加深了线上消费者与线下场景的联系，实现了消费者在多个屏幕间的无缝切换，让信息传播更加便捷、高效。

1. 跨屏传播的特点

跨屏传播具有主动性、互动性和社交性等显著特点，这些特点使跨屏传播成为一种高效且互动性强的信息传播方式。它不仅能够满足消费者在不同场景下的多元化需求，也可以为品牌或企业提供更加全面、高效的营销策略和服务。

（1）主动性

跨屏传播可以让消费者通过搜索引擎、社交媒体等，主动地寻找和获取所需信息，并将其分享给其他人。消费者还可以根据自己的兴趣和需求，自主选择在特定的时间和地点获取信息，并通过扫码、关注等方式参与互动与传播，加强与传播内容的关联。

（2）互动性

跨屏传播是一种双向互动的过程。消费者不仅可以获取信息，还可以通过评论、点赞、分享等方式与其他消费者互动。这种互动性使消费者之间能够建立更紧密的联系，同时也为品牌和企业提供了更多的参与和互动机会。

（3）社交性

消费者可以通过微博、微信等社交媒体平台进行互动，并分享和讨论传播内容。这种社交性不仅有助于增加传播内容的关注度和影响力，还能够促进消费者之间的社交，使跨屏传播成为一种更加人性化和个性化的传播方式，能够更好地满足消费者的需求和兴趣。

2. 跨屏传播在融媒体营销中的应用

跨屏传播在融媒体营销中扮演着重要的角色，可以帮助企业更好地整合各种媒体资源，提高品牌宣传的效果和效率，实现精准营销并增强消费者的黏性。

（1）跨媒体品牌宣传和推广

企业可以通过多种媒体平台开展品牌宣传和推广。在这些平台上，企业可以发布广告、新闻报道等内容，展示品牌形象和价值观。跨屏传播可以帮助企业将这些不同的宣传内容进行整合和协同，提高品牌宣传和推广的效果和效率。例如，企业可以在电视广告中引导消费者扫描二维码、参与互动活动或者领取优惠券等，将用户从电视平台引导至私域平台，以提升消费者的参与度和黏性。

（2）精准营销

跨屏传播可以帮助企业在不同的媒体平台上对消费者进行跟踪和分析，收集和分析消费者的数据，如行为数据、兴趣爱好、消费习惯等，了解消费者的媒体平台使用习惯和需求，从而制定更加个性化的营销策略和方案。

（3）社交媒体营销

社交媒体已经成为众多消费者获取信息、交流互动的重要平台。企业可以通过跨屏传播，将社交媒体营销与其他媒体平台进行协同，以增加品牌曝光度和消费者黏性。例如，企业可以在微博、微信等社交媒体平台上发布广告、优惠信息等内容，通过这些信息将用户引导至其他媒体平台协同营销，并通过与消费者的互动来增加曝光度。

人才素养　　跨屏传播拓展了信息传播的广度和深度，信息传播的形态和方式变得更加多样化。因此，大学生需要具备媒介素养和跨文化素养，能够理解和尊重不同的文化背景和正向价值观，学会甄别并抵制某些错误的价值观，准确把握不同形态信息的特点和规律，从而更好地了解和学习信息传播。

4.3.3　一体化营销

一体化营销是指企业通过一体化的营销策略，综合利用现有的内外部资源，统筹实施一系列营销活动，有效改善与企业相关联的部门的营销活动，以达成目标的一种营销模式。在融媒体时代，一体化营销可以通过整合传统媒体、网络新媒体等多种渠道，以及加强线上线下的互动和协同，实现品牌信息在不同平台上的一致性传播，从而提高品牌知名度、认知度和消费者参与度。

1.　一体化营销的优势

一体化营销是营销的新方向。通过一体化营销，企业不仅可以更好地优化营销结构和提升营销效率，还能更好地增加市场份额、提高市场占有率及改善消费者体验等。

- 一体化营销有助于企业优化营销结构，提升营销效率，有效利用现有资源，规避风险，提高营销质量，以及加快发展步伐。
- 一体化营销是一种整合资源和资产信息的有效营销方式，它可以帮助企业节约成本、增加市场份额、提高市场占有率，并提高企业的市场地位。
- 一体化营销可以有效支持企业创新，改善消费者体验，提升品牌的吸引力，激发消费者的情感共鸣，营造独特的品牌文化氛围，为企业的营销模式注入新的活力。
- 一体化营销有助于企业开展管理工作，优化沟通模式，将消费者需求与企业制定的营销策略有机结合，使企业更加了解消费者，迅速响应消费者的需求，从而提高整体的沟通效率，最大限度地提升消费者黏性，为企业的持续发展奠定坚实基础。
- 一体化营销有助于加强企业与供应商之间的合作，打造协同竞争格局，合理配置市场资源，为企业、消费者和供应商创造更大的价值。

2.　一体化营销的应用

一体化营销具有很大的吸引力和实践价值，可帮助企业实现更好的营销效果，在多渠道整合、统一传播策略、数据整合和分析、营销活动协同等方面都有着重要的应用。

- 多渠道整合。一体化营销强调品牌或产品信息在多个渠道上进行一致性传播，将不同的渠道，如传统媒体和网络新媒体的渠道，或者线上和线下的渠道进行整合，形成一个统一的营销体系，从而实现全方位、多层次的媒体覆盖，提高品牌或产品的曝光度。
- 统一传播策略。一体化营销要求企业在不同渠道上保持信息的一致性和连贯性，制定统一的传播策略并保持口径一致，从而提高企业认知度，增强消费者对企业的信任和好感。
- 数据整合和分析。一体化营销需要企业整合不同渠道产生的数据，对消费者、销售、营销活动等的数据进行深度分析和挖掘，从而全面了解消费者需求、市场趋势等信息，并根据不同媒体平台和消费者的特点，优化传播策略和营销活动，从而提高营销效果和投资回报率。

- 营销活动协同。一体化营销需要建立有效的沟通机制和协同流程，确保不同部门和团队之间的信息共享和协作顺畅，实现线上、线下和多平台的统一调控和管理。

🔑 综合实训

使用多种营销方式策划端午节营销活动

1. 任务背景

端午节是一个具有深厚文化内涵和广泛群众基础的传统节日。对销售生活电器的品牌来说，借助端午节，通过多种渠道，策划并执行一场富有创意和吸引力的营销活动，有助于提高品牌知名度、增加市场份额，同时也能增强与用户的互动和沟通。因此，本次任务将借助节日热点，融合事件营销、内容营销、活动营销和一体化营销多种方式策划端午节营销活动。

2. 任务目标

（1）进一步了解融媒体营销。

（2）熟悉融媒体营销的常见方式。

3. 任务实施

下面综合利用事件营销、内容营销、活动营销和一体化营销等多种融媒体营销方式策划端午节营销活动，具体操作如下。

步骤01 事件营销。端午节是我国的传统节日，拥有悠久的历史，受到广大用户的关注，因此，品牌可以打造一个与端午节相关的事件，并将品牌或产品的信息与端午节结合起来。其中，民俗、热点是两个比较合适的方向，从这两个方向出发，可以衍生出较多事件营销的借势切入点，如图4-9所示。具体进行策划时，品牌还可以参与相关的主题活动，如当地的龙舟比赛、粽子制作比赛等。品牌组织员工参与这些活动，并在现场设置宣传展位，派发宣传资料、礼品等，可以让用户更好地了解品牌。

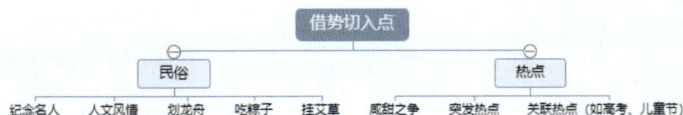

▲ 图4-9 事件营销的借势切入点

步骤02 内容营销。品牌可以直接将产品功能与事件营销的借势切入点进行连接，如电饭煲煮粽子、龙舟内放电器等，或通过文案进行内容关联。图4-10所示为用于内容营销的海报。另外，可以制作端午节主题视频，并在官方网站、社交媒体平台等发布，向用户传递品牌和产品信息。例如，九阳曾在其抖音账号上发布了使用电饭煲做粽子的短视频，吸引了许多用户的关注，如图4-11所示。另外，在电饭煲、蒸锅、榨汁机等电器的标签或外包装上印刷粽子、龙舟等与端午节相关的元素，也可以增强用户的购买欲望。

▲ 图4-10 用于内容营销的海报

▲ 图4-11 用于内容营销的短视频

步骤03 活动营销。在电子商务平台上发布端午节折扣促销信息，吸引用户关注并增加产品的销售量。例如，在淘宝、京东等电子商务平台上开展主题为"万水千山'粽'是情"的促销活动，向用户推荐符合节日主题的产品，如图4-12所示。

▲ 图4-12 活动营销

步骤04 一体化营销。整合品牌的各种营销渠道，包括官方网站、社交媒体平台、电子商务平台等线上渠道，以及线下实体店等线下渠道，将制作的海报和短视频进行传播。然后对端午节营销活动的目标用户、传播内容、传播时间等信息进行统一设置，并在活动过程中和活动结束后收集和分析用户数据、销售数据、营销活动数据等。

知识拓展

智慧融媒体

智慧融媒体是一种新型智慧媒体形态，它基于先进的移动通信基础设施，结合大数据、人工智能、云计算和元宇宙等集成技术，从理念、采编流程、资源分配、全媒体人才队伍、盈利模式等方面进行系统性的互联网转型。智慧融媒体的核心是重建用户连接，进而建立起强大的现代传播能力和可持续的商业模式与盈利模式。它具有强智能、全媒体和泛服务的特征。

• 强智能。智慧融媒体以自然语言处理、图像识别等为代表的人工智能技术为基础，实现对内容的智能生成、分析和推荐，可以提供个性化、精准的服务和体验。

• 全媒体。智慧融媒体整合了文字、图片、音频、视频等多种媒体内容形式，以满足用户多样化的需求，同时也支持多媒体渠道、多媒体平台的内容传播。

• 泛服务。智慧融媒体不仅能传递信息，还能提供更多的服务，例如，智能搜索、个性化推荐、在线互动等，可以满足用户的多方面需求，提供全方位的媒体体验。

本章小结

本章全面介绍了融媒体营销的基础知识，包括融媒体营销概述、营销的演变与融媒体营销的发展前景、融媒体营销策略；同时还介绍了活动营销、事件营销、内容营销和用户营销这4种常见的融媒体营销方式；另外，还介绍了社会化消费者、跨屏传播和一体化营销等融媒体营销发展的新知识和新模式。

这些知识非常实用，可以帮助大家更好地适应和参与现代数字化营销，以及理解用户的行为和需求，从而更好地制定营销策略。另外，通过学习融媒体营销的相关知识，大家可以更好地利用网络新媒体平台开展品牌推广和营销活动，并通过这些推广和营销活动培养自身的创意思维、创新能力和竞争力。

课后练习

1. 单选题

（1）相对于传统市场营销和网络营销，融媒体营销的优势不包括（　　）。

    A. 互动性更强　　　　　　　　　　B. 营销效果好且可测量

    C. 营销成本更高　　　　　　　　　　D. 更注重个性化和定制化

（2）电子商务平台中常见的抽奖活动、折扣活动和红包活动等属于（　　）营销。

    A. 事件　　　　　B. 活动　　　　　C. 内容　　　　　D. 用户

（3）下列选项中，不属于跨屏传播的特点的是（　　）。

    A. 主动性　　　　B. 互动性　　　　C. 关联性　　　　D. 社交性

2. 多选题

（1）融媒体营销的发展前景包括（　　）等。

    A. 多渠道整合与合作　　　　　　　　B. 数据驱动营销

    C. 虚拟与现实融合　　　　　　　　　D. 用户生成内容

（2）内容营销的要素包括（　　）等。

    A. 用户　　　　　B. 价值　　　　　C. 品牌　　　　　D. 情感共鸣

（3）在我国，社会化消费者的特点包括（　　）等。

    A. 与网民主流群体构成相近，年龄多集中在20~30岁，拥有较高的学历

    B. 是活跃的网购用户，经常通过电子商务平台购买产品

    C. 习惯使用社交媒体平台与朋友互动交流并关注他们共同感兴趣的产品或服务，分享的购物信息又成为其他消费者搜索的重要内容

    D. 经常将自己的生活或旅游信息发布到微信朋友圈

3. 操作题

（1）以国庆节为切入点，运用事件营销和内容营销的营销方式，通过微信、微博和抖音3种融媒体平台，制作宣传文案和短视频，提升学校的知名度。

（2）策划一个融媒体营销活动，运用多种营销方式，宣传和推广自己家乡的特色产品。要求如下：首先，确定主要的传播渠道；其次，了解特色产品的故事、制作过程和独特之处，并通过文字、图片、音视频等生动地展示；最后，通过融媒体平台进行发布。

第5章　微博营销

微博作为社交媒体平台的重要代表之一，已经深入我们生活的方方面面。微博的广泛应用为企业提供了更多的营销机会和可能性，于是企业纷纷尝试将微博作为融媒体营销的重要渠道。

── 知识与能力目标

1　了解微博、微博营销及微博在融媒体营销中的重要性。
2　掌握微博账号与微博内容的相关知识。
3　掌握与微博用户互动的方法。

── 素养目标

1　坚持原创，能够在第一时间捕捉热点，并及时发布营销信息。
2　传播正确的价值观，不借助侮辱性、歧视性的话题，以及敏感事件、极端事件、恶性事件等博取关注。

── 思维导图

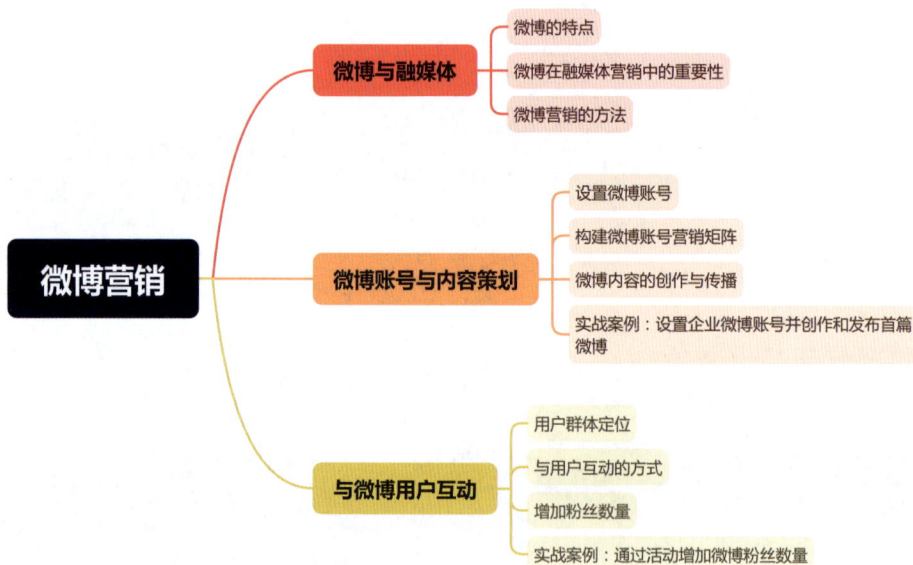

5.1 微博与融媒体

微博是一个通过关注机制分享简短实时信息的广播式社交媒体平台，是融媒体信息传播的重要渠道之一，几乎所有的信息都可以通过微博进行分享和传播。微博强大的传播力和影响力，使其不仅成为重要的社交工具，也成为开展融媒体营销的重要"舞台"。

5.1.1 微博的特点

微博具有广泛的用户基础和传播优势，可以为企业营销带来巨大的价值和潜力。首先，微博作为一种网络社交媒体平台，具备网络新媒体的一些基本特点。其次，在融媒体时代，微博营销作为一种重要的融媒体营销方式，可以基于大量的粉丝进行营销。总的来说，微博主要具有4个特点。

● 操作简单，运营成本低。微博的操作比较简单，用户注册后就可以在微博上发布信息、参与讨论和互动。同时，微博的运营成本较低，企业能够以较小的投入获得较大的回报。

● 用户多，覆盖面广，传播迅速。微博的用户基数较大，覆盖面广，信息可以迅速传播给大量用户。特别是一些高热度话题，一经微博发布，便会通过转发等方式迅速在大范围内传播。这使得企业在微博上进行营销可以获得较高的曝光度和较广的覆盖面。

● 内容简短，形式灵活多样。微博的内容简短，适合快速阅读和传播。同时，微博支持文字、图片、视频等多种形式的内容发布，使得营销方式更加灵活多样。

● 互动性强，注重用户反馈。微博的互动性非常强，用户可以通过评论、点赞、转发等方式参与讨论。企业也可以更好地了解用户的需求和反馈，并及时调整营销策略。

5.1.2 微博在融媒体营销中的重要性

微博可以帮助企业和品牌与广大用户建立互动关系，提升企业和品牌的形象和影响力。相比其他渠道，微博在融媒体营销中更具重要性，其重要性表现为以下几个方面。

● 热点话题。微博上的热点话题往往与用户的利益、兴趣或价值观密切相关，能够引发广泛的讨论和关注，形成话题传播的热潮。这些热点话题为融媒体营销提供了营销内容的切入点，企业通过灵活的创意和营销手段，并结合品牌或产品，可以引起用户的共鸣和关注，有效推动营销效果的提升。

- 关键意见领袖和网络达人。微博上有很多受欢迎的关键意见领袖和网络达人，他们拥有庞大的粉丝群体和影响力。企业与这些关键意见领袖或网络达人合作，可以借助他们的影响力和粉丝基础，提升品牌或产品的知名度和认可度。

- 实时反馈和舆情监测。微博具有实时反馈和舆情监测功能，能够实时反映社会热点和公众意见，为政府部门应对舆情和引导公众舆论提供参考。

- 广告和推广机制。微博提供了多种广告和推广机制，包括品牌广告、名人代言、话题推广等。这些机制为融媒体营销提供了更多推广产品和服务的渠道。

知识补充

首先，微博作为融媒体的重要信息传播渠道，改变了信息传播生态与信息传递方式；其次，微博具有服务价值，各种政务微博账户的出现，使政府不仅向用户提供了个性化服务，而且将各种政务服务落到了实处。例如，政府将政务大厅的"窗口"转移到微博中，在微博公开所有的规则和流程，通过微博的粉丝服务平台提供业务咨询和其他服务，有效提高了政府公共服务的效率。

5.1.3 微博营销的方法

微博营销是基于微博的融媒体营销方式，企业通过组织线上和线下营销活动、借势、制造和引用话题等方法，可以提高品牌知名度和影响力，促进产品的销售。

1. 活动营销

微博的活动营销通常分为线上和线下两种方式。

（1）线上活动营销

微博的线上活动营销包括有奖转发、有奖征集、有奖竞猜等方式。线上活动营销不仅可以有效增加微博的用户数量，还可以扩大信息的传播范围，使营销信息覆盖更多用户，并且可以调动用户的互动积极性，加强企业与用户之间的联系。

- 有奖转发。有奖转发常用"转发+关注""转发+关注+@ 好友"等形式，即微博用户关注并转发微博，或关注并转发微博同时@1~3名好友，就有机会获得奖励。

- 有奖征集。有奖征集是指对创意、文案、祝福语、买家秀图片等进行征集，用户根据征集要求参与活动，就有机会获得奖励。图5-1所示为@体育北京发布的征集首都高校智力运动会会徽、吉祥物、主题口号的微博内容。

- 有奖竞猜。有奖竞猜是指企业提供谜面，由用户来猜谜底。竞猜内容包括文字、图片、价格等。图5-2所示为@中国电影报道发起的第二十四届全国电影推介会举办城市竞猜活动的微博内容。

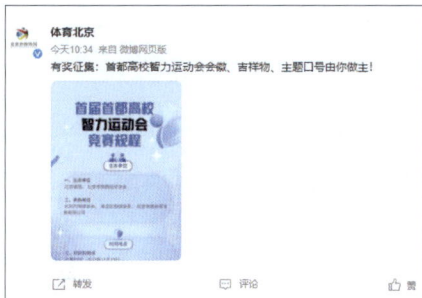

▲ 图5-1　有奖征集

▲ 图5-2　有奖竞猜

此外，微博的线上活动营销还有新品试用、产品预约抢购、投票、调查等。

（2）线下活动营销

微博的线下活动营销主要有线下分享会、线下见面活动和线下品牌活动等。

● 线下分享会。线下分享会主要有两种类型：一种是邀请微博上的知名博主进行分享，通过他们的演讲和互动环节吸引粉丝和其他用户参与；另一种是邀请同行业专家或企业代表进行分享，让用户更深入地了解行业动态和产品信息。

● 线下见面活动。线下见面活动主要针对粉丝进行，可以在大型商场、购物中心等公共场所举办，让粉丝有机会与自己喜欢的博主或品牌进行近距离接触和交流；同时，也可以通过抽奖、发放赠品等方式增加活动的趣味性，吸引更多的用户参与。

● 线下品牌活动。线下品牌活动以宣传和推广品牌或产品为主，如新品发布会、促销活动、主题活动等。

2. 借势营销

借势营销是微博营销较常用的方法，即将营销目的隐藏在借助的"势"（通常是一些被广大用户主动关注的事件）中，以提高企业或品牌的知名度、美誉度，树立良好的品牌形象，并最终促成产品或服务的销售。

借势营销的时效性很强。要想借事件的"势"达到激发用户共鸣的效果，营销人员要把握好借势时机，找准营销内容与事件的关联点（即借势点），快速关联品牌或产品，让借助的"势"与品牌或产品所倡导的价值观和文化相融合，并得到用户的认可，这样才能引发用户的自主传播行为，促进营销信息的广泛传播。图5-3所示为瑞幸咖啡借势立冬节气发布的微博，它教用户使用品牌包装制作雪花，既宣传了品牌，又实现了与用户的互动。

▲ 图5-3　瑞幸咖啡借势立冬节气发布的微博

3. 话题营销

微博中聚合了用户关注的热点话题，因此话题营销也是微博营销的一种常用方法。企业可以发布新的话题，也可以参与其他用户发布的话题。微博中的热门话题通常具有庞大的阅读量与讨论量，适合用来开展营销。在微博话题榜中可以查看时下的热门话题，如图5-4所示。

▲ 图5-4　微博中的热门话题

开展话题营销需要先在微博中查看热门话题，然后结合企业的产品或服务，创作一段与话题相关性较强的内容并带上该话题，以此让关注该话题的用户加入讨论，从而扩大营销信息的传播范围。如果互动效果较好，转发、评论与点赞数量较多，内容还会获得话题主持人的推荐，始终展示在话题首页，从而提升营销的效果。

借助热门话题营销的关键是话题的选择，一个有趣的话题可以提升营销效果。除了微博话题榜中的内容，当下的实时热点、热门微博、微博热搜榜中的内容也可以作为热门话题营销的切入点。如果没有合适的热门话题，企业还可以围绕主推关键词、营销活动或品牌来创建话题。创建话题后，企业还要维护话题内容，引导用户转发、评论话题内容，从而提高话题的热度。另外，企业也可以联合一些知名微博博主转发企业发布的话题内容，利用他们的力量迅速增加话题热度。

> **人才素养**　作为营销人员，应该秉持诚信、公正、负责任的态度，以用户为中心，积极传播正能量，促进良好社会风尚的形成。在微博营销中，营销人员可以通过发布有价值、有趣、有创意的内容来吸引用户关注和互动，从而提高品牌的知名度和美誉度。同时，营销人员也要尊重事实，不夸大其词，不误导用户，确保营销内容的真实性和可信度。

5.2　微博账号与内容策划

微博账号是企业在微博上的身份标识，代表着企业的形象，而微博内容则是企业与用户互动、传播信息的重要手段。企业需要对创建的微博账号进行个性化设置和认证，然后策划微博内容，并持续、稳定地发布营销内容。

5.2.1 设置微博账号

微博营销的基础工作就是设置微博账号，包括微博账号创建，微博账号信息设置，以及微博账号认证等。

1. 微博账号创建

创建微博账号的方法为：在微博官方网站中单击"立即注册"超链接，打开注册页面，在"个人注册"选项卡中输入相关信息，单击 立即注册 按钮。或单击"官方注册"选项卡，打开"官方注册"页面，输入相关信息进行企业、媒体或机构微博账号的注册，然后单击 立即注册 按钮，如图5-5所示。

▲ 图5-5 创建微博账号

需要注意的是，个人只能通过手机号注册，官方则可以通过手机号或电子邮箱注册。用户如果使用手机终端创建微博账号，只需要安装并打开微博App，微博将自动检测手机号，用户通过手机号进行验证，验证通过后将自动创建新的微博账号。

2. 微博账号信息设置

在营销过程中，设置微博账号信息既能清晰显示微博账号定位，又能给用户留下良好的第一印象，吸引用户关注。

（1）微博账号信息组成

微博账号主要由昵称、头像、封面和简介等信息组成，如图5-6所示。

• 昵称。昵称一般要遵循简洁个性、拼写方便、避免重复的原则。企业的微

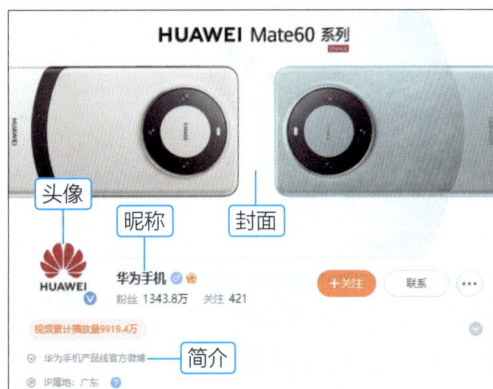

▲ 图5-6 微博账号信息组成

博昵称通常为企业/品牌名称或企业/品牌名称+产品。

- 头像。头像可以起到展示微博账号风格和定位的作用，从而在用户心中形成形象认知。个人微博头像通常为清晰的真人照片、个性化的卡通头像、特殊标志等。企业微博头像则应选择能够代表企业形象的标识，如企业的Logo、名称或拟人形象等。

- 封面。封面在微博账号主页中的位置非常醒目，可用于彰显微博账号的特色。例如，科技类个人账号可以选择炫彩夺目的科技产品图片，摄影类个人账号可以选择山水风光图片；企业微博账号的封面则常用企业的标志建筑物、拟人形象、特色产品及创意广告图片等。

- 简介。简介是对个人或企业的简单介绍。个人微博简介一般是个人信息介绍，也可以用有趣的句子展现个性。企业微博简介应该简明扼要，以便用户快速了解企业，如账号的定位、企业的理念、企业的文化等。

（2）设置微博账号信息

微博账号信息的设置很简单，可在PC端或手机端进行操作。在PC端设置微博账号信息的方法为：登录微博，单击页面上方的"设置"按钮⚙，在打开的列表中选择"账号设置"选项，在打开页面的"昵称""简介"文本框中设置昵称和简介，如图5-7所示；单击上面的头像图片，打开"编辑头像"对话框，设置头像图片。

在手机端设置微博账号信息的方法为：登录微博App，点击"我"按钮 ⍰，在打开的界面中点击上方的头像图标，进入微博账号主页，点击封面图片，在打开的界面中设置图片或视频封面；点击 ✎ 编辑个人资料 按钮，在打开的界面中设置头像、昵称和简介，如图5-8所示。

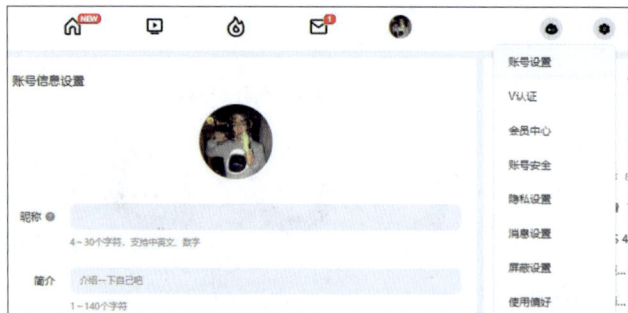

▲ 图5-7　在客户端设置微博账号信息

▲ 图5-8　在手机端设置微博账号信息

3. 微博账号认证

认证后的微博账号能够提高其在用户心中的信任度，有助于增加用户对微博账号的好感。微博账号认证包括个人认证和组织认证，其中，个人认证成功的微博昵称后面会带有一个"V"字图标，分为"黄V" ⓥ、"橙V" ⓥ和"金V" ⓥ 3个等级；组织认证也叫"蓝V认证"，认证成功的微博昵称后会有一个蓝色的ⓥ图标，能够申请组织认证的机构如图5-9所示。

▲ 图5-9　能够申请组织认证的机构

知识补充

申请组织认证一般需要经历选择服务➡️提交资料➡️审核的程序。申请组织认证的类型不同，上传的资料也不同。例如，企业认证需要提交工商营业执照、加盖公章的《官方认证通用申请公函》等。

5.2.2　构建微博账号营销矩阵

构建微博账号营销矩阵是指企业根据旗下品牌、产品等的不同定位建立多个微博账号并形成微博账号矩阵，其目的是通过不同的微博账号定位更全面地覆盖用户。企业开展营销活动时，通过各个微博账号之间的互动造势，可以实现微博营销效果的最大化。

1. 微博账号营销矩阵的模式

企业构建微博账号营销矩阵常见的模式有蒲公英式、放射式和双子星式。

（1）蒲公英式

这是一种由一个核心账号和多个相关子账号组成的模式，比较适合拥有多个子品牌，且子品牌或其业务线的目标用户具有一定共性的企业。蒲公英式微博账号营销矩阵可以利用不同微博账号间的内容转发，扩大营销信息的传播范围，加深用户对产品或品牌的印象。

（2）放射式

这是一种由一个核心账号统领各分属账号的模式。分属账号之间是平等的关系，信息由核心账号传播给分属账号，分属账号之间的信息并不进行交互。例如，各大银行开通的核心账号和各地方、各分行开通的分属账号。放射式微博账号营销矩阵能够扩大营销信息的覆盖范围，缩短营销信息的传播路径，提高传播速度。但如果企业想采用此模式，需要企业业务涉及较广的范围。

（3）双子星式

这是一种构建两个或者多个核心账号的模式。例如，企业官方微博账号和企业创始人的微博账号就可以打造成双子星式微博账号营销矩阵。双子星式微博账号营销矩阵要求微博账号都拥有较强的影响力，并且不同微博账号之间转发内容时，需要选择符合定位的内容。

2. 构建微博账号营销矩阵

构建微博账号营销矩阵可以根据品牌、地理位置、业务需求和功能定位进行。

● 品牌。拥有多个品牌的企业可以为每个品牌设置微博账号，以此构建微博账号营销矩阵，并在各微博账号间进行流量引导，以避免用户流失。例如，伊利集团旗下就有畅轻、每益添、甄稀冰淇淋等品牌，其直接以各品牌的名称建立了微博账号，如图5-10所示。

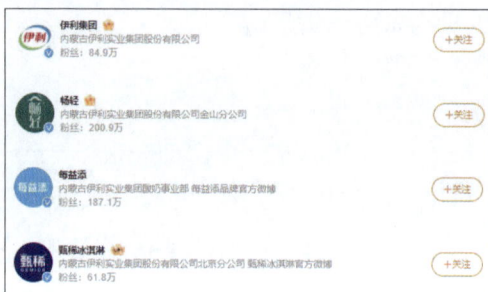

▲ 图5-10　根据品牌构建微博账号营销矩阵

● 地理位置。一些地域性较强的企业可以根据地理位置构建微博账号营销矩阵，这样便于区域化管理。例如，许多汽车品牌会根据不同地区的4S店建立微博账号。

● 业务需求。业务较多的企业可以直接根据业务需求设置微博子账号，从而

▲ 图5-11　根据业务需求构建微博账号营销矩阵

打造微博账号营销矩阵。例如，阿里巴巴根据业务需求设置了提供在线职业培训功能的"阿里巴巴云客服"，致力于环境保护的"阿里巴巴公益"，帮助所有外贸人学习、拓展人际关系、协作而打造的"阿里巴巴外贸圈"，等等。除此之外，有些企业还会根据企业团队组成人员、领导职务等建立微博子账号，从而打造微博账号营销矩阵。

● 功能定位。为了全方位向用户提供服务，很多企业会根据自身需要，赋予不同微博子账号不同的功能，进而形成微博账号营销矩阵。例如，华为设置了负责营销的微博账号"华为中国"、管理粉丝的微博账号"华为花粉俱乐部"等。

5.2.3　微博内容的创作与传播

在微博营销中，无论是活动营销、借势营销，还是话题营销，为了更好地吸引用户关注和参与，都需要创作优质的内容。微博内容通常有普通微博、头条文章、微博话

题、微博视频和微博直播等类型，每种内容的创作重点和营销方式都有所区别。

1. 普通微博

普通微博通常不需要刻意排版，也不要求特定的内容与格式，字数限制在5000字以内，但以140字以内的内容为佳。因为超过140字的部分会被折叠起来，用户单击"展开"按钮或点击"全文"超链接才能全部显示。根据营销的需要，普通微博有以文字为主图片为辅和以图片为主文字为辅的两种主要形式，后者的趣味性更强，使用范围也更广。

创作图文结合的普通微博的方法为：打开微博App，点击首页右上角的➕按钮，在展开的下拉列表中点击"写微博"选项，在打开的"发微博"界面中输入内容，然后点击"图片"按钮🖼，在打开的界面中选择图片作为微博内容，点击 下一步(1) 按钮，进入图片编辑界面，编辑图片后继续点击 下一步 按钮。在"发微博"界面可以看到创作的图文结合的普通微博，点击右上角的 发送 按钮就能将内容发布到微博中，如图5-12所示。

▲ 图5-12　创作并发布普通微博

2. 头条文章

头条文章是微博推出的长文产品，可以是用户所在领域或行业的相关知识，也可以是对时下热点、话题等的评价，还可以是一篇有阅读价值的软文。头条文章主要由标题、正文、封面图（选填）、导语（选填）等组成。为了最大限度地引流，在编辑完头条文章之后，营销人员可以设置"仅粉丝阅读全文"，这样想要阅读头条文章全文的用户就会关注微博账号，从而实现精准引流。

创作头条文章的方法为：打开"发微博"界面，点击➕按钮，在展开的面板中点击"头条文章"选项，打开"编辑头条文章"界面，如图5-13所示，输入标题、正文和导语等内容，并设置封面图，点击 下一步 按钮，完成头条文章的创作，待系统审核后发布。

▲ 图5-13　创作头条文章

知识补充

　　微博封面图的建议尺寸为1000像素×562像素，超过该尺寸的图片将无法显示。另外，要使头条文章被收录并获得较高排名，微博账号就要为实时号。因为，微博普通号发布的内容不会在"综合"和"实时"两个板块显示，别人也无法搜索关键词进行查看；而实时号发布的内容能被搜索到，有助于吸引精准流量。

3. 微博话题

　　微博话题以"#……#"的标签形式出现，当其他用户搜索该话题时，带有该话题标签的内容就会出现在搜索结果中，这样可以提升营销的精准度。

　　（1）创作话题

　　微博话题有普通微博话题和超级话题（以下简称"超话"）两种，普通微博话题的讨论人数超过一定标准后，其就升级为超话，超话具有极高的营销价值。话题的创作通常以微博定位为基础，内容要吸引用户并引起用户的传播与讨论。一旦用户积极参与话题讨论，就能提升话题的热度，增强微博营销的效果。创作话题的方法为：在"发微博"界面点击底部的#按钮，在打开的界面中选择想要参与的话题，或者在搜索框中输入新的话题；也可以点击⊕按钮，在展开的面板中点击"话题"选项。

　　（2）创建超话

　　超话是基于话题的兴趣社区，是话题的一种升级形式。超话具有更加严格的规则和筛选机制，只有符合规定条件的粉丝才能加入超话，参与讨论和互动。创建超话的方法为：在微博App中点击底部的"发现"按钮Q，在打开的界面中点击"潮流"所在行右侧的"更多"按钮≡；在打开的下拉列表中点击"更多频道"栏下的"超话"选项；打开"超话社区"界面，点击"创建"按钮＋；打开"申请创建超话"界面，在其中输入超话名称后，点击 申请创建 按钮提交申请。

4. 微博视频和微博直播

　　微博视频和微博直播是融媒体营销的重要方式，企业在微博中也可以通过视频和直播进行内容营销。

　　（1）微博视频

　　微博视频的内容可以为营销广告、影视剧片段、新闻短视频、趣味短视频等，满足营销的不同需要。在微博中发布视频的方法为：在微博App首页点击＋按钮，在展开的下拉列表中点击"视频"选项；在打开的界面中选择想要发布的视频，然后点击"音乐"按钮♫和"封面"按钮▣，为发布的视频设置音乐和封面，完成后点击 下一步 按钮；

打开"发微博"界面，输入文字，并对频道、类型等进行设置，如图5-14所示，然后点击 发送 按钮将视频发布到微博中。

▲ 图5-14　发布微博视频

（2）微博直播

微博直播能够借助微博庞大的用户群体，实时展示新的营销内容、营销事件等，是企业、品牌或媒体机构等推广的重要窗口。例如，很多品牌会在微博上开展新品发布会直播，以提升新品的关注度。进行微博直播的方法为：在微博App首页点击右上角的 ⊕ 按钮，在展开的下拉列表中点击"直播"选项，在打开的界面中点击"启用麦克风访问权限"选项，在打开的"提示"面板中点击"仅使用期间允许"选项，然后设置直播预告、封面等，最后单击 创建房间 按钮。

> 知识补充
>
> 除了添加合适的话题外，微博还可以利用链接和@这两个元素来增大微博内容的传播范围。链接可以是文章、视频或产品详情页和活动详情页等网页的地址，只要是对营销有用的、可以分享给用户的内容，都可以以链接的形式添加在微博内容中。@相当于一条连接线，微博内容中被@的账号将会收到通知，提示其查看微博内容。如果被@的账号拥有较多的粉丝，该账号的转发或分享更容易为微博内容带来更多的流量。

5.2.4　实战案例：设置企业微博账号并创作和发布首篇微博

某水果品牌云果鲜计划将董事长的个人微博账号设置为品牌的官方微博账号，用来发布品牌信息，推广品牌产品。现在，需要重新设置该

微课：设置企业微博账号并创作和发布首篇微博

微博账号，并创作和发布首篇微博，具体操作如下。

步骤01　在微博App中登录董事长的个人微博账号，在首页底部点击"我"按钮⊥。在打开的界面中点击微博头像，接着点击 🖉 编辑个人资料 按钮。

步骤02　在打开的界面中点击⊥ 更换头像 按钮，在弹出的列表中点击"更换头像"选项，如图5-15所示，在打开的手机图库中选择"Logo.jpg"图片（素材文件：\第5章\云果鲜\Logo.jpg），在打开的界面中调整图片的大小，点击"确定"选项，如图5-16所示，然后在打开的界面中点击 下一步 按钮，完成头像设置。

步骤03　点击"昵称"选项，打开"修改昵称"界面，在文本框中输入"云果鲜2023"，然后点击 提交 按钮（如果输入的昵称已有人使用，微博将提示该昵称不可用，此时用户需重新输入新的昵称）。

步骤04　点击"简介"选项，打开"编辑简介"界面，输入"云果鲜水果商贸公司的官方微博"，其他保持默认设置，如图5-17所示。

▲ 图5-15　更换头像　　　▲ 图5-16　编辑头像　　　▲ 图5-17　输入微博简介

步骤05　点击左上角的"返回"按钮←，返回个人账号界面。点击"首页"按钮🏠，在首页点击右上角的➕按钮，在打开的下拉列表中点击"写微博"选项，打开"发微博"界面，点击"话题"按钮♯，在打开界面的搜索框中输入"云果鲜来啦"，点击新建的话题选项，如图5-18所示，返回"发微博"界面，在话题后点击并输入"友友们，以后请多多关照！"。

步骤06　点击"图片"按钮🖾，在手机图库中选择水果图片（素材文件：\第5章\云果鲜\水果1.jpg、水果2.jpg、水果3.jpg），点击 下一步[3] 按钮，在打开的编辑界面中保持默认设置，点击 下一步 按钮返回"发微博"界面，点击 发送 按钮发布微博，如图5-19所示。

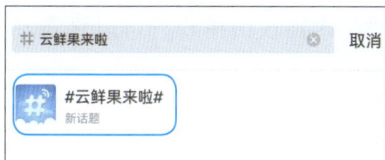

▲ 图5-18　新建话题

▲ 图5-19　发布微博

5.3　与微博用户互动

微博营销中，企业需要通过微博与用户积极互动，从而促进与用户之间的沟通和交流，提高用户的参与感和忠诚度，提高品牌或产品的影响力。

5.3.1　用户群体定位

微博营销中实现用户互动的前提是进行用户群体定位。明确营销对象，可以提供更加个性化和定制化的互动服务。

• 明确用户。需要明确用户的年龄、性别、职业、兴趣等方面的特征，并通过市场调研和用户画像构建等方法，分析用户，以了解其需求和消费偏好。

• 精准定位。根据用户的特征，可以通过微博的话题、搜索等功能，精准定位用户。例如，在微博中能够通过"#健身#""#跑步#"等话题找到与健身、跑步相关的内容和用户，在推广健身器材时，就可以在发布的内容中加入这些话题，让更多感兴趣的用户看到。

• 个性化推荐。个性化推荐功能是指微博可以根据用户的兴趣和行为，为用户推荐相关的内容。例如，某用户频繁浏览、转发某时尚博主的微博，微博就可以推断其对时尚感兴趣，会向其推送最新时尚趋势、品牌活动等相关信息内容。

• 社交媒体矩阵。可以利用其他社交媒体平台（如微信、抖音等）与微博形成社交媒体矩阵，增加品牌的曝光度和影响力。通过不同平台之间的协同，企业可以更好地定位用户。

5.3.2　与用户互动的方式

与用户保持良好的互动，可以加强企业与用户间的联系，培养用户的忠诚度，扩大企业的影响力。在微博上与用户互动的方式主要有4种。

- 评论。评论指直接在原微博下方回复，评论内容可供所有人查看。
- 转发。转发指将他人的微博转发至自己的微博。
- 私信。私信是一种一对一的交流方式，讨论内容仅讨论双方可以查看。
- 提醒。提醒指通过@微博昵称的方式，提醒用户关注某信息。

这4种方式都是比较常用的与用户互动的方式，如果转发微博中有比较优质、有趣的内容，企业也应该及时转发，以增加与用户的互动。图5-20所示为某企业转发的用户发布的微博。对于微博下方的精彩评论，企业也可以回复和点赞，以提高用户的积极性。企业如果收到用户的提醒，也可以转发或评论，如果不方便直接转发或评论，可以给用户发私信。

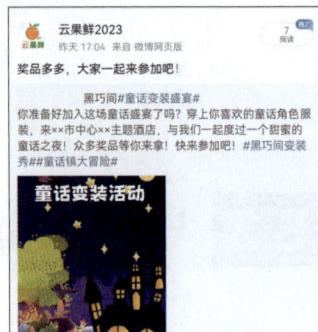

▲ 图5-20　转发的用户发布的微博

5.3.3　增加粉丝数量

用户的积累，特别是粉丝的积累，是一个耗时较久的过程。企业除了通过稳定输出优质内容，以及利用"转发/点赞/评论＋关注"等活动增加粉丝数量外，还可以通过以下方式增加粉丝数量。

- 与同类人群互粉。微博上有很多有共同或相似爱好的群体，这些群体有共同话题，交流方便，很容易互粉（互相关注）。特别是在创建微博账号前期，企业可以试着加入这些群体，通过互动吸引对方关注，再慢慢扩大微博账号的影响力，实现粉丝的自然增长。
- 外部引流。外部引流是指将豆瓣、抖音、微信等其他融媒体平台上已有的粉丝引入微博中，企业甚至可以在出版物上注明微博账号信息，引导用户关注。
- 与其他微博账号合作。只有关注微博账号的粉丝数量越多，微博账号的影响力才会越大。企业与其他微博账号合作，可以借助双方或多方的影响力，扩大营销信息的传播范围。企业开展合作通常应选择有影响力的微博账号，这可以为合作双方都带来好处。

5.3.4　实战案例：通过活动增加微博粉丝数量

云果鲜在创建官方微博账号后，为了扩大该账号的影响力和增加微博粉丝数量，决定开展一次有奖转发活动，具体操作如下。

步骤01　打开微博App，点击"我"按钮&，在打开的界面中点击

微课：通过活动增加微博粉丝数量

"创作中心"按钮 💡，打开"创作者中心"界面，在"服务工具"栏中点击"查看更多"按钮 🎨，打开"服务工具"界面，在"互动工具"栏中点击"抽奖平台"按钮 🎁。

步骤02 打开"微博抽奖平台"界面，点击 <u>创建转发抽奖</u> 按钮，打开"抽奖设置"界面，点击 <u>+ 选择微博</u> 按钮，打开"选择微博"界面，在所选微博下方点击"选择微博"选项，在"抽奖设置"界面中可以看到选择的微博，如图5-21所示。

步骤03 点击 <u>+ 添加奖品</u> 按钮，打开"奖品设置"界面，在"奖品类型"栏中选中"现金"单选项，在"玩法"栏中选中"定额"单选项，在"单个奖品金额"和"中奖人数"文本框中分别输入"160""99"，然后点击 <u>确定</u> 按钮，如图5-22所示。

步骤04 返回"抽奖设置"界面，在"基本参与条件"栏的"参与方式"选项中点击"评论微博"选项，在"关注"选项中点击"关注我"选项，然后点击"定时抽奖"选项，在弹出的"时间"界面中设置抽奖时间为"2023年11月4日12时0分"，选中"已阅读并同意《有奖活动管理规范》"复选项，点击 <u>发起抽奖</u> 按钮，如图5-23所示，在打开的界面支付奖品金额后即可发起抽奖。

▲ 图5-21 选择微博　　　　▲ 图5-22 设置奖品　　　　▲ 图5-23 设置参与条件

🔑 综合实训

为菜籽油品牌策划微博营销活动

1. 任务背景
香坊园是一个专门生产和销售菜籽油的品牌，现希望借助微博的影响力来宣传其推出的菜籽油。时值元旦，香坊园准备将菜籽油与跨年话题结合起来发布微博"新的一年也要和你一起过柴米油盐的生活"，同时附上店铺链接，为菜籽油引流。为了扩大营销信息的传播范围，加强与用户的互动，增加粉丝数量，香坊园准备以回馈用户为由，在微博开展线上营销活动，预热并宣传会员日活动（将品牌创立时间11月15日定为会员日，凡是会员日当天在官方网站购买产品的粉丝皆可享受全场8.5折的优惠）。

2．任务目标

（1）能够创作并发布营销微博。

（2）能够利用微博营销活动来增加粉丝数量。

3．任务实施

（1）创建微博账号并发布微博话题

首先，创建微博账号，创作并发布话题营销的微博，然后添加店铺链接，具体操作如下。

步骤01　注册一个新的个人微博账号，设置昵称为"香坊园2023"，头像为品牌Logo（素材文件：\第5章\菜籽油\Logo.jpg），简介为"买好菜籽油，到香坊园"。

微课：创建微博账号并发布微博话题

步骤02　创作新的微博，先添加"#元旦快乐#""#跨年#"话题，继续输入"油和米（you&me）在一起，新的一年也要和你一起过柴米油盐的生活"文字，然后单击"表情"按钮☺，在打开的列表框中单击"其他"选项卡，选择"心"选项，用此方法插入5个"心"表情。继续输入其他内容，包括文字、表情和店铺网页地址，这里的网页地址需要直接输入（发布微博后，该地址将自动转换成🔗网页链接样式）。

步骤03　选择所需图片（素材文件：\第5章\菜籽油\菜籽油1~9.jpg），将其插入微博中，然后将鼠标指针移到要调整位置的图片上，拖动鼠标指针，移动图片位置，最后发布微博，效果如图5-24所示。

▲ 图5-24　发布的微博效果

（2）策划微博营销活动

策划微博营销活动需要先根据活动目的确定活动主题，然后策划会员日微博营销活动方案，具体操作如下。

步骤01　活动目的为预热和宣传会员日，活动主题为"会员日活动预告"。

步骤02　会员日活动是增加粉丝数量和与用户互动的重要营销环节，可以综合采用多种营销方式。品牌可以采用抽奖和话题讨论这两种营销方式，通过抽奖为会员日活动造势，通过话题讨论提高活动热度。在抽奖造势方面，可以直接在文案开头设置微博话题"香坊园会员日"，并表明是为会员日设置的抽奖，然后输入抽奖内容，将抽奖规则设置为"点赞＋关注"，提升"香坊园会员日"话题的热度；在话题讨论方面，可以通过丰富活动内容来扩大"香坊园会员日"话题的影响力，如在特定时间购买的会员可享受免单等。

步骤03 会员日活动需要借助文案告知用户，文案可以是告诉用户会员日活动的开始时间和规则。确定好活动文案后，可形成最终的会员日微博营销活动方案，表5-1所示为策划的会员日微博营销活动方案的部分内容。

表5-1 会员日微博营销活动方案（部分）

主要项目		详细描述
活动目的		预热和宣传会员日
活动主题		会员日活动预告
活动形式		抽奖、话题讨论
活动内容	抽奖	开展时间：会员日活动开始前3天，每天发布一次，每次在早上9:30发布
		中奖人数：每次10人
		奖品：小榨香坊园菜籽油2.5L体验装一份
		活动规则：关注微博账号并点赞该条微博的用户才能参与抽奖
		活动参考微博： #香坊园会员日#香坊园首个会员日倒计时第3天！ 会员日当天，所有会员均可享受全场8.5折优惠！ 活动时间：11月15日—11月23日，赶紧点击链接🔗网页链接 买到就是赚到，错过就只能等下一年了！ 关注我，为这条微博点赞，抽10个小伙伴送小榨香坊园菜籽油2.5L体验装一份

知识拓展

微博营销数据分析

开展微博营销时，企业要想分析营销效果，可以从微博粉丝数量及其增长速度、微博粉丝活跃度、阅读量、互动情况等入手。

- 微博粉丝数量及其增长速度。微博粉丝是微博营销的基础，不管是微博粉丝数量还是微博粉丝数量的增长速度，都是企业必须要关注的数据。一个健康、有潜力的微博账号应该有一定的微博粉丝数量，且能保证微博粉丝数量持续增长。

- 微博粉丝活跃度。大部分拥有一定微博粉丝基础的微博账号，也同时拥有很多不活跃的微博粉丝。不活跃的微博粉丝没有实际意义，因此企业在分析相关数据时，应该关注活跃的微博粉丝，即关注经常使用微博查看、转发、评论功能的微博粉丝。

- 阅读量。发布微博后，在微博的展示界面可以查看该微博截至目前的阅读量。阅读量是被查看的次数，阅读量越高，说明该微博被阅读的次数越多，因此，阅读量越高的微博，传播能力越强。

- 互动情况。互动是微博非常重要的功能，微博用户的转发、评论、点赞行为都属于互动。互动情况可以直接反映微博账号和内容的受欢迎程度，也代表着微博用户的参与度。通常互动情况越好，微博用户对微博账号的接受度越高，企业的宣传和推广效果也就越好。

本章小结

本章全面介绍了微博营销的基础知识，包括微博的特点、微博在融媒体营销中的重要性和微博营销的方法；同时介绍了设置微博账号、构建微博账号营销矩阵、微博内容的创作与传播等内容；另外，还介绍了用户群体定位、与用户互动的方式和增加粉丝数量等内容。

这些知识非常实用，首先，可以帮助大家更好地理解融媒体营销的整体策略和实施方式；其次，可以帮助大家更好地了解微博的优势和特点，从而更好地利用该平台进行营销和推广；再次，可以帮助大家更有效地制定营销策略、发布有价值的内容、吸引用户、引导用户互动，从而提高品牌知名度和影响力；最后，可以帮助大家更好地管理和运营微博账号，改善营销效果和提高用户满意度。

课后练习

1. 单选题

（1）（　　）为融媒体营销提供了营销内容的切入点，企业通过灵活的创意和营销手段，并结合品牌或产品，可以引发用户的共鸣和关注，有效推动营销效果的提升。

    A．热点话题   B．产品名称   C．微博账号   D．营销活动

（2）在企业构建的微博账号营销矩阵模式中，不常见的是（   ）。

    A．蒲公英式   B．放射式   C．双子星   D．网状式

（3）在微博上与用户互动的方式中，直接在原微博下方回复的方式被称为（   ）。

    A．关注   B．转发   C．私信   D．评论

2．多选题

（1）下列选项中，属于微博线上活动营销的有（   ）。

    A．有奖转发   B．有奖征集   C．有奖竞猜   D．有奖点赞

（2）构建微博账号营销矩阵可以根据企业的（   ）进行。

    A．品牌   B．地理位置   C．业务需求   D．功能定位

（3）用户的积累，特别是粉丝的积累，是一个耗时较久的过程，下列选项中，可以增加粉丝数量的方式有（   ）等。

    A．与同类人群互粉   B．转发＋关注

    C．评论＋关注   D．稳定输出优质内容

3．操作题

（1）为新成立的冰淇淋品牌冰点酷客设置微博账号。冰点酷客是一个充满活力和创意的品牌，以高品质、创新和时尚为核心价值，可以为用户提供独特的冰淇淋消费体验（素材文件：\第5章\冰淇淋\Logo.jpg）。为该冰淇淋品牌的"买2送1"新品活动策划微博话题，并以此话题为核心创作和发布微博（素材文件：\第5章\冰淇淋\冰淇淋1～9.jpg）。

（2）清泉之肌是一个专门研发和销售护肤品的品牌。夏季，该品牌新推出了一款洗面奶，现要求为该品牌策划带话题的有奖转发微博线上营销活动。先为该活动选择一个合适的话题，然后根据话题策划与夏季护肤相关的微博内容。例如，考虑到夏季用户普遍出油多、容易长痘的情况，可以从洗面奶温和清爽、清洁力强等特点入手，进一步介绍洗面奶的成分以及效果，然后添加洗面奶的购买链接，最后介绍有奖转发活动信息，抽出5名幸运粉丝，奖品为新款洗面奶一支。同时，结合微博文字，配图可选择一张产品包装图、一张使用方法图及一张使用前后对比图（素材文件：\第5章\洗面奶\产品包装图.jpg、使用方法图.jpg、使用前后对比图.jpg）。

第6章　微信营销

平凡的世界
专业健身，尽在人邮体育小程序——你的私人健身教练！
人邮体育小程序，专业的健身平台，提供全面的健身内容。无论你是要减肥、增肌、提高体能，还是学习运动技巧，都能在这里找到答案。赶快加入我们吧！
#小程序://人邮体育/cH2W692RCBZs85s
收起

当前，微信已经渗透到了人们生活和工作的方方面面。通过微信进行营销正是建立在微信拥有大量活跃用户的基础上，微信营销方式灵活多样，且具有非常强的互动性，在融媒体营销中具有重要的地位。

—— **知识与能力目标**

1　了解微信与融媒体的相关内容。
2　掌握微信个人号营销的方法。
3　掌握微信公众号营销的方法。
4　掌握微信小程序营销的方法。

—— **素养目标**

1　遵守法律法规，不发布虚假信息，培养文明互动、理性表达的良好习惯。
2　着力提升自身的传播力、引导力、影响力，树立正确的营销意识，规范营销行为。

—— **思维导图**

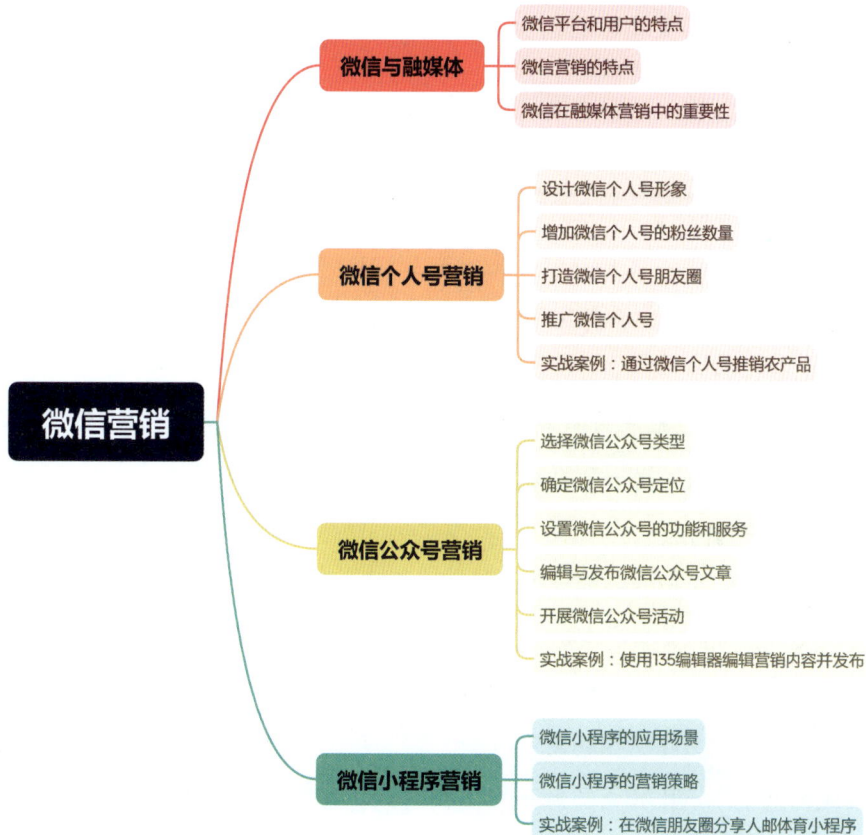

6.1 微信与融媒体

微信是一个注重即时性，可以实现一对一即时互动交流的社交媒体平台。随着融媒体的快速发展，微信作为融媒体中重要的信息传播渠道之一，为融媒体营销提供了极大的便利，并广泛应用于融媒体营销中。

6.1.1 微信平台和用户的特点

作为主流的社交媒体平台，微信拥有庞大的用户群体，因此为融媒体营销提供了坚实的平台和广泛的用户基础。

1. 微信平台特点

微信具有独特的熟人网络、多样化的信息形式、丰富的社交功能和广泛的适用性等特点，这些特点为融媒体营销提供了便利。

- 熟人网络。微信基于手机通信录的好友关系，建立了紧密的熟人网络，很多内容是基于好友之间的信任传播的，这种传播具有熟人交际的特点，为品牌开展口碑营销提供了可能。

- 多样化的信息形式。微信支持发布文字、图片、音频和视频等多种形式的内容，不仅可以满足用户交际、娱乐、购物、出行、知识教育、生活服务等多样化的消费需求，还可以满足产品推广、活动宣传、品牌文化输出等不同的营销需求。

- 丰富的社交功能。微信具有丰富的社交功能，如私聊、微信群互动交流、微信朋友圈点赞及评论等，为企业和用户提供了便捷的在线交流互动的机会，为企业开展营销活动提供了多种途径。

- 广泛的适用性。微信有微信公众号、微信个人号、企业微信等多种账号类型，适用于各个行业和领域，是一款具有广泛适用性的产品。

2. 微信用户的特点

微信具有庞大的用户群体和日常活跃用户数量。用户是融媒体营销的核心，而微信用户的特点使微信成为具有巨大影响力的社交媒体平台，为融媒体营销提供了广阔的操作空间。微信用户有以下两个特点。

（1）性别和年龄分布比较均衡

微信用户的性别占比和年龄分布均比较均衡，其中男性用户占比为53.4%，女性用户占比为46.6%；24岁以下、24~30岁、31~35岁、36~40岁、41岁及以上的用户占比均在20%左右，其中，24岁以下、24~30岁的用户占比超过20%。

（2）深度情感交流和获取新知识

用户使用微信的两大动机分别是与亲朋好友进行情感交流和获取新鲜观点意见。同时，用户也有了解新闻信息、学习新知识与休闲娱乐的需求。这表明微信不仅是用户社交和获取信息的重要平台，也是他们进行深度情感交流和获取新知识的场所。这为营销活动提供了口碑传播、目标定位和品牌互动的机会，有助于增强品牌的影响力和市场竞争力。

6.1.2　微信营销的特点

微信不仅拥有庞大的用户群体和广阔的市场前景，还为企业和个人提供了丰富的营销手段和机会。微信营销具有许多独特的特点和优势，这使越来越多的企业和个人选择使用微信进行营销和推广，且微信在融媒体营销中的作用也越来越突出。微信营销的特点如下。

（1）信息发布的送达率、曝光率和接受率高

微信的信息比邮件具有更高的送达率，微信的每一条信息都能被完整无误地发送到终端设备。与其他融媒体营销渠道相比，微信的社交属性决定了信息通过转发和分享能够得到迅速传播，更容易得到曝光的机会。同时，微信的信息接收者都是和信息发送者有一定交集的用户，这降低了信息被抵触的概率。

（2）更紧密的互动关系

微信可借助移动终端、社交网络和定位等优势进行信息推送，帮助企业或品牌实现点对点的精准营销。微信一对一的交流方式具有更强的互动性，可将企业或品牌与用户之间的普通关系发展成朋友关系，从而产生更大的价值。

（3）精准营销

微信营销的对象精准，一般都是微信好友、微信群成员、关注微信公众号的粉丝等，而且企业可以直接将相关产品或服务与用户需求精准对接。例如，借助微信公众号科普养宠知识，满足用户对养宠知识的需求。另外，微信中垂直行业账号的用户高度集中。例如，某知名服装品牌的微信公众号拥有数量众多的粉丝，包括生产商、服装代理商和经销商等，由此组成了庞大的在线服装发布、展示的网络，有利于开展精准营销。

（4）营销方式多样化

微信提供多种营销工具和功能，如微信公众号、微信小程序、微信广告、微信支付等，其多样化的营销方式可以满足不同企业的需求，并且使企业可以在一个平台上完成多种营销操作。

6.1.3　微信在融媒体营销中的重要性

相较于其他融媒体营销方式，微信营销更加强调建立社交关系和提高用户忠诚度，以及实现销售转化和用户管理等，微信营销是融媒体营销的重要组成部分之一，其重要性表现为以下几个方面。

- 为融媒体营销建立社交关系和实现口碑传播。微信是一种基于人与人之间的社交关系的社交媒体平台，用户更倾向于在微信上与亲朋好友进行情感交流和分享新鲜观点意见，这意味着微信营销可以实现社交关系建立和口碑传播。
- 极高的用户忠诚度。微信具备即时通信功能，因此用户对微信的使用更加日常化和沉浸化。这就使用户通常具有极高的忠诚度，这种忠诚度能够转化为对融媒体营销的关注度和信任度，从而为企业和产品带来更多提升影响力的机会。
- 能够实现销售转化。借助微信小程序和微信商城，企业可以实现产品销售，这不仅拓宽了销售渠道，也方便了用户购买。同时，微信具备支付功能，可以为用户提供安全、便捷的支付体验。
- 优质的用户管理工具。通过微信群，企业可以与用户进行实时互动并接收反馈，并为产品研发和营销策略提供有力的支持。

6.2　微信个人号营销

微信个人号营销是一种点对点的营销，对建立个人品牌、促进产品销售、维护用户关系都具有较好的效果。要通过微信个人号开展营销，需要为微信个人号设计合理的形象、增加粉丝数量、打造微信朋友圈，并推广微信个人号。

6.2.1　设计微信个人号形象

设计一个专业的或有个性的微信个人号形象是提升营销效果的关键。

1. 微信个人号的组成

昵称和头像是微信个人号直接展示给用户的部分，能直观地传达账号形象。其他账号信息如个性签名等，则需要用户进入微信个人号的主页查看。

（1）昵称

微信营销中的微信个人号昵称一般需要直接传递营销意图，可以向用户展示自己的职业、品牌及自己所提供的产品或服务等，如图6-1所示。此外，还有"小李－快递员"这种采用"名字（或简称）＋职业"的组合，"李波－平板电脑维修"这种采用"名字（或简称）＋服务"的组合等，组合中的元素可以置换顺序。另外，昵称中还可添加联系电话，但字数不宜太多，昵称应简单、易记忆。

（2）头像

头像可选择与专业或职业贴近的图片，以体现专业度和品牌形象，如个人职业装照片；也可选择与品牌、产品相关的图片，如品牌Logo图片、门店图片、特色产品图片等。

（3）个性签名

个性签名主要用于展示用户的个性特点、情感态度等，并没有严格的要求，可以专业严谨，也可以轻松幽默，原则上不直接粘贴僵硬直白的广告，否则不仅容易影响微信好友申请通过率，还会给用户留下不好的印象。在微信好友的"个人信息"界面中点击"更多信息"选项，在打开的界面中可查看个性签名，如图6-2所示。

▲ 图6-1　微信个人号的昵称

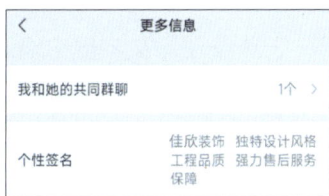

▲ 图6-2　微信个人号的个性签名

2. 设置微信个人号

设置微信个人号的方法为：登录微信App，点击主界面底部的"我"按钮🧑，在打开的界面中点击头像和昵称所在栏，打开"个人信息"界面；点击"头像"选项，在打开的界面中设置头像；点击"名字"选项，在打开的界面中设置昵称；点击"更多信息"选项，在打开的界面中点击"个性签名"选项设置个性签名。

6.2.2　增加微信个人号的粉丝数量

在微信个人号中，粉丝数量其实就是微信好友数量。因此，要提升微信营销效果，微信个人号必须增加微信好友数量，并通过与微信好友互动来传播营销信息。

1. 添加微信好友

微信好友是微信个人号开展营销活动的基础。微信为用户提供了多种添加好友的方式，包括通过手机通信录添加、通过"发现"功能添加、通过微信群添加和通过扫描二维码添加等。

（1）通过手机通信录添加微信好友

微信与手机通信录相连接，用户通过微信个人号可以直接将手机通信录中的联系人添加为微信好友，具体操作如下。

微课：通过手机通信录添加微信好友

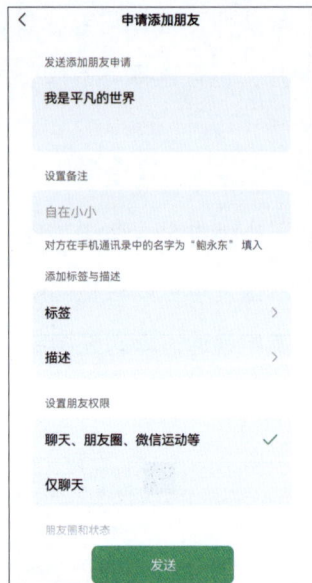

步骤01　进入微信App主界面，点击主界面右上角的⊕按钮，在打开的下拉列表中点击"添加朋友"选项，打开"添加朋友"界面，点击"手机联系人"选项。

步骤02　打开"微信申请获取读取通信录权限"界面，在弹出的"是否允许'微信'访问联系人"对话框中点击"允许"选项，在打开的提示面板中点击"是"选项。

步骤03　在打开的界面中可看到手机通信录中的联系人，点击需要添加的联系人名称后的添加按钮。

步骤04　打开"申请添加朋友"界面，在"发送添加朋友申请""设置备注"文本框中输入对应的内容，其余保持不变，点击界面下方的发送按钮，如图6-3所示。等待手机联系人通过申请后，微信好友即添加成功。

▲ 图6-3　申请添加朋友

（2）通过微信群添加微信好友

同一个微信群中的用户一般都具有某些关联，如处于同一个交友圈或处于有共同学习目标的学习群等。而在微信群中，用户彼此可能已经是好友关系，也可能不是。针对这种情况，营销人员可以在微信群中找到目前不是微信好友的用户，将其添加为微信好友。方法为：在微信群中点击用户头像，在打开的界面中点击"添加到通信录"选项，打开"申请添加朋友"界面，在"发送添加朋友申请"文本框中输入内容，点击发送按钮。

（3）通过扫描二维码添加微信好友

每一位微信用户都有专属的微信二维码，用户扫描微信二维码即可添加微信好友。查看个人微信二维码的具体操作方法为：在微信App主界面底部点击"我"按钮，在打开的界面中点击头像所在栏，打开"个人信息"界面，点击"二维码名片"选项即可查看。为了让更多的微信好友来助力微信营销，营销人员可以将个人微信二维码打印在纸质名片、图片或宣传海报上，或者放置在网页、短视频、文案等中。

搜索手机号也可以添加微信好友，只需在"添加朋友"界面中点击搜索框，然后输入手机号进行搜索并添加。需要注意的是，通过搜索手机号添加微信好友，需要确保对方开启了手机号添加功能，具体开启路径为：我→设置→朋友权限→添加我的方式→手机号。

2. 微信好友互动

添加微信好友后，通常需要与微信好友互动，从而加深与微信好友的联系。同时，在开展营销活动时也需要通过互动提升微信好友参与活动的积极性。

微信好友间日常互动的方式主要有微信朋友圈点赞、评论或转发。一方面，营销人员可以主动点赞、评论（评论内容应真实、有趣）或转发微信好友发布在微信朋友圈中的内容。另一方面，营销人员也可号召微信好友点赞、评论或转发自己发布在微信朋友圈中的内容。除此之外，营销人员在开展微信朋友圈营销互动时，还可以借助试用、游戏等方式。

• 点赞/转发/评论。营销人员在微信朋友圈发布营销信息后，可以邀请微信好友通过点赞、转发或评论的方式参与营销活动。例如，连续两天转发微信朋友圈内容送福利、转发微信朋友圈内容且点赞数达到50个赠送礼品等。图6-4所示为邀请用户转发信息的微信朋友圈内容。

▲ 图6-4　邀请用户转发信息的微信朋友圈内容

• 试用。试用是指免费或以优惠价为微信好友提供产品或服务，并让微信好友提交试用报告或结果。试用不仅有利于推广产品或服务，同时，试用报告或结果还可以为其他微信好友提供参考意见。

• 游戏。游戏一般包括看图猜字、接龙、知识问答等。如果技术支持，营销人员还可以设计一些微信小程序类的游戏，吸引微信好友参与。

> **人才素养**　作为营销人员，在与微信好友互动营销的过程中，应当有礼貌、用语文明、措辞恰当。同时，营销人员应当保护好微信好友的隐私，不要私自泄露给他人，也不要频繁发送信息，以免打扰微信好友的日常生活。

6.2.3　打造微信个人号朋友圈

微信朋友圈是微信的基础功能，用户可以分享日常生活、见闻和感悟。在进行微信个人号营销时，可以精心策划微信朋友圈，通过发布有趣、有价值的内容来吸引用户关注。同时，还可以通过选择营销信息的发布时机和精准定位用户来提升营销效果。

1．微信朋友圈内容策划

在微信朋友圈中营销时，可以不时发布有关活动、品牌和产品的营销信息。营销信息的质量直接影响微信个人号的营销效果，营销信息应尽量用"简短的内容+配图"的方式表达，如图6-5所示，也可以用产品故事、人物生活等包装营销信息。

另外，微信朋友圈也是微信好友之间交流互动的平台，营销人员可以分享一些生活小技巧、趣闻轶事、热点事件等，一方面可以吸引微信好友关注，增加微信个人号的曝光度，另一方面可与微信好友形成有效的互动。

▲ 图6-5　营销产品的朋友圈内容

2．微信朋友圈内容的发布方法

在微信朋友圈中发布内容的方法为：打开微信App主界面，点击"发现"按钮 ，打开"发现"界面，点击"朋友圈"选项，在打开的界面中点击右上角的 按钮，在打开的面板中点击"从相册选择"选项，在打开的界面中选择图片，点击 完成(1) 按钮，在打开的界面中输入文字，点击 发表 按钮发布。

3．微信朋友圈内容的发布时机

为了保证推广效果，营销人员要分析用户在微信朋友圈的活跃时间，从而在其查看微信朋友圈的高峰期进行推广。一般微信朋友圈营销信息的最佳发布时间段是8:00—9:30、11:30—13:00、17:00—18:30、20:00—24:00，大多数用户会在这些时间段浏览微信朋友圈。当然，每个群体的作息时间会有差别，针对不同的用户群体，营销人员应对发布的时间段进行调整。例如，对于上班族而言，7:00—9:00、21:00—23:00是他们使用手机较频繁的时间段，适合发布营销信息；而对于学生而言，周末休息时使用手机更为频繁，这段时间适合向他们发布营销信息。

4．用户分组

为了进行精准营销，营销人员可以分组发布营销信息，提高信息发布的有效性。其方法为：在编辑好微信朋友圈内容后，在下方点击"谁可以看"选项，在打开的界面中点击"部分可见"选项，在打开的列表中点击"选择标签"或"选择朋友"选项，在打开的界面中选择分类的用户，然后返回内容发布的界面，点击右上角的 发表 按钮。

> **知识补充**
>
> 微信个人号中的标签是用来对微信好友进行分组和管理的。添加标签的方法为：在微信通信录中选择微信好友，打开信息界面，点击"设置备注和标签"选项，打开"设置备注和标签"界面，点击"添加标签"选项，打开"从全部标签中添加"界面，选择某个标签，或者点击 ＋新建标签 按钮，打开"新建标签"对话框，输入标签名称创建新标签并选择该标签。

6.2.4　推广微信个人号

推广微信个人号是把账号信息发布出去，让目标用户发起添加微信好友申请。推广微信个人号可分为线上推广和线下推广两种途径。

1．线上推广微信个人号

线上推广微信个人号的方式分为内部引流和外部引流。

● 内部引流即在微信内部引流。例如，将微信个人号的账号信息发布到微信朋友圈，并邀请微信好友分享到自己的微信朋友圈，以此吸引目标用户添加微信好友；或将微信个人号的账号信息发布到微信公众号文章中，邀请目标用户添加微信好友。

● 外部引流即通过微信以外的平台引流。例如，将微信个人号的账号信息发布到QQ、微博、快手、抖音、西瓜视频、今日头条、知乎、简书、小红书等平台账号的主页或简介中，或在这些平台上通过图文、视频、直播等方式发布营销信息时植入微信个人号的账号信息等，以邀请目标用户添加微信好友。图6-6所示为在抖音个人简介中留下微信个人号。

▲ 图6-6　在抖音个人简介中留下微信个人号

2．线下推广微信个人号

线下推广微信个人号的常用方式是将微信个人号的二维码打印到宣传海报、工作牌上，在店铺、广场等做活动时进行展示，以吸引目标用户的注意，邀请目标用户扫描二维码添加微信好友。

6.2.5 实战案例：通过微信个人号推销农产品

小刘是一名回乡创业的大学生，现在，栽种的鱼腥草（又名折耳根）已丰收，他准备在微信朋友圈中售卖。为了精准定位喜欢鱼腥草的用户，小刘需要将微信好友进行分组，然后创作微信朋友圈内容发布给对应组别的微信好友，具体操作如下。

微课：通过微信个人号推销农产品

步骤01 打开微信App主界面，点击底部的"通信录"按钮👥，打开"通信录"界面，点击需要分组的微信好友，打开微信好友详细界面，点击"设置备注和标签"选项。

步骤02 打开"设置备注和标签"界面，点击"添加标签"选项，打开"从全部标签中添加"界面，点击 ➕新建标签 按钮，打开"新建标签"对话框，输入标签名称，这里输入"云贵川渝"，然后点击 确定 按钮。"添加标签"界面将显示已设置的标签，点击 保存 按钮，返回"设置备注和标签"界面，点击 完成 按钮。

步骤03 在微信App主界面底部点击"发现"按钮🧭，打开"发现"界面，在界面中点击"朋友圈"选项，点击右上角的📷按钮，在打开的面板中点击"从手机相册选择"选项，在打开的界面中选择农产品图片（素材文件:\第6章\农产品\），点击 完成(3) 按钮。

步骤04 输入营销文案。农产品的营销文案可以从产地、新鲜程度、产品质量和物流等方面进行描述。例如，产地可以描述为"农村露天生长"，新鲜程度可以用"当天采挖"来形容，产品质量可以用"精挑细选，鲜嫩脆爽，无农残，无添加"来形容，物流情况可以用"现货速发"来说明。综合以上内容，就可以创作出营销文案。

步骤05 在打开的界面中输入营销文案，点击"谁可以看"选项，在打开的界面中点击"部分可见"选项，点击"选择标签"选项，打开"选择标签"界面，选中"云贵川渝"单选项，点击右上角的 选择(1) 按钮，返回"谁可以看"界面，点击右上角的 完成 按钮，返回发布界面，点击右上角的 发表 按钮，如图6-7所示，就可以将创作的营销内容发布到微信朋友圈。

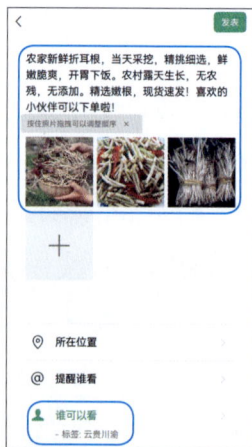

▲ 图6-7 在微信朋友圈发布营销信息

6.3 微信公众号营销

当前，使用微信公众号已经成为很多微信用户的一种习惯。因此，很多企业也将微信公众号营销作为重要的营销方式。企业利用微信公众号开展营销活动需要注意方法和策略，以便更好地引导用户了解品牌、参与互动，同时可提高信息的曝光度，在降低营销成本的基础上实现更优质的营销。

6.3.1　选择微信公众号类型

微信公众号是在微信公众平台上申请的应用账号，微信公众平台是在微信的基础上开发的功能模块。通过微信公众平台，个人和企业都可以打造专属的特色微信公众号，并在微信公众号上通过图文、视频等形式，与关注微信公众号的用户进行全方位的沟通和互动。

微信公众号主要包括服务号和订阅号两种类型。

• 服务号。服务号具有管理用户和提供业务服务的功能，服务效率比较高，主要偏向于服务交互。银行、114等提供查询服务的企业适合选择服务号，用户服务要求高的企业也可开通服务号。服务号每个月可群发4条消息，还可开通微信支付功能。

• 订阅号。订阅号具有信息发布和传播的功能，企业可以展示自己的个性、特色和理念，传播自己的品牌文化。订阅号主要偏向于为用户传达资讯，每天可以群发1条消息，具有较大的传播范围。企业如果想简单地发送消息，达到宣传效果，可选择订阅号。

订阅号通过认证后有一次升级为服务号的机会，升级成功后的类型不可再更改，服务号不可变更为订阅号。确定公众号类型后即可注册微信公众号，注册微信公众号的操作十分简单，与注册一般网站账号的方法相似。下面以个人身份注册一个类型为订阅号、名称为誉林卤味铺的微信公众号为例，介绍设置账号头像和微信号等的方法，具体操作扫描右侧二维码查看。

微课：创建微信公众号

6.3.2　确定微信公众号定位

微信公众号在营销前期一定要做好定位工作，选择好针对的用户，并在此基础上策划、设计、提供用户喜欢的风格、特色和服务，以此建立清晰的账号形象，发展精准用户。

1. 风格定位

风格包括微信公众号的账号风格和内容风格，是清新、婉约，还是时尚、商务等。其中，账号风格主要通过微信公众号的名称、头像、简介等体现出来，内容风格主要通过语言、表述等体现出来。一般来说，风格定位需要与品牌或产品的形象相联系，例如，品牌或产品的形象是年轻时尚的，那么微信公众号的风格也应当是年轻时尚的。

2. 行业定位

行业定位就是指确定微信公众号未来营销的产品或服务属于哪个行业。进行行业定位不用分析与产品或服务对应的精确适用人群，只需对产品或服务进行行业归类，就可以简单地为微信公众号进行定位。行业细分的微信公众号需要推荐与本行业相关的消息，其专业性会更强一些。例如，图像设计领域的微信公众号推荐的就是图像设计相关的内容。

3. 产品定位

产品定位即以已有的产品或品牌为微信公众号的定位基础。以产品定位的微信公众号类似于官网微信平台，企业将微信公众号定位于产品或品牌，有利于以后的转化变现。在多数情况下，如果原产品或服务具备一定的知名度，有利于以产品定位的微信公众号的前期推广；若原产品或服务的知名度不高，以产品定位的微信公众号的发展将受到限制。

4. 功能定位

不管是行业定位还是产品定位，其界限都较分明。但部分微信公众号的边界并不明显，这部分微信公众号中就有很多是以功能来定位的。以功能定位的微信公众号可提供功能服务，如提供保洁、搬家等一系列上门服务的微信公众号就是此类。

6.3.3　设置微信公众号的功能和服务

微信公众号提供了以自定义菜单、合集标签、自动回复为代表的多种功能和服务。通过这些功能和服务，用户可以快速找到所需信息或服务，企业则可以提高营销效率。

1. 自定义菜单

微信公众号的自定义菜单位于聊天界面底部，可以直接链接微信公众号文章、网页和微信小程序等。自定义菜单一般依据微信公众号的定位而定，企业可以根据微信公众号提供的服务来设置不同的自定义菜单。常见的微信公众号自定义菜单设置如表6-1所示。

表6-1　常见的微信公众号自定义菜单设置

菜单类别	对应内容	常用词汇
活动展示	主要用于向用户介绍近期活动	参观预约、最新福利
合作联系	主要用于展示广告合作、转载授权、商务合作等的联系方式	联系我们、服务中心
内容推荐	主要用于推荐有价值的、比较经典的文章	往期精选、热文导读、好文推荐、热门专题
商城入口	适用于开展电子商务活动的个人或企业，可直接链接到官方商城的微信小程序或微店界面	××（品牌名）商城、购买入口
微信群入口	主要用于吸引用户加入微信群，为微信群积累用户	加入微信群、××（品牌名）福利

设置自定义菜单的方法为：登录微信公众号后台，选择左侧导航栏中的"自定义菜

单"选项，在打开的"自定义菜单"页面中单击 ＋添加菜单 按钮，在页面右侧的"菜单名称"文本框中输入菜单名称，在"菜单内容"栏选中"跳转网页"单选项，然后在下方单击"从已发表选择"超链接，打开"选择已有图文"对话框，选择已发表的微信公众号文章，单击 确定 按钮；返回"自定义菜单"页面，此时"页面地址"栏中自动插入所选文章的网页地址，如图6-8所示，用户单击该菜单就会跳转到链接的网页。单击添加的菜单右侧的 ＋ 按钮，继续新增菜单；选中"发送消息"单选项，选择"图片"选项，单击"上传图片"按钮 🖼，如图6-9所示，单击添加菜单上方的 ＋ 按钮可新增下一级菜单；打开"打开"对话框，选择要添加的图片，单击 打开(O) 按钮，成功上传图片，设置完毕后单击 保存并发布 按钮；打开"温馨提示"对话框，单击 确定 按钮后发布。

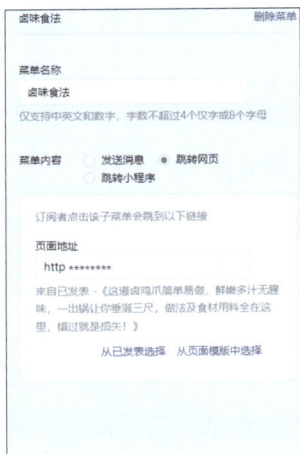

▲ 图6-8 插入网页地址

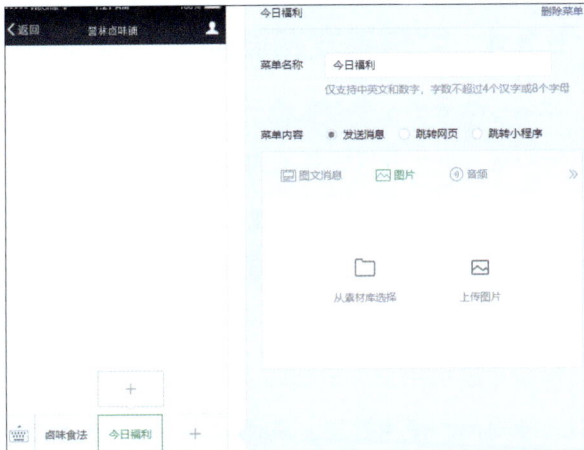

▲ 图6-9 新增下一级菜单

2. 合集标签

企业使用微信公众号中的合集标签功能，可以在合集内添加相同主题的内容，这便于用户连续浏览。该功能支持创建图文、视频和音频类型合集。企业登录微信公众平台，在首页左侧的菜单栏中选择"合集标签"选项，在打开的界面中单击"创建合集"下拉按钮，在打开的列表

▲ 图6-10 设置合集标签

中选择合集类型（有图文合集、图片合集、视频合集和音频合集4种），打开"合集信息"界面，设置合集的名称、简介、阅读方式、文章列表等，如图6-10所示。

3. 自动回复

自动回复包括被关注回复、消息回复和关键词回复。企业设置自动回复后，用户发送指定的信息，微信公众号将自动发送设定的内容，这样可优化用户体验。其中，被关注回复是指用户关注微信公众号时的回复，消息回复是指用户发送聊天信息时的回复，关键词回复是指用户发送包含特定关键词的聊天信息时的回复。

设置自动回复的方法为：登录微信公众平台，在首页左侧的菜单栏中选择"自动回复"选项，打开"被关注回复"选项卡，在其中选择回复方式（如文字、图片等），然后设置回复内容，最后单击 保存 按钮完成设置。扫描右侧二维码可以查看设置自动回复的具体操作。

微课：设置自动回复

6.3.4　编辑与发布微信公众号文章

微信公众号的主要功能之一就是向关注账号的用户发送文章，如通知、新品上架、优惠折扣或其他话题等相关的内容，从而实现"点对多"的营销。

1. 微信公众号文章的组成

一篇完整的微信公众号文章包括标题、封面图、摘要、内文4个部分。

（1）标题

标题是吸引用户点击和阅读微信公众号文章的决定因素之一，营销人员可采用设置悬念和提问、使用数字、讲述故事、借助热点等方法创作具有吸引力的标题。例如，"闲暇时，如何收获知识、拓宽视野？""用数据条对比数据，3招让你早点下班！""我与她的甜美邂逅""飞向太空，为中国航天加油！"等。

（2）封面图

封面图可以起到吸引用户视线和激发用户阅读兴趣的作用。一般封面图的设计应与微信公众号文章的主题紧密关联，营销人员可以使用产品图或产品使用场景图，也可以使用具有趣味性、创意性或视觉冲击力的图片。图6-11所示为融入趣味元素和具有视觉冲击力的封面图。

▲ 图6-11　融入趣味元素和具有视觉冲击力的封面图

（3）摘要

摘要是封面图下面的一段引导性文字，可以用于吸引用户点击微信公众号文章，如

图6-12所示。营销人员可以利用摘要补充说明标题、揭示文案主旨、提问、展示金句或别人的评价等，写法多样，重点是要激发用户点击并阅读微信公众号文章的兴趣。如果编辑微信公众号文章时不设置摘要，微信公众号默认抓取正文开头的部分内容（前54字）作为摘要。

▲ 图6-12　摘要

（4）内文

内文可以选择总分的写作结构，也可以采取三段式写法，如开头引入，中间分段论述，结尾进行总结并升华主题或引导行动等，主要是输出内容、传达信息，写法不限。一般，内文应尽量口语化，每句话在20字以内为宜；一个段落的行数不能太多，且段落长短要有变化，不能让用户感到乏味。

2. 微信公众号文章的排版与发布

微信公众号文章的排版要注意行间距、段落对齐方式和字体的选择等。一般行间距可设置为行高的50%；微信公众号文章的边缘要对齐，段落宽度、间距要调整；微信公众号文章的字体数量控制在2~3种，颜色不要太鲜艳，最好不超过3种，以淡色调为主；文字尽量不要添加视觉特效（特殊的产品除外）；段首不必缩进，大段文字间可空一行；配图需清晰，色彩要与微信公众号文章整体风格搭配；需要强调的内容可以适当放大或突出显示；微信公众号文章版面不要太花哨，排版上要主次分明、结构层次清晰。

微信公众号后台可以直接编辑微信公众号文章并发布，发布后的微信公众号文章分为单图文（见图6-13）和多图文（见图6-14）。单图文即一次撰写并发布一篇微信公众号文章。多图文即一次发布多篇微信公众号文章，每篇微信公众号文章均可设置封面图和摘要，第一篇微信公众号文章的封面图显示为大图，其余微信公众号文章的封面图显示为小图。多图文在微信公众号的用户终端上不显示摘要，被转载到外部平台时则显示摘要。

▲ 图6-13　单图文

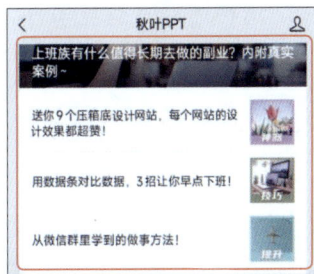
▲ 图6-14　多图文

微信公众号文章也可以通过135编辑器、秀米编辑器等在线图文排版工具进行编辑，这些工具拥有大量的模板，营销人员可将排好版的微信公众号文章生成为图片并发布到微博、小红书等融媒体平台。此外，营销人员还可以利用这些工具将内容同步至微信公众号后台，然后在微信公众号中发布。图6-15所示为135编辑器的主界面。

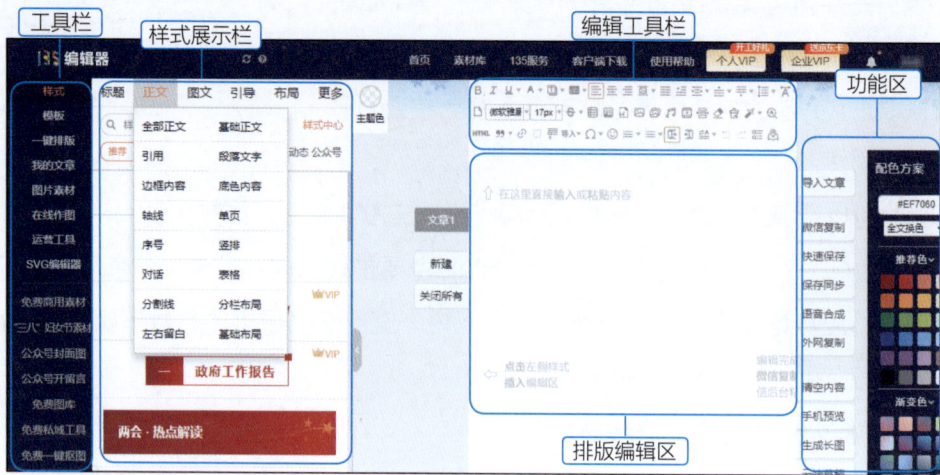

▲ 图6-15　135编辑器的主界面

6.3.5　开展微信公众号活动

粉丝是微信公众号营销的基础，企业增加粉丝量和提高粉丝忠诚度就能提升营销效果。开展微信公众号活动则是一个快速增加粉丝数量、与用户互动的有效途径。

· 分享有礼活动。分享有礼活动通过设置奖品和福利吸引用户参与，用户分享活动内容并邀请多个微信好友关注就可以获得奖品。这种活动可以快速有效地增加粉丝数量。

· 答题猜谜活动。答题猜谜活动主要是通过多种内容形式设置问题或谜题，让用户就问题或谜题进行回答，并将答案发送到微信公众号后台或评论区。

· 比赛活动。比赛活动的形式较为简单，营销人员一般根据某一主题举行活动并设立奖品，吸引用户报名参加。评选方式为其他用户投票或评委评分等，根据比赛成绩决定中奖者。这种活动具有竞争性，有助于激发用户的参与兴趣。

· 留言有礼活动。留言有礼活动一般是根据当下热点、近期活动、节日庆典等，准备一个话题让用户在评论区留言，然后根据留言随机筛选或者按照点赞数等选取中奖用户，如图6-16所示；或者直接要求用户留言或回复指定内容，再随机抽选中奖用户。

· 晒照有礼活动。晒照有礼活动通常有两种方式，一种是让用户将不同主题的照片发送至微信公众号，营销人员按

▲ 图6-16　留言有礼活动

照活动规则抽选中奖用户；另一种是让用户将指定的照片分享到微信朋友圈、微信群或者其他平台，并截图发送至微信公众号，营销人员收到后再进行选取与奖励。

6.3.6　实战案例：使用135编辑器编辑营销内容并发布

某电动牙刷品牌的营销人员决定使用135编辑器来为一篇有关电动牙刷的营销内容排版，以便呈现出更好的视觉效果，然后将其保存为图片，直接发布到微信公众号中，具体操作如下。

微课：使用135编辑器编辑营销内容并发布

步骤01　登录135编辑器官方网站，进入135编辑器主界面。单击编辑工具栏中的"单图上传"按钮🖼，打开"打开"对话框，选择要插入的图片（素材文件:\第6章\电动牙刷\电动牙刷01.png），单击 打开(Q)▼ 按钮插入图片。选择插入的图片，单击编辑工具栏中的"居中对齐"按钮☰，将图片居中对齐。然后输入或复制文本，此处直接复制并粘贴素材文档中的第一段文字（素材文件:\第6章\电动牙刷\电动牙刷内容.docx）

步骤02　选中编辑器左侧样式功能区中的"免费"复选项，将鼠标指针移动到"标题"选项卡上，在打开的下拉列表中选择想要的标题样式。此处选择"框线标题"选项，并应用图6-17所示的标题样式。

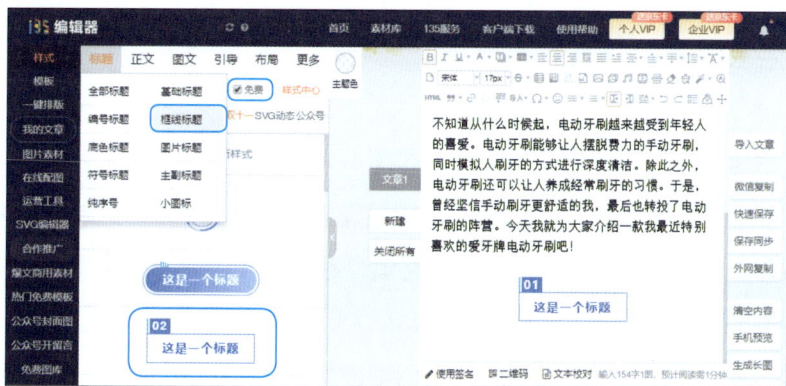

▲ 图6-17　应用标题样式

步骤03　选择该框线标题，单击编辑工具栏中的"左对齐"按钮☰，将标题居左对齐，然后输入素材文档中的第1个标题"清洁效果强"。按【↓】键换行，继续复制并粘贴素材文档中"1.清洁效果强"下方的第一段文字，再单击编辑工具栏中的"单图上传"按钮🖼，打开"打开"对话框，选择要插入的图片（素材文件:\第6章\电动牙刷\电动牙刷02.jpg），单击 打开(Q)▼ 按钮插入图片，并将图片居中对齐。

步骤04　添加一个与步骤02中一样的标题样式，此时标题中的序号会自动变为

"02"。将标题居左对齐后，再把内容修改为素材文档中的第2个标题"多种模式满足不同需求"。在标题下方继续复制并粘贴素材文档中"2. 多种模式满足不同需求"下方的内容，再在下方插入图片（素材文件:\第6章\电动牙刷\电动牙刷03.png），并将图片居中对齐。

步骤05 按照相同的操作，插入第3个标题和图片（素材文件:\第6章\电动牙刷\电动牙刷04.png），效果如图6-18所示。复制并粘贴素材文档的最后一段内容，完成所有内容的排版。按【Ctrl+A】组合键全选文章，单击编辑工具栏中的"字号"按钮[17px]，在打开的下拉列表中选择"15px"选项，效果如图6-19所示。

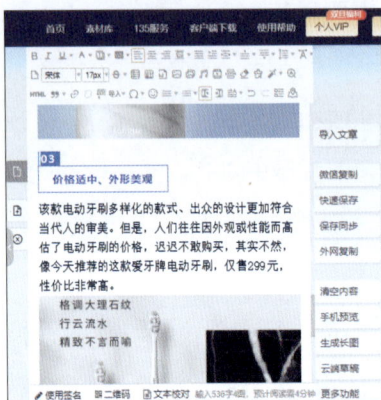

▲ 图6-18 标题的排版效果

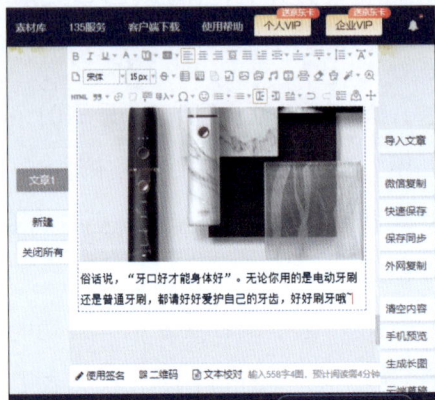

▲ 图6-19 修改字号后的效果

步骤06 单击界面右侧的[快速保存]按钮保存文章，单击界面左侧的"我的文章"选项卡查看保存好的文章，135编辑器自动以"草稿"作为文章标题，将鼠标指针移动至刚排版好的文章上方，单击标题左侧的[✎]按钮，然后输入文章的标题，此处输入"亲测好用！赶快用它给牙齿做个SPA吧！"，如图6-20所示。

步骤07 输入完成后，单击功能区中的[导出]按钮，打开"生成长图/PDF"对话框，在"标题"文本框中输入"电动牙刷营销内容"，然后设置保存的格式和清晰度等，这里保持默认设置，单击[生成长图]按钮将内容导出为图片（效果文件:\第6章\电动牙刷营销内容.jpg）。之后，打开"新建下载任务"对话框，选择保存图片的位置后，单击[下载]按钮，将导出的图片下载到计算机中。

步骤08 扫码登录微信公众平台，在"新的创作"栏中单击"图片/文字"选项，将鼠标指针移动到"添加图片"选项上，在弹出的快捷菜单中选择"本地上传"选项，在打开的对话框中选择导出的图片，在标题文本框中输入"新款电动智能牙刷"，单击[发表]按钮，然后在打开的对话框中按照系统提示单击对应的[发表]按钮，完成后，即可将内容发布到微信公众号中。关注了该微信公众号的用户可以在"订阅号消息"中看到发表的内容，如图6-21所示。

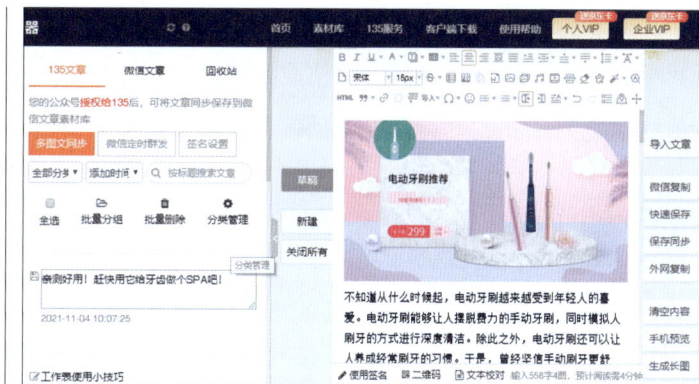

▲ 图6-20 输入标题

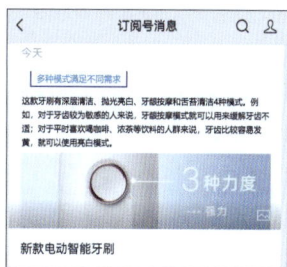

▲ 图6-21 发布的微信公众号文章

6.4 微信小程序营销

微信小程序是一种不需要下载和安装即可使用的应用，依附于微信，只能在微信中搜索、打开。微信小程序基于微信的社交属性，依托微信海量的活跃用户，可以在微信生态圈内完成裂变。这些特性让微信小程序具备了得天独厚的优势。

6.4.1 微信小程序的应用场景

微信小程序往往通过场景触发用户的使用行为，并开展营销活动。营销人员可以在线上线下多个场景中植入微信小程序，并借助合适的营销方式推动营销活动顺利开展。

1. 社交场景的应用

微信小程序具有强大的社交属性，能够在微信群、微信朋友圈等社交场景中自由使用，有助于实现低成本营销。例如，通过微信群分享微信小程序链接，让用户快速了解和使用微信小程序；在微信朋友圈发布微信小程序的推广海报或截图，吸引更多用户关注和使用微信小程序；发送微信小程序卡片消息给微信好友，让微信好友了解微信小程序的功能和特点，并鼓励他们使用；等等。

2. 生活服务场景的应用

微信小程序可以为用户提供在线购物/购票、导航、浏览等服务，满足用户多样化的需求。例如，三星堆博物馆推出的同名微信小程序，可以帮助用户实现在线预约购票、查看馆藏信息、交通导航等功能，既改善了用户的体验，又减轻了该博物馆的工作负担，还起到了推广该博物馆的作用。

3. 电子商务场景的应用

微信小程序同样也是营销人员实现一体化营销的工具。营销人员可以通过微信小程序为用户提供产品购买、会员福利等服务，吸引用户进入微信小程序，并将其转化为购买用户。例如，热风商城小程序就是基于电子商务场景，围绕产品销售，为用户提供产品查看、购买等服务的，其功能与购物网站和购物App基本相同。

6.4.2 微信小程序的营销策略

用户进入微信小程序的途径主要有微信公众号引导、线下门店扫码、分享等，营销人员可以利用这些不同的途径制定不同的营销策略。

1. 微信公众号引导＋微信小程序推广

微信公众号以内容营销和信息传递为主、简单的服务为辅，微信小程序则以产品与品牌的功能服务为主。因为微信小程序不需要注册、关注，所以其难以将用户留在小程序中，而微信公众号的粉丝体系恰好可以弥补这一缺点，实现粉丝的沉淀。在开发微信小程序之后，将微信小程序与微信公众号进行关联，营销人员可通过自定义菜单、图文内容推送等提供微信小程序入口，将微信公众号的粉丝导流到微信小程序中，同时对微信小程序进行推广与曝光。

2. 线下门店扫码＋微信小程序推广

线下门店扫码＋微信小程序推广是微信小程序快速引流的方法之一。具体的推广方法就是做好微信小程序二维码（或微信小程序码）的覆盖和引导。例如，在线下门店开展促销活动，吸引用户扫描微信小程序的二维码并领取优惠，或者在用户扫码后赠送购物礼券，这样既可以实现微信小程序的曝光，又能促使用户复购。

3. 分享＋微信小程序推广

微信小程序通常可以分享给微信好友和微信群，其方法为进入微信小程序后点击右上角的 •• 按钮，在打开的界面中点击"转发给朋友"按钮 ➐，然后在打开的界面中选择某个微信好友或微信群，在打开的"发送给"对话框中点击 发送 按钮，就可以将微信小程序分享到微信群中。

6.4.3 实战案例：在微信朋友圈分享人邮体育小程序

人邮体育是人民邮电出版社旗下的专业体育平台，可以为用户提供各种专业、实用的体育健身内容，并能提供制订健身锻炼计划的服务。在微信朋友圈分享人邮体育小程序，其具体操作如下。

微课：在微信朋友圈分享人邮体育小程序

步骤01 在微信App主界面底部点击"发现"按钮 ◎，打开"发现"界面，在界面中点击"小程序"选项，打开"小程序"界面，点击"搜索"按钮 Q，在打开的界

面的搜索文本框中输入"人邮体育"，点击 搜索 按钮，在搜索结果中点击"人邮体育"选项，进入人邮体育小程序的界面，点击右上角的 ••• 按钮，在打开界面中点击"复制链接"按钮 $\mathscr{O}$，接着点击右上角的 ⊙ 按钮退出微信小程序，返回微信"发现"界面。

步骤02 在界面中点击"朋友圈"选项，点击右上角的 按钮，点击界面底部的"从相册选择"选项，在打开的界面中选择图片（素材文件:\第6章\人邮体育\），点击 完成 按钮。

步骤03 在界面中输入营销文案，长按文字末尾处，在弹出的快捷菜单中点击"粘贴"选项，将复制的微信小程序链接复制到文案中，点击右上角的 发表 按钮，将人邮体育小程序分享到微信朋友圈中，效果如图6-22所示。微信好友点击该链接就能打开对应的微信小程序。

▲ 图6-22   分享到微信朋友圈中的人邮体育小程序

🔑 综合实训

通过微信开展农产品营销

1. 任务背景

阿城大蒜是黑龙江省哈尔滨市阿城区的特产，是国家地理标志产品。一名哈尔滨市的回乡创业大学生准备通过微信来宣传和销售阿城大蒜。阿城大蒜的产品信息如表6-2所示。

表6-2   阿城大蒜的产品信息

产品特征	相关描述	产品图片
生态环境	产自黑龙江省哈尔滨市阿城区，种植地降水均匀，日照充足；生态环境良好，黑土为主，土壤肥沃；阿什河流经此地，灌溉水源充足	
人文历史	种植历史悠久，2008年获批成为"国家地理标志产品"，其生产地阿城区被中国特产协会命名为"中国北方大蒜之乡"	
产品品质	以紫蒜闻名，紫蒜皮薄，蒜瓣肥大，蒜香浓郁，蒜味辛辣；适宜久存，富含蛋白质和碳水化合物，以及多种维生素和人体所需矿物质	（素材文件:\第6章\阿城大蒜\阿城大蒜1.png ～阿城大蒜4.png）
生产方式	按照无公害农产品生产方式种植，使用天然水源浇灌	

2．任务目标

（1）能够使用微信个人号开展营销活动。

（2）能够使用微信公众号开展营销活动。

3．任务实施

（1）使用微信个人号开展营销活动

首先为微信好友添加备注和地区标签，然后详细描述阿城大蒜的特色和优惠信息（如哈尔滨市人打9折），同时配上阿城大蒜的图片，发送给黑龙江省哈尔滨市的微信好友，具体操作如下。

微课：使用微信个人号开展营销活动

步骤01　打开微信App主界面，点击"通信录"按钮 ，打开"通信录"界面，点击微信好友的头像，打开微信好友的详情界面，点击"设置备注和标签"选项，打开"设置备注和标签"界面，在"备注"文本框中输入备注，用"是""否"字样注明是否是潜在用户。

步骤02　点击"添加标签"选项，打开"从全部标签中添加"界面，点击 +新建标签 按钮，打开"新建标签"对话框，输入"黑龙江-哈尔滨"，新建"黑龙江-哈尔滨"的标签，为备注"是"的微信好友添加"黑龙江-哈尔滨"的标签。

步骤03　在微信主界面点击"发现"按钮 ，打开"发现"界面，在界面中点击"朋友圈"选项，点击界面右上角的 按钮，点击界面底部的"从相册选择"选项，在打开的界面中选择产品图片，点击 完成 按钮，然后在打开的界面中输入营销内容。由于微信朋友圈的营销主要针对哈尔滨市的朋友，他们对阿城大蒜有一定的了解，所以营销内容主要突出大蒜的品质（紫蒜为主、皮薄、蒜瓣肥大、蒜香浓郁）和生产方式（不使用化肥、激素，使用天然水源浇灌），以及优惠信息，效果如图6-23所示。

步骤04　点击"谁可以看"选项，在打开的界面中点击"部分可见"选项，点击"选择标签"选项，在打开的界面中选择"黑龙江-哈尔滨"标签，然后点击 发表 按钮，完成微信个人号的营销内容发布。

▲ 图6-23　编辑微信朋友圈的营销内容

（2）使用微信公众号开展营销活动

下面先撰写微信公众号营销内容，并使用135编辑器编辑，然后通过"复制使用"的方式，将编辑好的内容发布到微信公众号中，具体操作如下。

微课：使用微信公众号开展营销活动

步骤01　撰写标题，先撰写提问式（大蒜，怎么吃才更健康？）、直言式（阿城大

蒜,妙哉!)、警告式(大蒜不是随便买的,提醒家里做饭的人看看!)、对比式(阿城大蒜vs普通大蒜,真正健康的是……)等多种类型的标题,然后比较分析,选择一个效果较好的标题。这里选择直言式标题,通过对阿城大蒜直白的称赞来吸引用户点击并阅读。

步骤02 撰写正文,先确定写作结构,如并列式结构、总分总式结构等;然后依次撰写正文的开头、中间和结尾。这里采用总分式结构,开头引出产品,提升用户阅读的兴趣,中间介绍产品卖点,结尾邀请用户尝试购买产品。内容示例如表6-3所示。

表6-3 内容示例

正文	内容
开头	大蒜是家中必备的调料,凉拌、炒菜,总是少不了它。总以为大蒜都是一个味儿,直到遇到了阿城大蒜。那独特的口味,总令人回味。一口咬下去,脆爽鲜辣,切成蒜片儿与回锅肉搭配,那滋味,就一个词——"下饭"!是什么造就了阿城大蒜的特别呢?
中间	1.生态环境。阿城大蒜产自黑龙江省哈尔滨市阿城区,均匀的降水和充足的日照让阿城大蒜攒足了营养。难怪那蒜瓣一掰开,就格外胖嘟嘟,不禁让人感叹,阿城大蒜长在了一个好地方啊! 2.人文历史。阿城大蒜的种植历史悠久,它也算是"大蒜家族"中的"前辈"了。它从久远的历史中走来,阿城大蒜的品质仍然令人赞叹。2008年,阿城大蒜获批成为"国家地理标志产品",这一标志也将在阿城大蒜身上延续下去。 3.产品品质。与其他大蒜不同,阿城大蒜尤爱身着紫色的衣裳,有着一股岁月沉淀的韵味。其蒜味更加辛辣,但也更加鲜香。时间的磨砺让阿城大蒜练就了生存的秘诀——可长期保存。此外,阿城大蒜也同其他大蒜一样,富含蛋白质和碳水化合物,以及多种维生素和人体所需矿物质。 4.生产方式。阿城大蒜始终采用无公害农产品生产方式,向着健康、绿色的方向前进,并将从大自然中汲取的营养带给人类。
结尾	越是了解,越是忍不住赞叹阿城大蒜!不知你是否也愿意与阿城大蒜来一次温柔的邂逅呢?

步骤03 登录135编辑器,打开编辑界面,在编辑区复制粘贴正文。为小标题运用"框线标题"样式,并在"阿城大蒜长在了一个好地方啊!"下方插入"阿城大蒜2.png"图片,在"这一标志也将在阿城大蒜身上延续下去。"下方插入"阿城大蒜3.png"图片,在"可长期保存。"下方插入"阿城大蒜1.png"图片,并使图片居中显示。在最后一段文本下方插入产品的二维码图片(素材文件:\第6章\阿城大蒜\阿城大蒜4.png),然后使图片居中显示。

步骤04 单击功能区中的 复制使用 按钮,登录微信公众平台,在"新的创作"栏中单击"图文消息"选项,在打开界面的文本框中按【Ctrl+V】组合键,将编辑好的内容复制到其中，输入标题"阿城大蒜，妙哉！"，然后单击 发表 按钮，再按照系统提示进行操作，将内容发布到微信公众号中，效果如图6-24所示。

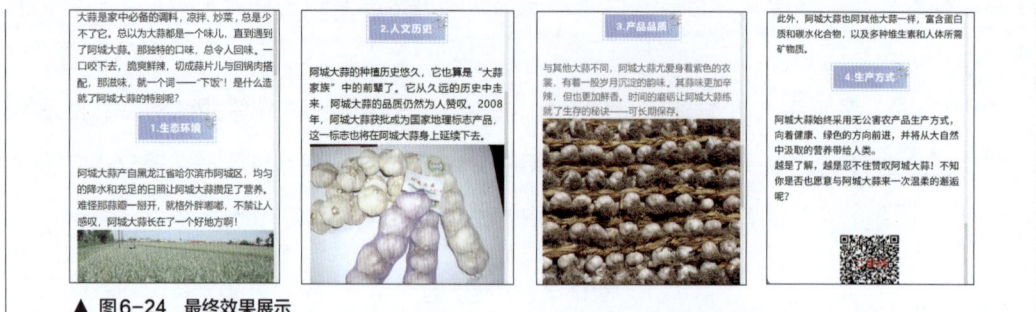

▲ 图6-24　最终效果展示

知识拓展

不能忽视的营销工具：微信视频号

微信视频号是微信推出的短视频产品，与微信小程序、微信公众号共同构建了一个完整的内容生态链，旨在将用户留在微信平台内，形成营销闭环（指营销中的各流程板块可以循环对接）。凭借微信庞大的用户基础，品牌和企业借助微信视频号可以轻松获取极大的用户流量。品牌和企业可以通过微信直接与用户互动，深入了解用户的需求并接收反馈，进而提高营销的针对性，改善营销效果。另外，依托于微信提供的数据分析功能，品牌和企业可以分析微信视频号的观看量、点赞数、评论数等数据，精准地了解用户的需求和喜好，为后续的营销策略提供依据。

在使用微信视频号开展营销的过程中，品牌和企业要灵活运用一些营销方法。例如，明确营销目标，并根据目标制定相应的营销策略；制作高质量、有吸引力的内容，使其在微信视频号上有更多的曝光和推送；通过数据分析了解用户的兴趣和喜好，并思考如何将产品融入用户喜欢的内容中；定期发布短视频，维持用户的关注度；紧跟热点，制作相关内容以抓住流量机会；通过评论、私信等方式与用户进行互动，了解用户的需求并获取反馈，增加用户黏性。

本章小结

本章先全面介绍了微信营销的基础知识，包括微信平台和用户的特点、微信营销的特点，以及微信在融媒体营销中的重要性；同时还介绍了设计微信个人号形象、增加微信个人号的粉丝数量、打造微信个人号朋友圈和推广微信个人号等内容；另外，还介绍了选择微信公众号类型、确定微信公众号定位、设置微信公众号的功能和服务、编辑与发布微信公众号文章、开展微信公众号活动、微信小程序的应用场景和营销策略等内容。

这些知识非常实用。首先，微信营销是当前主流的营销方式，了解微信营销的基础知识和技能可以帮助大学生更好地融入社会，提高自己的职业竞争力。其次，通过微信营销，大学生可以学习如何与他人建立联系、维护关系、推广品牌和产品等。这些技能不仅对大学生未来的职业发展有帮助，也可以帮助他们更好地理解社会和人际关系，并建立自己的社交圈，以获取更多的资源和机会。最后，微信营销是一种低成本、高效率的创业方式，通过微信个人号、微信公众号和微信小程序等工具，大学生可以开展自己的创业项目，推广产品和服务，提高自身的创业能力。

⚙ 课后习题

1. 单选题

（1）下列选项中，不是微信用户的特点的是（　　）。

    A. 分布广泛   B. 男女比例不均衡

    C. 年轻人多   D. 数量巨大

（2）微信公众号中，（　　）每个月可群发4条消息，还可开通微信支付功能。

    A. 个人号   B. 视频号   C. 服务号   D. 订阅号

（3）可在电子商务场景应用的微信应用是（　　）。

    A. 微信小程序   B. 微信朋友圈   C. 微信群   D. 订阅号

2. 多选题

（1）下列选项中，属于添加微信好友的主要方式的有（　　）。

    A. 通过手机通信录添加   B. 通过"发现"功能添加

    C. 通过微信群添加   D. 通过扫描二维码添加

（2）微信好友间的日常互动方式包括微信朋友圈（　　）。

    A. 点赞   B. 转发   C. 评论   D. 关键词回复

（3）下列选项中，用户进入微信小程序的途径有（　　）等。

    A. 线下门店扫码   B. 微信公众号引导

    C. 微信群分享   D. 分享

3. 操作题

返乡大学生李波种植了大量的猕猴桃，同时也开设了网店进行销售，并把微信作为主要的营销平台。

（1）假如你是李波，试着设置个人的微信账号，将头像、昵称和个性签名都修改为与猕猴桃相关的内容，然后在微信朋友圈中发布简短的营销文案，并配上9张猕猴桃的图片。

（2）开设微信公众号，并设置名称、头像和功能介绍。

（3）在微信公众号中开展留言有礼活动，在微信公众号文章下方留言的用户有机会参与抽奖，中奖的用户可以获得1斤精品猕猴桃。请为该营销活动撰写微信公众号文章，该文章需向用户告知活动信息，注意，还应该配有少量猕猴桃图片。

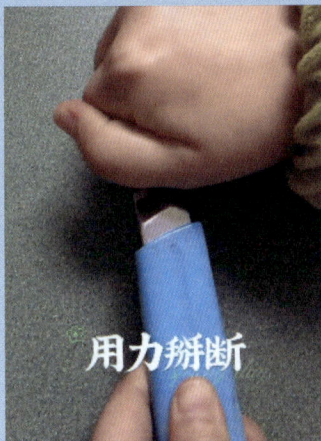

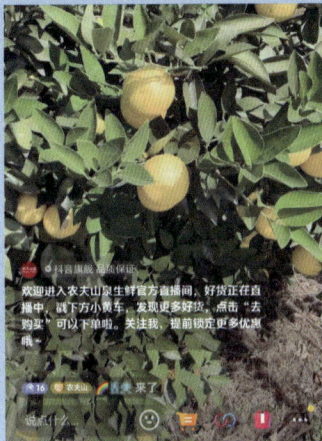

第7章 短视频营销

当前，短视频已经成为一种非常流行且高效的信息传播形式。由于其快速、简洁、轻量的特点，观看短视频已经成为众多用户日常网络活动的重要组成部分。这种日常网络行为推动了短视频营销的兴起，并使其逐步成为融媒体营销中常用且有效的方式。

—— **知识与能力目标**

1　了解短视频及短视频在融媒体营销中的重要性。

2　掌握短视频拍摄与制作的方法。

3　掌握短视频营销和推广的方法。

—— **素养目标**

1　提升创新思维和持续学习的能力，以适应不断变化的市场需求和技术发展。

2　提高短视频的制作质量，创作和传播积极、正能量的内容，向用户输出优质内容，引导用户树立正确的价值观。

—— **思维导图**

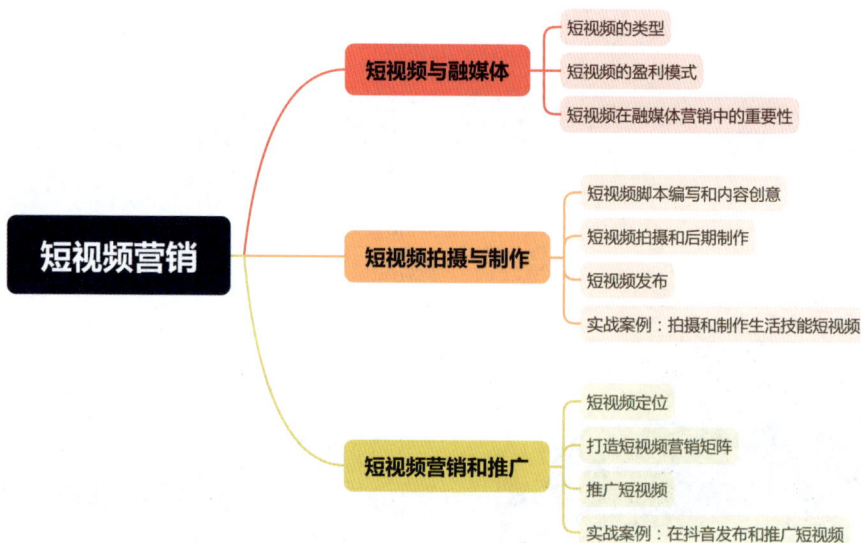

7.1 短视频与融媒体

短视频是一种视频长度以秒计，主要依托于移动智能终端实现快速拍摄和编辑，可在社交平台上实时分享的新型视频形式。短视频融合了文字、图片、音频和视频等多种形式，让用户接收的内容更加立体化。同时，优质的短视频亦可借助网络新媒体、传统媒体等多种融媒体渠道实现广泛传播。

7.1.1 短视频的类型

短视频的创作门槛较低，几乎每个人都可以成为短视频内容的生产者。这一特点催生了短视频领域众多新颖多样的形式和样态，其内容丰富多彩，并且可以通过各种方式呈现。这些短视频不仅具有创新性，而且与融媒体紧密相关。

1. 短视频内容的类型

内容是短视频的核心，也是营销的重要载体。在短视频中，比较热门且能够较快获得用户关注的内容更加具有营销价值。短视频内容有以下几种类型。

* 旅游类。这类短视频的内容以分享旅途见闻、旅游攻略、景点信息等为主，一般能快速吸引眼球，获得较高的关注度。

* 美食类。这类短视频的内容以分享美食探店、美食制作等与美食有关的信息为主，能够快速吸引美食爱好者、喜欢和擅长烹饪的人的关注。

* 趣闻类。这类短视频的内容以分享有趣事件、搞笑言论、搞笑情景剧等为主，内容覆盖范围广，用户面广。

* 情感类。这类短视频的内容以传递正能量为主，包括分享见义勇为、乐于助人、甘于奉献的人物或事件等，或者分享情感话题，如友谊、亲情、爱情等。传递正能量的内容很容易引发用户的情感共鸣，并促进内容的传播。

* 才艺类。这类短视频的内容以唱歌、跳舞、器乐演奏等才艺表演为主，用户面广，不过这类内容对表演者的要求较高，表演者需要具备一定的才能。

* 儿童/萌宠类。这类短视频的内容以家中孩子或宠物的日常生活片段为主，用户面较广，容易获得用户的关注。

* 实用知识类。这类短视频的内容以各类实用培训教程、资源集合、生活技巧、职场技巧等为主，较注重实用性，能够快速触发用户的收藏与转发行为。在营销过程中，这类短视频的内容更容易将知识传播直接转化为品牌宣传或产品销售。

● 开箱测评类。这类短视频的内容通常从拆快递包裹开始，逐步展示产品外观，介绍产品特点，简单试用产品并对产品做出评价，以帮助用户了解产品的真实情况。

● 产品展示类。这类短视频的内容通常以展示产品的整体外观、设计风格、实用功能和优点为主，以引起用户的关注和兴趣，激发用户的购买需求。

2. 短视频展现形式的类型

在融媒体中，内容通常有多种展现形式，短视频也不例外。短视频内容的多元化发展也使得其展现形式变得多元化。

● 图文拼接。图文拼接是一种比较简单和易操作的类型，营销人员只需要将一些图片或视频截图拼接起来，并添加背景音乐、说明文字或解说即可。

● 视频记录。视频记录即通过拍摄视频记录日常生活，是一种"随拍"方式。例如，旅游达人以视频记录的形式展现其在旅途中的所见所闻，美食达人以视频记录的形式展现其试吃经历、探店经历或美食制作过程，美妆达人以视频记录的形式展现其日常化妆步骤，萌宠达人以视频记录的形式展现宠物的日常生活片段，等等。

● 脱口秀。脱口秀是目前比较常见的短视频的展现形式。实用知识类短视频就常采用这种展现形式，用于向用户分享一些实用的知识技能。采用脱口秀这一展现形式，需要向用户传递有价值的信息，才能得到用户的认可和持续关注。

● 情景短剧。情景短剧的创作难度较大，需要一定的资金和人力支持，在剧情写作、场景设计、视频拍摄、视频剪辑等方面要求严格。情景短剧能够更清晰地表达短视频的主题，情感表达更丰富，更容易引起用户的共鸣。

7.1.2　短视频的盈利模式

在营销过程中，短视频需要通过优秀的内容吸引更多的用户和广告主，从而实现商业变现和品牌价值提升，这也是短视频盈利的基础。短视频的盈利模式主要包括直接变现模式、间接变现模式和特色盈利模式3种。

1. 直接变现模式

直接变现模式主要包括内容付费模式、签约独播模式、渠道分成模式和平台分成模式。

● 内容付费模式。内容付费模式是指用户为短视频内容付费，在这种模式下，用户付费的原因主要包括版权、观看需求等，且付费用户容易形成固定的用户群体。

● 签约独播模式。签约独播模式即只将短视频投放于某一固定平台，该平台买断短视频的播放权。这种模式使得营销活动固定于某个融媒体平台，不容易得到其他融媒体平台的支持和传播。

- 渠道分成模式。渠道分成模式即从不同渠道获得分成的模式，主要包括推荐渠道分成、视频渠道分成和粉丝渠道分成，都是根据播放量来决定分成的多少。这种盈利模式下，短视频需要在更多的融媒体渠道中传播。

- 平台分成模式。平台分成模式是指根据短视频的播放量和广告的展示量获得平台的广告分成。

2. 间接变现模式

间接变现模式主要包括广告植入模式、课程培训模式和"短视频＋电商"模式。

- 广告植入模式。广告植入模式即在短视频中植入广告，从而获得广告费，这也是短视频营销中比较常见的盈利模式之一。按照内容的性质，短视频的广告分为产品展示广告、品牌广告、剧情广告和测评广告等，图7-1中包括剧情广告和产品展示广告。

- 课程培训模式。课程培训模式是知识型短视频变现的一种模式，主要是通过短视频积攒人气，然后通过课程、讲座、俱乐部等手段进行变现。

- "短视频＋电商"模式。"短视频＋电商"模式即在短视频中植入电商的营销元素，让用户通过短视频直接跳转到网店购买产品，从而实现变现，如图7-2所示。

▲ 图7-1 剧情广告和产品展示广告

▲ 图7-2 能够跳转到网店购买产品的短视频

3. 特色盈利模式

除直接变现模式、间接变现模式外，短视频还可以通过一些特色模式实现盈利。例如，技术型人才可以开发短视频制作软件，通过收取软件服务费实现盈利；内容型人才可以将短视频账号打造成IP或者产品，通过提供IP营销等实现盈利。例如，可以通过搞笑短视频内容的输出，把账号打造为知名IP，并通过与游戏渠道商合作运营H5小游戏实现盈利。

7.1.3　短视频在融媒体营销中的重要性

在融媒体营销中，短视频通过创造用户所需的价值，通过渠道分发与用户建立并维持关系，最终获得回报。相对于传统营销方式及其他融媒体营销方式，短视频的出现开拓了一个全新的营销渠道。短视频在融媒体营销中的重要性体现为以下几点。

● 广告接受度更高。短视频中的广告能够通过生动的画面、音频和故事情节来吸引用户，用户更容易被视觉和听觉元素所吸引，从而更容易接受和记住广告。

● 互动更加多样。短视频能够实现用户评论、点赞和转发等常见的互动。同时，一些用户会主动模仿短视频内容而重新制作一段新的短视频，或在原有短视频的基础上进行二次创作，并进行传播。在融媒体信息传播渠道中，这实际上也是一种崭新的互动方式，不仅可以加大营销信息的传播力度、扩大营销信息的覆盖范围，还可以增强营销效果。

● 营销效果更好。人的大脑更善于处理可视化内容，同时，现代快节奏的生活催生了人们利用碎片化时间阅读的习惯。所以，短视频这种时间短、内容丰富、表现力强的表现方式更符合融媒体时代用户碎片化阅读的需求。这就意味着短视频所传播的内容将更容易被用户接受，更容易实现品效合一的营销效果。

7.2　短视频拍摄与制作

短视频的拍摄和制作直接影响短视频的质量、吸引力和传播效果，进而影响营销效果和品牌形象。因此，掌握短视频的拍摄和制作技能对于短视频营销至关重要。

7.2.1　短视频脚本编写和内容创意

为了实现营销目标，进一步明确短视频的具体内容和拍摄流程，需要编写短视频脚本。同时，创意将赋予脚本生动、创新的表现形式，使短视频内容有更好的呈现和表达。

1. 编写分镜头脚本

短视频脚本一般指分镜头脚本，其内容包括拍摄的镜号、景别、运镜方式、画面内容、台词、音效、时间等。表7-1所示为某服装品牌宣传短视频的分镜头脚本，其主要是利用模特拍摄时的各种动作来丰富画面内容，并体现服装的质感和穿着效果的。

表7-1　某服装品牌宣传短视频的分镜头脚本

镜号	景别	运镜方式	画面内容	台词	音效	时间/秒
1	全景	固定镜头	模特慢慢走向镜头	无	舒缓、清新的音乐	2
2	中景	固定镜头	模特慢慢向前行走			2
3	中景	跟镜头	模特沿着栏杆继续行走			2
4	中景	升镜头	模特在栏杆前站定			2
5	中景	固定镜头	模特将双手背在身后，并缓慢转身			1
6	近景	跟镜头	模特将双手背在身后，缓慢后退			3
7	中景	固定镜头	模特站定并面向镜头			4
8	特写	推镜头	聚焦到品牌Logo上			4

2．内容创意

在融媒体时代，高质量的内容是短视频营销的核心竞争力。用户通常更愿意主动分享和传播经典、有趣、轻松的短视频，同时，这种短视频也更容易形成病毒式传播效果。所以，要想让短视频获得病毒式传播，关键在于创作出有价值、有创意的短视频内容。

（1）场景代入

场景代入通过巧妙地设计场景和情节，让用户更好地沉浸在短视频中，增强用户的参与感和互动性，从而提高短视频的传播效果和营销价值。常用的场景包括厨房、办公室、咖啡厅等日常生活场景，有趣的挑战或任务场景，模拟的甜蜜、恐惧、紧张等情绪场景，或者模拟某种职业的工作场景，等等。

（2）直入主题

短视频的时长较短，这就要求内容短小精悍。要想短视频快速抓住用户的眼球，直入主题是一个不错的方法。例如，在拍摄某农产品的推广短视频时，可以在开头就将该农产品展示出来，并通过描述该农产品的口感、食用方法等，让用户对该农产品感兴趣。

（3）情节反转

情节反转是通过前后剧情的反转，营造喜剧效果或形成强烈的对比，从而调动用户的情绪，吸引用户的关注。情节反转可以增加短视频的趣味性，使内容的呈现更加饱满。

（4）嵌套故事

嵌套故事即在主要的故事中嵌套小故事，这些嵌套的小故事会形成分支。嵌套故事可以增加短视频内容的信息量，吸引更多用户讨论短视频内容，为短视频带来更多流量。例如，某汽车品牌的宣传短视频，其内容主线可以是一个家庭的日常生活，然后营销人员在其中巧妙地嵌套小故事来展示汽车的各项功能和特点，让用户在欣赏故事的同时潜移默化地接受产品的宣传信息。这种嵌套故事的方式能够增强用户的参与感，并引起用户的共鸣，提升品牌传播的效果。

（5）现身说法

现身说法是利用自身经历或真实处境进行创作，提高短视频内容的说服性及可信度，增强传播效果。例如，制作一个推广健身App的短视频，内容可以是一位用户分享自己的减肥历程和使用该App的体验，包括开始运动前的困惑、运动过程中的挑战，以及最终取得的成果。这种短视频内容不仅能够展示产品效果，还能通过真实的故事吸引更多的潜在用户，并增强他们对产品的信任。

（6）系列视频

系列视频是指定位相同、短视频内容主题相同的短视频。系列视频可以加深用户对短视频账号的印象，深化他们对产品或品牌的认识。营销人员可以将同一系列的短视频制作成合辑，以方便用户查看相关内容。例如，某美食达人制作的烹饪教学系列短视频，每个短视频专门介绍某菜品的制作过程，让用户逐步学会不同的烹饪技巧。这些短视频在帮助用户提升厨艺水平的同时，也可以植入厨具、食品等相关产品的营销内容。

7.2.2 短视频拍摄和后期制作

短视频拍摄和后期制作在短视频营销中也非常重要。通过专业的拍摄和后期制作，营销人员可以制作高质量、有趣、有吸引力的短视频，在扩大传播范围的同时，吸引更多的用户，迅速传达产品信息并树立品牌形象，为营销活动带来更高的曝光率和转化率。

1. 短视频拍摄

短视频拍摄不是使用摄像设备随意拍摄，营销人员需要按照短视频拍摄的常见流程进行拍摄。

（1）组建拍摄团队

根据实际的拍摄需要，组建一个包括导演、摄像师、灯光师、录音师、演员等成员的拍摄团队，以确保拍摄工作顺利进行。

（2）布置场景

根据短视频内容和营销目标，选择合适的拍摄场地并布置场景，布置时需要考虑光线、背景、装饰和道具等因素，确保场景与内容情节相符。

（3）选择摄像设备

根据实际需要和预算，选择合适的摄像设备，常见的摄像设备包括相机、无人机、稳定器、手机、补光灯和话筒等，如图7-3所示。

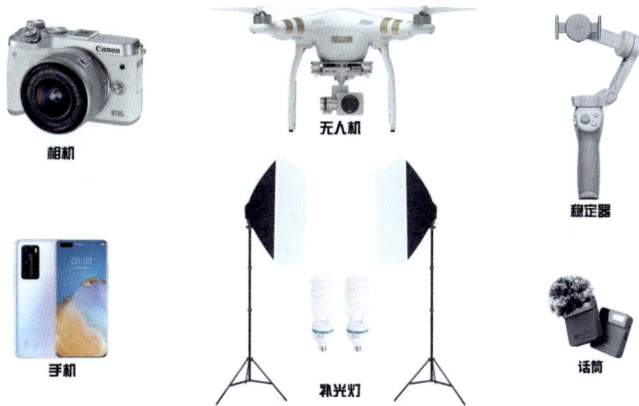

▲ 图7-3　摄像设备

（4）拍摄

按照脚本进行拍摄，注意摄影技巧和镜头语言，把握好拍摄角度、构图和镜头运用。同时，关注灯光、音频和其他细节，以确保拍摄质量。

知识补充

短视频拍摄过程涉及布光、景别、构图方式、镜头运用等摄影摄像领域的多种专业知识，相关内容可扫描右侧的二维码进行查看。

2. 后期制作

后期制作就是利用工具将拍摄的短视频制作成可以发布到融媒体平台中的营销内容。除前面介绍的Premiere外，营销人员也可以使用短视频平台自带的剪辑功能或软件进行后期制作，如抖音自带的剪辑功能、剪映App等，其剪辑原理与Premiere类似，但操作更为简单，这里不再赘述。下面介绍后期制作中，营销人员可以掌握的一些剪辑技巧。

（1）控制剪辑节奏

剪辑短视频时要控制节奏，合理安排镜头的时间和顺序。营销人员可以通过合理地选择镜头、计算镜头时长等方式控制剪辑节奏，提高短视频的质量。例如，进行产品展示类短视频的后期制作时，可以剪辑特写镜头来展示产品的细节和质感，还可以剪辑运动镜头来展示产品的功能和操作过程，展示产品特点和表现用户需求的镜头可以剪辑更久的时长。

（2）转场过渡

在两个镜头之间添加过渡效果，可以让画面更加自然流畅。设置转场过渡可以将不同的镜头和场景流畅地连接起来，增强短视频的连贯性和节奏感。

- 转场效果。应用剪辑软件中的淡入淡出、溶解、擦除等转场效果。
- 调整转场过渡的时长。根据需要调整转场过渡的时长。

● 匹配动作。在一些场景中，使用动作作为转场过渡。例如，前一个镜头中按下相机按键的动作可以与后一个镜头中的户外美景相匹配，从而实现流畅的切换。

● 使用相似画面。使用相似画面作为转场过渡可以让两个镜头更加连贯。

● 调整画面大小和位置。调整画面大小和位置来优化画面的视觉效果。

（3）添加字幕

在短视频中添加字幕，可以优化用户的观看体验和提高用户对视频内容的理解程度。要注意字幕的位置、大小、颜色、字体、内容和时长等细节。

● 位置。字幕通常出现在画面的底部或顶部，不能遮挡主体。但在抖音等短视频平台中，竖屏短视频底部的字幕容易被遮挡，如图7-4所示，因此需要根据内容进行调整。

● 大小。字幕的大小应该适中，过大会遮挡内容，过小则会影响用户阅读。

● 颜色。字幕的颜色应该与短视频内容协调，尽可能与短视频内容形成对比，这样便于阅读。字幕的颜色通常以黑白色为主，如图7-5所示。

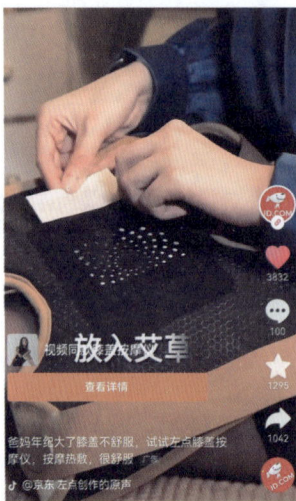

▲ 图7-4　字幕被遮挡

▲ 图7-5　字幕的颜色

● 字体。字幕应该清晰易读、不花哨，字体通常以宋体、黑体和楷体为主。

● 内容。字幕的内容应该与短视频内容一致，不要出现错别字或语法错误。同时，字幕的内容也应该简洁明了。

● 时间。字幕出现的时间应该与短视频内容相匹配，不要过早或过晚出现。如果是语言字幕，其出现的时间也应该与说话人的语速相匹配，不要过快或过慢。

7.2.3　短视频发布

短视频需要发布到网上才能被用户看到，融媒体平台大多支持发布短视频。例如，要在抖音中发布短视频，其方法为：打开抖音App，点击"拍摄"按钮⊕，然后在打开的界面中点击"相册"选项，在打开的相册中选择短视频，点击 下一步 按钮在打开的界面中可以对短视频进行再次编辑，如添加文字、设置特效等，如图7-6所示，然后点击 下一步 按钮，在打开的界面中输入文案、添加话题标签、添加@好友、添加地理位置等，最后点击 ◐发布 按钮，如图7-7所示，将短视频发布到抖音中。

▲ 图7-6 再次编辑短视频

▲ 图7-7 发布短视频

在短视频平台上，话题标签是以"#"开头的文字，@好友则是通过@短视频账号名称的方式提醒某个用户查看短视频内容，添加地理位置可以让用户了解短视频的发布地点或拍摄地址。在发布短视频时加入这些元素，可以提升短视频的传播效果。

7.2.4 实战案例：拍摄和制作生活技能短视频

小李是一名生活技能分享达人，他发现很多人都不知道如何更换美工刀的刀片，于是他决定拍摄和制作一个短视频，向用户介绍更换美工刀刀片的方法。

（1）拍摄前的准备工作

拍摄前的准备工作主要包括选择拍摄方式、明确拍摄画面、编写分镜头脚本、组建拍摄团队、设置场景和选择摄像设备并准备道具等步骤，具体操作如下。

步骤01 选择拍摄方式。小李选择采用"一人出镜一人拍摄"的方式，后期再通过添加字幕进行操作解释。这样不仅能展现操作细节，而且字幕说明更加清晰，便于用户理解。

步骤02 明确拍摄画面。为了确保用户能够看清画面内容，小李认为在拍摄时应主要采用固定镜头，以近景和特写的方式展现细节，整个画面主体为出镜人物的双手和美工刀。

步骤03 编写分镜头脚本。编写的分镜头脚本示例如表7-2所示。

表7-2 分镜头脚本示例

镜号	景别	运镜方式	画面内容	时间/秒
1	近景	固定镜头	俯拍推出美工刀刀片	5
2	特写		正面拍摄美工刀的刀片长度	3
3	近景		俯拍拆开美工刀尾部的盖子	3
4	近景		俯拍盖子及其上面的夹缝	3
5	特写		拍摄盖子上的夹缝	2
6	近景		俯拍将刀片插入盖子的夹缝	3
7	特写		正面拍摄利用盖子将刀片掰断	3
8	近景		俯拍将断掉的刀片用纸包好	3

步骤04　组建拍摄团队。为了安全展示，拍摄团队由两个人组成，一个人负责摄像，另一个人出镜展示更换刀片的全过程。

步骤05　设置场景。美工刀的尺寸较小，所以小李将拍摄场地设置在某个光线充足的办公室，并布置了一张小型书桌和凳子，然后选择了一个灯箱作为备用光源。

步骤06　选择摄像设备并准备道具。小李将手机作为摄像设备，另外还准备了三脚架，以及两把不同大小的美工刀、纸张、透明胶带等道具。

（2）拍摄分镜头

小李将手机竖向固定到三脚架上，并开始拍摄分镜头，具体操作如下。

步骤01　拍摄镜头1和镜头2。近景俯拍推出美工刀刀片的画面，然后正面特写拍摄美工刀的刀片长度，如图7-8所示。

步骤02　拍摄镜头3、镜头4和镜头5。近景俯拍拆开美工刀尾部盖子的画面，继续近景俯拍拿起盖子，展现其上面的夹缝的画面；最后，特写拍摄盖子上的夹缝，如图7-9所示。

步骤03　拍摄镜头6和镜头7。近景俯拍将刀片插入盖子夹缝的画面，正面特写拍摄利用盖子将刀片掰断的画面，如图7-10所示。

▲ 图7-8　镜头2

▲ 图7-9　镜头5

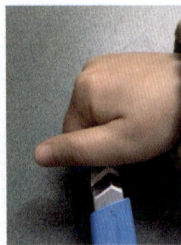

▲ 图7-10　镜头7

步骤04 拍摄镜头8。近景俯拍将断掉的刀片用纸包好的画面。

（3）剪辑短视频

最后，小李使用剪映App将拍摄好的片段剪辑成完整的短视频，具体操作如下。

微课：剪辑短视频

步骤01 启动剪映App，点击界面上方的"开始创作"按钮﹢，在打开的界面中按先后顺序选择拍摄好的8个镜头对应的视频素材（素材文件:\第7章\美工刀\镜头1.mp4~镜头8.mp4），点击添加按钮，进入主界面，点击"关闭原声"按钮◁可以关闭视频素材的声音。

步骤02 点击"剪辑"选项，选择第1个视频素材，通过左右滑动的方式将时间轴定位器定位到目标位置，拖曳该视频素材左侧的控制条至时间轴定位器位置，裁剪视频素材，确定其开头，用同样的方法裁剪视频素材并确定结尾，时长控制为3秒，如图7-11所示。

步骤03 按照相同的方法裁剪其他7个视频素材，时长分别控制为2.6秒、2.4秒、2.1秒、1.1秒、2.4秒、2秒和2秒。选择第1个视频素材，在工具栏中点击"滤镜"按钮⊗，在显示的界面中的"精选"选项卡中点击"清晰"选项，依次点击全局应用按钮和"确定"按钮✓，如图7-12所示。

步骤04 选择时间轴上的第1个视频素材，点击右侧的"添加"按钮﹢，在显示的界面中点击"素材库"选项卡，然后点击"片头"选项卡，点击图7-13所示的片头缩略图，点击添加按钮。

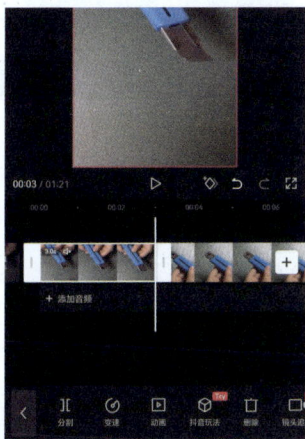

▲ 图7-11 裁剪视频素材　　▲ 图7-12 添加滤镜　　▲ 图7-13 添加片头素材

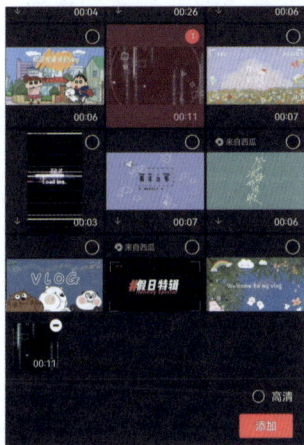

步骤05 将添加的片头素材的时长调整为2秒，点击添加的片头素材，使其处于非选择状态。依次点击工具栏中的"文字"按钮T和"新建文本"按钮A+，进入"文

175

本编辑"界面，在文本框中输入"美工刀"，点击"花字"选项卡，在"热门"选项卡中选择图7-14所示的花字效果，并在编辑区调整文本的大小和位置后，点击"确定"按钮✔。

步骤06　在工具栏中点击"复制"按钮▣，复制制作好的字幕，点击该文本，在工具栏中点击"编辑"按钮Aa，进入"文本编辑"界面，在文本框中输入"轻松更换刀片"，点击"动画"选项卡，在"入场"选项卡中点击"波浪弹入"选项，如图7-15所示，在视频区调整文本的大小和位置，点击"确定"按钮✔，然后拖动调整两个字幕的时长和起始位置，字幕结尾应该与片头素材的结尾一致。

步骤07　点击一个字幕，在工具栏中点击"复制"按钮▣，复制该字幕，按住复制的字幕，将其拖动到第2个视频素材的开始位置，进入"文本编辑"界面，在文本框中输入"推出刀片"，点击"文字模板"选项卡，点击"简约"选项卡，选择"春日浪漫"选项，如图7-16所示，点击"确定"按钮✔，设置该字幕的时长与第2个视频素材的时长基本一致。

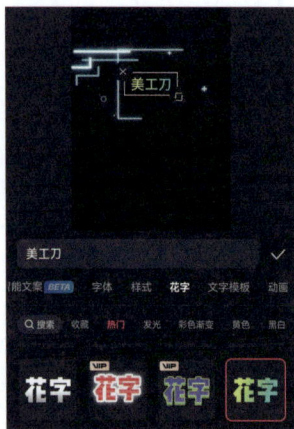

▲ 图7-14　添加花字效果　　▲ 图7-15　添加动画　　▲ 图7-16　添加片头素材

步骤08　用同样的方法为其他视频素材添加字幕，视频素材3的字幕为"取下盖子"，视频素材5的字幕为"夹缝"，视频素材6的字幕为"将刀片插入盖子的夹缝中"，视频素材7的字幕为"用力掰断"，视频素材8的字幕为"包好刀片"。

步骤09　将时间轴定位器定位到短视频开始处，依次点击"音频"按钮♪和"音乐"按钮♫，在"添加音乐"界面上方向左滑动可以选择不同的音乐类型，点击"轻快"选项，在显示的界面中点击"可爱欢快口哨旋律"试听，然后点击其右侧的使用按钮将其添加到短视频中。拖曳音乐素材右侧的控制条，使音乐素材右端与片尾右端对齐，然后点击"淡化"按钮▥，拖曳"淡出时长"参数的控制点，将其设置为2秒，点击"确定"按钮✔。

步骤10　在工具栏中点击"音量"按钮🔊，在显示的界面中拖曳其中的控制点，将参数设置为"70"，点击"确定"按钮✔。点击"编辑"界面右上角的 导出 按钮，剪映App开始导出剪辑好的短视频，并显示导出进度。导出结束后，剪映App直接将导出的短视频保存到手机中（效果文件:\第7章\更换美工刀刀片.mp4）。在导出结束后的界面中点击"抖音"图标♪，在打开的界面中按照系统提示进一步操作，还可以直接将短视频发布到抖音中。

7.3　短视频营销和推广

为了更好地推广短视频，企业需要明确短视频的定位，并打造多元化的营销矩阵，运用多渠道的推广方式，最大限度地增强短视频的营销效果，为品牌创造更多的曝光量和价值。

7.3.1　短视频定位

短视频定位是短视频营销的开始，主要涉及用户定位和内容定位两个方面的内容。

1. 用户定位

用户定位即获取用户的信息数据，确定用户的使用场景并构建短视频用户画像，将用户信息标签化，以更加准确地了解用户的需求和偏好，从而更好地定位产品或服务，并制定相应的营销策略。

（1）获取用户的信息数据

用户的信息数据包括静态信息数据（即用户的基本信息，如姓名、年龄、性别等）和动态信息数据（即用户的网络行为，如点赞、收藏、关注、分享等）。如果想要获取用户的静态信息数据，营销人员可以在一些数据网站查询，如卡思数据；如果想要获取用户的动态信息数据，营销人员可以在新榜、飞瓜数据等数据网站查询。

（2）确定用户的使用场景

掌握用户的信息数据之后，营销人员还需要将其融入用户的使用场景，可以按照图7-17所示的方法确定用户的使用场景。例如，喜欢观看美食探店短视频的用户，一般会在外出就餐前观看此类短视频，目的主要是想找到符合自己口味的餐厅。

▲ 图7-17 确定用户的使用场景

（3）构建短视频用户画像

结合用户的信息数据和使用场景，可构建短视频用户画像。图7-18所示为某平价服饰穿搭类抖音短视频账号构建的用户画像。

▲ 图7-18 某平价服饰穿搭类抖音短视频账号构建的用户画像

2. 内容定位

在做好用户定位后，还要明确短视频的内容定位，以精准地吸引用户，提升短视频的传播效果和营销效果。

- 选择擅长领域。短视频的内容应尽量选择营销人员较擅长的领域。例如，进行服饰鞋包类产品营销，内容可以以穿搭示范为主；进行数码类产品营销，内容则可以以开箱测评为主。

- 满足用户需求。短视频营销以用户为核心，因此，营销人员在进行内容定位时，需要考虑用户需求，通过满足用户需求，达到吸引用户关注的目的。

- 找出优势。短视频的内容需要与同一行业或领域的其他短视频的内容形成差异，营销人员要利用精细化的知识或相对稀缺的技能，打造属于自己的特色内容。例如，食品宣传短视频可以在内容中强调其传统技艺、独特味道、天然原料或健康等特点。

7.3.2 打造短视频营销矩阵

打造短视频营销矩阵是一种在短视频平台进行多账号、多内容、多角度营销的策略。打造短视频营销矩阵可以通过创建多个短视频账号，发布不同类型、不同主题、不同风格的内容，吸引不同需求的用户，从而达到品牌曝光、产品推广、流量转化等营销目的。

1. 打造短视频营销矩阵的优势

打造短视频营销矩阵是一种多渠道营销策略，其优势就是通过不同平台或账号之间的资源互换，实现多个账号、多个平台的内容分发，以扩大品牌和产品的曝光范围，增加总体的粉丝数量。此外，打造短视频营销矩阵还具有以下几个优势。

- 降低营销成本、增加收益。在单个短视频账号或平台的收益一定的情况下，增加短视频账号或平台，可以增加收益。而且，增加的短视频账号和平台会分摊短视频制作和营销的成本，这将使得每个短视频账号和平台的投资回报率更高，从而实现更高效的营销。

- 精准定位和优化营销策略。企业打造短视频营销矩阵可以通过不同账号、不同内容，针对不同用户进行精准定位，提升营销的效果。此外，企业打造短视频营销矩阵还能通过更大样本量的数据分析和用户反馈等，分析、总结并不断优化营销策略，提升营销效果。

- 打造品牌。通过短视频营销矩阵的多个相互关联的账号，更容易打造出受用户欢迎的品牌，或者扩大品牌的影响力，实现垂直引流，且粉丝在这些账号间流动，不易流失。

- 更容易打造热门短视频。热门短视频更容易获得更多的粉丝，因此，热门短视频对营销的价值是非常大的。企业打造短视频营销矩阵，依靠数量优势，可以在一定程度上提高打造出热门短视频的概率。

2. 短视频营销矩阵的模式

短视频营销矩阵通常有多平台和多账户两种模式。

（1）多平台模式

多平台模式是指在多个平台建立账号，制作短视频并发布。例如，某企业在抖音、快手、今日头条、哔哩哔哩、小红书、微信和微博等平台创建相同名称的账号并发布短视频，在形成短视频营销矩阵的同时也能提升品牌和产品的影响力。

（2）多账号模式

多账号模式是指在同一个平台上建立多个账号，利用账号叠加、主题填充、时间互补、数量堆积、场景营造等方式，满足用户在短视频的内容、观看时间及数量上的需求。短视频营销矩阵的多账号模式又可以分为内容和成员两种多元矩阵。

- 内容多元矩阵。这种多账号模式是根据短视频内容的不同类型和其对应的用户，分别设立不同的账号，以扩展不同维度的用户圈层。例如，抖音中著名的"樊登读书"账号就打造了对家庭、情绪和职场等综合门类知识的相关书籍进行推荐的"樊登读书"（现帆书App）和"樊登读书官方旗舰店""樊登"，讨论个人情绪及两性情感话题的"樊登读书情绪馆"，侧重于亲子教育话题的"樊登读书育儿"，侧重于声音讲演、女性话题的"帆书·李蕾讲经典"等账号，这些账号共同组成了内容多元矩阵。

- 成员多元矩阵。这种多账号模式下，短视频团队的所有成员都参与主账号的建设，主账号在拥有一定的粉丝数量后，再衍生出其他账号。例如，网络达人账号衍生的网络达人的父母、朋友和徒弟的账号，或者企业账号衍生的不同部门、产品和员工的账号，这些账号就能组成短视频营销的成员多元矩阵。

7.3.3 推广短视频

短视频需要用户和粉丝看到才会产生营销效果，因此，营销人员需要利用融媒体的多种渠道，向用户和粉丝推广短视频，增加短视频的曝光度。推广短视频有以下几个渠道。

1. 短视频平台的付费推广渠道

很多短视频平台都有付费推广渠道，如抖音官方推出的"DOU+"就为内容创作者获取更多流量和曝光量提供付费短视频推广服务。"DOU+"的付费短视频推广服务可以使用户在"推荐"模式下观看短视频时，看到"DOU+"推广的短视频。利用"DOU+"来付费推广短视频的方法为：在抖音App主界面中点击 我 按钮，在打开的账号主页中点击选择需要推广的短视频，在打开的界面中点击右下角的"其他"按钮 ···，点击"上热门"按钮 DOU+；打开"DOU+"速推版界面，在其中设置各种推广选项，然后点击 使用新人优惠，一键投放 按钮，通过付费的方式，达到增加短视频播放量、点赞量、评论量或粉丝量的目的。

2. 短视频平台的免费推广渠道

短视频平台中常用的免费推广渠道主要有私信引流和参与挑战赛两种方式。

（1）私信引流

私信引流是指到定位相似的短视频账号的评论区中选择对相关内容需求较大的用户，给对方发私信，然后引导对方关注自己的账号。其方法为：在短视频的右侧点击"评论"按钮 💬，在评论区找到一个点赞较多的评论，点击其账号头像，进入该账号的主页，点击"其他"按钮 ···，然后在打开的面板中点击"发私信"按钮 ➤，在打开界面的文本框中输入内容，点击"发送"按钮向对方发送私信。如果对方回复了信息，再引导对方关注自己的短视频账号，或者向对方推荐相应的产品，从而实现私信引流的推广操作。

> **知识补充**
>
> 短视频评论是一个较常用且效果较好的免费推广渠道，创建的短视频新账号应该珍惜每一位在评论区留言的用户，最好能够及时地回复留言，积极与用户互动，从而提升短视频的热度，吸引用户关注。

（2）参与挑战赛

很多短视频平台都有挑战赛，如抖音官方的"抖音小助手"账号通常会定期推送热门挑战赛的短视频。参与热门挑战赛的短视频有机会获得较高点击率，从而增加相应账号的曝光度，间接推广发布的短视频。参与抖音挑战赛的方法为：进入抖音App的搜索界面，滑动到界面底部，点击"查看完整热点榜"选项，进入"抖音热榜"界面，点击"挑战榜"选项卡，在各个挑战中选择感兴趣的一种，点击对应的选项，在打开的界面中点击 拍同款 按钮，然后根据挑战的短视频拍摄和剪辑类似的短视频，并发布到抖音中。

3. 其他融媒体推广渠道

很多时候，单一的推广渠道往往无法取得良好的营销推广效果，此时，营销人员可以采用其他融媒体推广渠道。除了将短视频发布在短视频平台外，还可以发布到微博、微信、小红书、哔哩哔哩等媒体平台，以扩大短视频的影响范围。

7.3.4 实战案例：在抖音发布和推广短视频

某手工作坊推出了一款手提行李箱，并拍摄制作了一个宣传短视频。现在需要将该宣传短视频发布到抖音中，为了宣传产品、增加销量，需要借助抖音的付费推广渠道推广该宣传短视频，推广预算为100元，具体操作如下。

微课：在抖音发布和推广短视频

步骤01 宣传短视频的主角是产品，且该产品为新品，营销人员推广该短视频的目的是促进产品销售，那么可以结合产品卖点来写作文案，并添加引导用户购买的文字。例如，文案可为"宝力新品手提行李箱，缤纷色彩，随走随拿，来一场不设限的旅行！"。

步骤02 打开抖音App，点击"拍摄"按钮 ⊕，然后在打开的界面中点击"相册"选项，在打开的相册中选择宣传短视频（素材文件:\第7章\手提行李箱.mp4）。点击 下一步 按钮，在打开的界面中再次点击 下一步 按钮，进入抖音的短视频发布界面，在"添加作品描述"文本框中输入"宝力新品手提行李箱，缤纷色彩，随走随拿，来一场不设限的旅行！"。点击 #话题 按钮，在打开的列表中点击"#好物推荐"选项，然后用同样的方法添加#居家好物和#生活好帮手这两个热门话题，如图7-19所示，最后点击 发布 按钮发布短视频。

步骤03 在抖音App主界面中点击 我 按钮，在打开的账号主页中点击并选择需要推广的短视频，在打开的界面中点击右下角的"其他"按钮 ，在展开的面板中点击"上热门"按钮 DOU+，打开"DOU+上热门"界面，在"我想加热的视频"栏中点击宣传短视频，在"我想要"栏中点击"主页浏览量"选项，在"我想选择的套餐是"栏中点击

100元对应的选项，如图7-20所示，点击 [使用新人优惠，一键投放] 按钮，付款后抖音将按照设置进行推广。

▲ 图7-19　发布短视频

▲ 图7-20　推广短视频

综合实训

拍摄、制作和推广产品短视频

1. 任务背景

某宠物食品品牌推出了新款猫粮、猫罐头和猫条，现需要拍摄这些产品的短视频，然后将制作好的短视频通过抖音和微信等融媒体渠道进行营销推广。

2. 任务目标

（1）能够拍摄和制作短视频。

（2）能够运用融媒体渠道推广短视频。

3. 任务实施

（1）拍摄和制作短视频

首先根据任务要求撰写分镜头脚本并拍摄短视频，然后进行后期制作，具体操作如下。

步骤01　撰写分镜头脚本。某宠物食品品牌短视频的分镜头脚本如表7-3所示。

表7-3　某宠物食品品牌短视频的分镜头脚本

镜号	景别	运镜方式	画面内容	台词	音效	时间/秒
1	中景	固定镜头 正面拍摄	猫1趴着休息	生活惬意，岁月静好	轻音乐或者 欢快的音乐	3
2	中景		猫1抬头看向远方	好想吃鱼		3
3	全景		猫粮装盘			2
4	中景		猫1看着镜头	哇！开饭了！		2
5	中景	移动镜头 侧面拍摄	猫1吃猫粮	好吃		3
6	中景	推镜头 正面拍摄	猫1吃猫条	我的最爱		3
7	近景		猫1吃猫罐头	太好吃了，比鱼鲜美		3
8	近景	固定镜头 正面拍摄	猫2走过来，猫1被赶走，猫1看着猫2吃猫罐头	在猫2头上放一个生气的贴纸，在猫1头上加一个气泡文本框"不吃罐头喵生苦"	表示突然的音效	4

步骤02　拍摄镜头1、镜头2和镜头4。这3个镜头的拍摄场地在窗台上，需要将猫1放在窗台上，并通过支架固定手机拍摄。然后需要调整手机与猫1的距离，将猫1的大半个身体都显示在画面中，如图7-21所示。另外，着重拍猫1休息、抬头和看镜头的3种状态。

步骤03　拍摄镜头3和镜头5。这两个镜头需要在搭建好的场景中拍摄。由于设计的是全景和中景，所以需要将手机横向放置，并采用横屏拍摄的方式。拍摄时一人将猫粮从镜头外倒入盘中，从而展示猫粮倒入盘中并散落在盘周围的画面。将猫1放置到猫粮旁边，使猫1和猫粮都处在画面的中心位置，拍摄猫1吃猫粮的画面，如图7-22所示。

▲ 图7-21　调整手机与猫1的距离

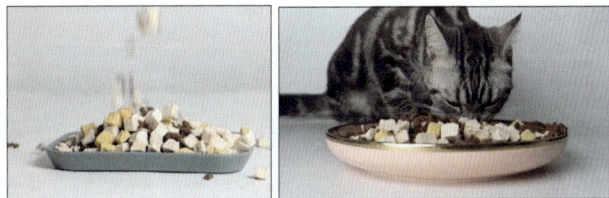

▲ 图7-22　镜头3和镜头5的画面

步骤04　拍摄镜头6。将猫1转移到桌子上，将手机移动到桌子前并旋转，使手机呈竖屏状态，在背景中摆放猫条，使用手机的慢动作功能拍摄一人将猫条撕开喂猫1的画面，如图7-23所示。

步骤05　拍摄镜头7和镜头8。这两个镜头涉及转折，继续采用手机的慢动作功能拍摄猫1吃猫罐头的画面，将猫2抱到桌子上，拍摄猫2将猫1赶走的画面，如图7-24所示。

▲ 图7-23　镜头6的画面

▲ 图7-24　镜头7和镜头8的画面

步骤06　导入视频素材并设置画布和画面。打开剪映App，将所有视频素材（素材文件:\第7章\宠物食品\吃猫罐头.mp4、吃猫粮.mp4、吃猫条.mp4、休息.mp4、猫粮.mp4）导入，在主工具栏中点击"比例"按钮■，展开"比例"工具栏，点击"9：16"选项。返回主工具栏，点击"剪辑"按钮▨，展开"剪辑"工具栏，点击"编辑"按钮◪，展开"编辑"工具栏，连续点击3次"旋转"按钮◈，将视频素材的画面旋转为竖屏模式，使其与短视频画面重合。

步骤07　剪辑视频素材并设置滤镜。根据分镜头脚本的设定裁剪视频素材，重新设置各个视频素材的开头和结尾，然后为所有视频素材应用"美食"选项卡中的"暖食"滤镜。

步骤08　添加音频。将所有视频素材的音量调整为"80"，在添加音乐的界面中点击"导入音乐"选项卡，点击"本地音乐"选项，将音频素材（素材文件:\第7章\宠物食品\背景音乐.mp3、突然.mp3）添加到短视频中，"突然.mp3"放置在最后一个视频素材的位置。

步骤09　添加字幕。在工具栏中依次点击"画中画"按钮▣和"新增画中画"按钮▣，在打开的界面中选择图片（素材文件:\第7章\宠物食品\会话气泡.png、火.png），将其添加到对应的视频素材中，并添加对应的字幕，效果如图7-25所示。最后，导出短视频到手机中（效果文件:\第7章\宠物食品营销短视频.mp4）。

▲ 图7-25　制作好的短视频部分画面的效果

（2）推广短视频

为制作好的短视频创作文案并发布到抖音和微信朋友圈中进行营销推广，具体操作如下。

步骤01　创作文案。先结合产品卖点来创作文案，引导用户购买。例如，文案可为"富含天然食材，为猫咪提供全面营养，还能增强免疫力。告别褪色毛皮，让猫咪的毛发变得光滑亮丽。现在购买，为您的爱猫打造完美生活！"。

步骤02　发布短视频。打开抖音App，选择导出到手机中的短视频，在发布界面中输入创作的文案，然后添加#记录猫咪日常、#萌宠出道计划和#动物的迷惑行为热门话题，如图7-26所示。

步骤03　抖音推广。为该短视频投放"Dou+"，选择30元的套餐由抖音进行推广，以增加账号的粉丝数量。

步骤04　微信朋友圈推广。在微信朋友圈中选择制作好的短视频，并为该短视频添加文案"为猫咪提供全面营养，还能增强免疫力。喜欢宠物、有猫粮需求的小伙伴可以关注哟！"，然后将其发布到微信朋友圈，如图7-27所示。

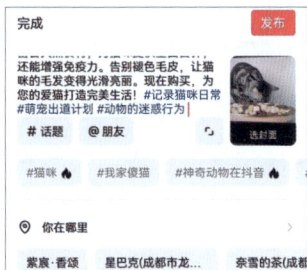

▲ 图7-26　营销文案和话题

▲ 图7-27　微信朋友圈推广

短视频营销的未来趋势：VR技术的应用

随着科技的发展，VR技术将在短视频营销中发挥越来越重要的作用。通过该技术，企业和品牌可以更有效地与用户互动，从而增强他们的购买意愿，并为企业和品牌带来更显著的营销效果。

• 增强与用户的互动。通过VR技术，企业可以为用户创造一个虚拟的、可操作的世界。例如，在短视频中设计各种与现实世界相同或相似的互动体验，包括产品展示和游戏元素，用户通过互动操作可以深入了解产品，从而达到品牌宣传或产品推广的目的。

• 增强购买体验。VR技术可以将虚拟场景与现实场景结合起来，为用户提供沉浸式体验。例如，企业可以运用VR技术，通过短视频实现产品试用、产品展示等营销行为，以更好地向用户展示产品的外观、细节和功能，从而增强用户的体验感。

本章小结

本章全面介绍了短视频与融媒体的基础知识，包括短视频的类型和盈利模式，以及短视频在融媒体营销中的重要性；同时介绍了短视频脚本编写和内容创意、短视频拍摄和后期制作、短视频发布等内容；另外，还介绍了短视频营销定位、打造短视频营销矩阵和推广短视频等内容。

这些知识是非常实用的。首先，短视频营销是一种主流的且发展潜力较大的营销方式，大学生学习短视频营销的内容，可以提升自己的创意和创新能力；其次，短视频营销需要具备制作和执行能力，大学生通过学习短视频营销的方式和具体操作，可以提高自己的制作和执行能力；最后，短视频营销是一个发展迅速的领域，大学生学习相关知识和技能能够增强学习和适应能力，以更好地适应市场变化和行业发展趋势。

课后练习

1. 单选题

（1）在短视频中植入广告，从而获得广告费的盈利模式被称为（　　）。

A. 广告植入模式   B. 短视频广告

C. 电商广告   D. 宣传广告

（2）下列选项中，不属于打造短视频营销矩阵的优势的是（   ）。

A. 分摊短视频制作和营销的成本   B. 尽可能阻止粉丝流失

C. 主动提升热门视频的出现概率   D. 更适合广告植入

（3）某网络达人与抖音签订了买断播放协议，将自己拍摄的短视频独家发布到抖音，这种盈利模式是（   ）。

A. 内容付费模式   B. 渠道分成模式

C. 签约独播模式   D. 平台分成模式

2. 多选题

（1）下列选项中，能够体现短视频在融媒体营销中的重要性的有（   ）。

A. 广告接受度更高   B. 营销策划更加专业

C. 互动更加多样   D. 营销效果更好

（2）短视频营销矩阵通常有多平台和多账户两种模式，而在多账号模式下，又可以分为（   ）多元矩阵。

A. 用户   B. 成员   C. 内容   D. 平台

3. 操作题

安心是一家专门售卖纸巾的企业，其中，厨房用纸、湿巾、可湿抽纸是安心的主推产品，以一、二线城市20~40岁的女性为目标用户。"一切为了舒适"是安心的宣传标语，且该企业连续5年被评为C市优秀企业。为了适应行业的发展，安心在淘宝等电子商务平台开设了旗舰店，且计划使用企业的官方抖音账号开展短视频营销活动。

（1）撰写一个情感类短视频的分镜头脚本，以"母爱"为主题，运用品牌植入的方式宣传企业。

（2）根据撰写的分镜头脚本拍摄短视频，然后利用剪映App进行剪辑。

（3）将剪辑好的短视频发布到抖音，然后通过微信、微博和小红书等多个融媒体渠道推广该短视频。

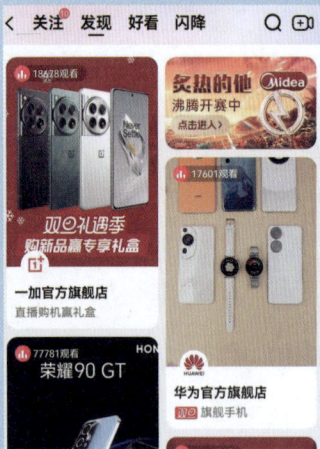

第8章 直播营销

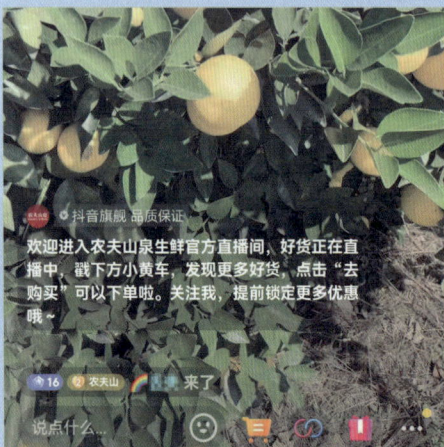

直播营销指企业通过直播平台将品牌、产品或服务直接展示给用户,与用户实时互动,快速吸引用户,这种营销方式在降低营销成本、增强品牌竞争力的同时,还提升了销售的转化率。直播营销为企业建立粉丝经济和促进口碑传播提供了有力支持,已成为企业快速连接用户、塑造品牌形象的重要手段之一。

—— 知识与能力目标

1 了解直播营销特点、直播平台和直播营销方式，以及融媒体与直播营销的关系。

2 掌握直播的准备工作。

3 掌握直播营销和推广的具体操作。

—— 素养目标

1 提高直播质量，树立遵守法律法规及直播平台规则的意识。

2 杜绝虚假宣传、制假售假，维护良好的直播消费环境，促进直播营销业态的健康发展。

—— 思维导图

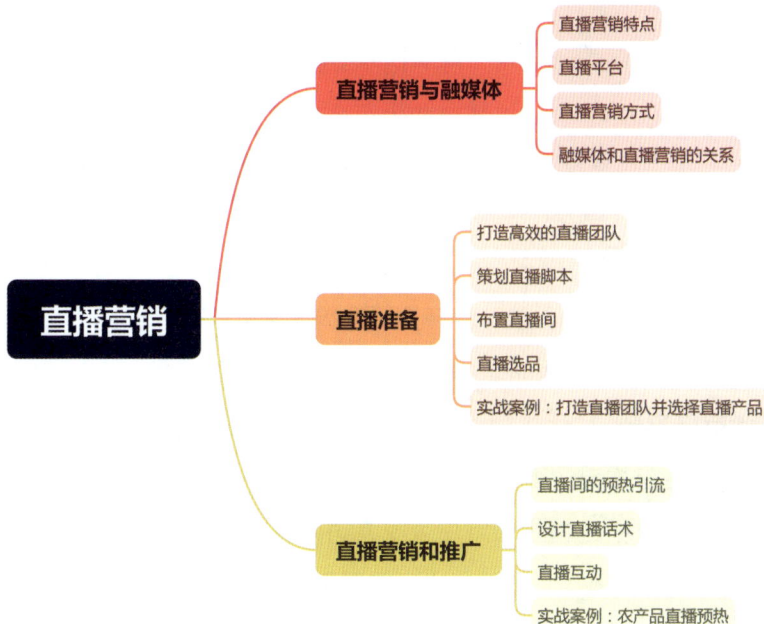

8.1 直播营销与融媒体

直播营销是在现场随着事件的发生、发展同时制作和播出的营销方式，以直播平台为载体，具有直观的场景表现力。在融媒体时代，多种媒介形式的融合为直播提供了更多的营销空间和推广渠道，使直播营销成为当下一种非常重要的营销方式。

8.1.1 直播营销特点

融媒体时代的直播营销是一种借助实时视频传输技术，在互联网平台上进行的推广和销售活动。直播营销通过直播的形式向用户展示产品、分享品牌故事，提高用户的参与感和信任度，以直观即时、设备简单、较为真实等特点广受企业青睐。

● 直观即时。直播营销可以实现信息的即时共享，为用户带来直观的场景化体验，使用户产生沉浸感，让用户真切地感受产品的外观、功能、使用效果等。

● 设备简单。直播营销的设备很简单，常见的有智能手机、计算机等。基于互联网的直播营销，可以直接通过智能手机来进行。

● 较为真实。直播营销时不会对直播内容进行剪辑和加工，播出的内容与用户看到的内容通常是一致的。真实、直观的展示方式更易打动用户，激发其购物欲望。因此，直播营销前，应当把握好直播流程，避免出现直播失误，给用户留下不好的印象。

8.1.2 直播平台

直播营销带来的巨大营销效果，使各大平台纷纷推出自己的直播平台，这些直播平台在传播专业内容的同时，也具备营销推广的功能。

1. 电商类直播平台

电商类直播平台是由电子商务平台孵化出来的，作为吸引流量、提高转化率的工具，旨在实现企业边直播边销售、用户边观看边购买的营销目的。电商类直播平台的直播内容以带货为主。目前，主流的电商类直播平台有淘宝直播、京东直播、多多直播（拼多多直播平台）、抖音直播和快手直播等。图8-1所示为淘宝直播的画面。

2. 生活类直播平台

生活类直播平台主要围绕日常生活进行直播，包括才艺展示、聊天互动、户外活动、美食等内容。用户可以通过直播了解各种生活信息，丰富自己的生活体验。例如，抖音、快手等平台上有很多生活类的直播内容，图8-2所示为抖音的直播频道。

3. 社交类直播平台

社交类直播平台是互联网上基于用户关系的内容生产与交换平台，主要用来分享各类信息。在直播营销飞速发展的形势下，微信、微博等社交平台也上线了直播功能，搭建了社交直播营销内容生态体系。图8-3所示为微信的直播频道。

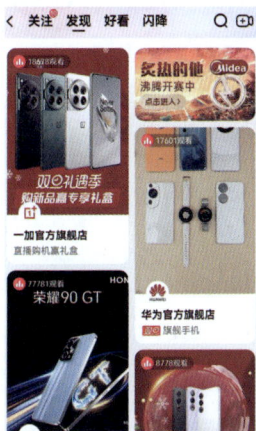

▲ 图8-1 淘宝直播的画面

▲ 图8-2 抖音的直播频道

▲ 图8-3 微信的直播频道

知识补充

目前，还有一种教育类直播平台，其直播内容通常是实时互动分享知识，以及提供课后答疑、作业批改、出题考试，甚至就业帮助等服务。教育类直播平台可以分为两类：一类是在传统教育平台的基础上增加直播功能，如网易云课堂、CCtalk等；另一类是独立开发的教育类直播平台，如荔枝微课、千聊、小鹅通等。

8.1.3 直播营销方式

直播营销方式在很大程度上决定了营销效果。企业通常会根据营销的目的、前期的策划来选择一种合适的直播营销方式。

1. 直播电商

直播电商是直播和电商相结合的产物，是一种以直播的方式销售实体产品和虚拟产品的营销活动。直播带货是直播电商的典型应用，也是企业较为常态化的直播营销手段。在直播电商模式下，主播可以把产品的优缺点、使用效果等都直观地展现出来，实现实时互动，完成产品销售。根据直播主体的不同，直播电商模式又可以分为企业自播和达人直播两种模式，如表8-1所示。

表8-1 企业自播和达人直播

模式	说明	特点
企业自播	由企业组建直播团队进行直播营销	① 主播一般由企业内部人员担任，如企业招聘的专职主播或导购 ② 直播的观看用户多是品牌的粉丝，他们对品牌有一定的忠诚度，对该品牌的产品有一定需求 ③ 企业依托自身的品牌效应，可以将非粉丝用户转化为品牌粉丝 ④ 产品展示存在一定的模式，直播内容较单一 ⑤ 可由多人轮流直播，以实现24小时在线直播
达人直播	由达人担任主播介绍各类产品	① 主播一般没有自己的货源，只需与企业做好对接，即可在直播间销售企业的产品 ② 直播间产品品牌多样，产品上新速度较快，但受限于企业提供的产品款式 ③ 需要主播凭借自身能力实现流量的转化 ④ 用户购买产品主要基于对主播的信任 ⑤ 单人直播，直播时长有限

目前，从用户活跃数和直播带货能力上看，在直播电商的营销方式下，淘宝直播、抖音和快手这3个平台位居前列。图8-4所示为淘宝直播中的企业自播。

人才素养 直播营销的主播作为公众人物，应该杜绝利益至上的想法，理应回馈社会，利用自己的影响力积极参与公益活动，传播正能量。作为用户，则要坚决抵制直播中低俗、哗众取宠的行为，分享有价值的直播内容，为维护正向、绿色、安全的网络环境贡献力量。

2. 直播+广告植入

直播+广告植入是主播在直播过程中自然而然地推荐产品或品牌，能够摆脱广告的生硬感，从而获得用户的好感。例如，很多主播通过直播向用户分享化妆技巧，然后在分享的过程中植入面膜、保湿水、洁面乳等护肤产品的广告，这样进行产品或品牌推荐更容易使用户接受。在植入广告的过程中，主播会发布购买链接，促进产品的销售。

3. 直播+发布会

直播+发布会是品牌常用的直播营销方式之一。直播地点不再局限于直播间，互动方式也更多样有趣。直播+发布会可以对产品进行直观展示和充分说明，后续企业再结合电子商务平台将直播+发布会产生的流量变现。现在很多汽车、手机等的新品发布会大多采用直播的方式，图8-5所示为飞书新产品发布会的抖音直播。

4. 直播+企业日常

在社交时代，直播营销强调人性化。企业可以分享日常，与用户建立密切的联系。例如，某食品企业通过直播展示日常的生产情况，这样的直播内容不仅可以让用户更加了解品牌，还能让用户感受到品牌的真实和亲近，如图8-6所示。

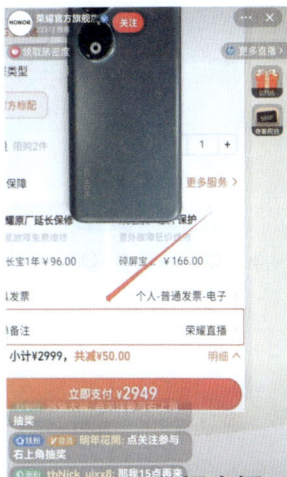

▲ 图8-4 淘宝直播中的企业自播 　　▲ 图8-5 飞书新产品发布会的抖音直播 　　▲ 图8-6 企业日常生产情况直播

5. 直播+访谈

直播+访谈营销方式中，访谈对象可以是企业的高层管理人员，由其分享企业文化、发展战略、企业动态等，可信度较高。同时，企业的高层管理人员一般是知名的公众人物，影响力较大。另外，访谈对象也可以是特邀嘉宾、专家等，从第三方的角度来阐述观点和看法，能增加直播的可信度，对于传递企业文化、提高品牌知名度、塑造良好的企业形象有促进作用。

8.1.4 融媒体和直播营销的关系

在融媒体发展新阶段，直播成为主要的报道形式，也是信息传播的主要形态之一。使直播营销与融媒体平台深度融合，企业可以更好地实现全方位的宣传推广，提高品牌影响力和市场竞争力。

- 融媒体为直播营销提供了更广阔的平台和更广泛的渠道。融媒体平台可以整合多种媒体资源，通过多种媒体渠道进行直播营销。这种全媒体的传播方式可以更好地覆盖不同的用户，提高品牌知名度和产品销售业绩。

- 直播营销可以促进融媒体平台的发展和创新。直播营销的兴起为融媒体平台提供了新的发展机遇，同时也对其提出了更高的要求。为了满足用户需求，融媒体平台需要不断改进技术、创新形式，提升直播的质量和效果。同时，直播营销也需要融媒体平台提供更全面、专业的支持和服务，如技术支持、数据分析等。

8.2 直播准备

直播是直播营销的核心内容。在进行直播前，企业需要做好各项准备工作，包括打造高效的直播团队、策划直播脚本、布置直播间和进行直播选品等。

8.2.1 打造高效的直播团队

一场好的直播不仅依赖于主播的专业能力，还需要直播团队成员之间默契配合，从而保证直播有条不紊地进行。

1. 岗位设置

直播团队的组织结构及人员配置因业务需求的不同而不同，直播团队主要包括以下岗位。

- 主播。主播是直播的直接执行者，其工作职责是在直播过程中掌控直播节奏，向用户介绍产品的特性与卖点、营销活动和粉丝福利等内容，活跃直播间的氛围，促进销售，等等。

- 副播。副播通常负责在直播间内辅助主播开展直播。例如，主播暂时离开直播间时，由副播继续完成直播；直播时间较长时，还可以由多名副播来轮流替播；等等。

- 助理。助理主要负责在开播前通过各种渠道发布直播预告，确认产品和道具的准备是否到位，在直播过程中配合场控提醒主播直播活动的关键时间节点。有时，助理也承担副播的工作。另外，主播、副播和助理也可能会参与直播活动的整个运营环节。

- 场控。场控主要负责执行直播策划方案，相当于直播的现场"导演"，其具体工作包括搭建与调试直播的各种软硬件设备，管理直播推送、红包发放、优惠券发放、活动报名、公告信息发布、产品上下架及价格调整等相关后台操作，处理直播的突发状况，等等。

- 策划。策划主要负责制定直播的策划方案、策划促销活动、设计直播脚本，以及制作与分发各种内容。另外，策划还需要对接企业，协调直播团队和企业之间的工作。

- 数据运营。数据运营主要负责直播数据的收集、分析与流量采买，并针对数据分析中发现的问题为策划提供直播方案的优化建议，同时为直播复盘提供数据支撑。

- 客服。客服主要负责与粉丝互动及解答疑惑，并处理产品发货及售后问题。

- 商务拓展。商务拓展主要负责企业合作、产品招商等事宜。

组建直播团队时，企业通常会按直播的工作环节来设置岗位，直播团队的标准配置包括主播、助理、场控、策划、数据运营、商务拓展这6个岗位，表8-2所示为直播团队的人员配置及职能分工示例。

表8-2　直播团队的人员配置及职能分工示例

人员配置	职能分工
主播1名	介绍并展示产品，与用户互动，引导用户关注，参与策划与复盘，等等
助理1名	协助主播工作，准备直播产品与道具，担任临时主播，等等
场控1名	软硬件设备调试及后台操作管理，处理直播的突发状况，等等
策划1名	策划直播方案，设计营销活动和直播话术，策划预热宣传和用户福利方案，等等
数据运营1名	直播数据收集、分析与流量采买，提供直播方案的优化建议
商务拓展1名	企业合作、产品招商、产品信息整理、对接店铺等

2. 打造主播人设

主播是直播团队的核心，人设即人物的设定。主播通过打造人设可以让自身的定位更加鲜明、立体，吸引趣味相投的粉丝，获得更多用户的关注。

（1）方向定位

构思打造主播人设的方向对主播的人设定位具有指导意义。主播人设通常可以分为企业账号和个人账号两种。

- 企业账号。企业账号的主播以企业员工或企业代言人的形象为定位，通过直播宣传企业的产品或服务，展示企业的形象和实力。

- 个人账号。个人账号的主播主要是以个人形象为基准进行定位的，通过直播展示个人的特点、才艺、生活等，吸引粉丝、提高个人知名度。

（2）设置主播账号

账号是主播人设定位的直观表现，设置账号是开启直播的第一步。不同直播平台的账号设置板块略有差异，但基本都包含账号名称、账号简介、账号头像和背景、置顶视频等。

- 账号名称。账号名称应与主播人设相匹配，体现主播的特色，便于理解、记忆和传播。有知名度的账号也可使用真实名字，如知名企业的账号通常直接使用企业名称。

- 账号简介。账号简介需要通过简单的内容介绍该账号所定位的领域，展示账号的特色。

- 账号头像和背景。账号头像一般使用真人照片、企业的商标图案或品牌Logo。账号背景是账号头像上方的背景图片，一般使用真人照片或场景图，也可展示联系方式等信息。

- 置顶视频。置顶视频是账号主页视频列表中置于顶部的视频，可以是拍摄的短视频，也可以是往期直播片段的剪辑。置顶视频的内容通常能体现主播人设，且点赞和评论数较多。

8.2.2 策划直播脚本

直播脚本是影响直播活动成功与否的关键因素之一。直播脚本用于提前规划直播内容和活动，使主播及直播团队的其他成员明确直播时长和直播工作，同时明确直播活动的具体流程、活动力度等。策划直播脚本包括策划整场直播脚本和单品直播脚本。

1. 整场直播脚本

直播方案是对直播流程的整体规划，整场直播脚本则是对直播方案的执行规划，它的针对性更强，它是对直播流程和内容的细致说明，可以让直播团队成员明确岗位职责，默契配合。整场直播脚本通常以表格的形式呈现，其主要内容如表8-3所示。

表8-3　整场直播脚本的主要内容

脚本要素	内容说明
直播时间	明确直播开始到结束的时间，如2024年5月26日（15:00—19:00）
直播地点	××直播室
直播主题	明确直播主题，使用户了解直播信息，如"××品牌秋装新品上市特卖汇""××文具旗舰店开学大乐购"
产品数量	注明直播产品的数量
主播介绍	介绍主播的名字
人员分工	明确直播参与人员的职责，如主播负责讲解产品、演示产品功能、引导用户关注并下单等，助理负责协助主播与用户互动、回答用户问题等，场控/客服负责上下架产品、修改产品价格、处理发货与售后问题等
直播预告文案	撰写直播预告文案，如"时尚秋装上新，锁定××直播间，××特卖汇等您来选购"
注意事项	① 丰富互动玩法，提高用户活跃度，增加粉丝数量 ② 直播讲解流程为单品讲解＋回复用户问题＋互动；直播讲解占比为产品讲解60%+回复用户问题30%+互动10% ③ 不同的产品契合不同的应用场景 ④ 多讲解××系列新品
直播流程	直播流程应规划详细的时间节点，并说明开场预热、产品讲解、用户互动、结束预告等时间节点的具体内容

整场直播脚本中的直播时间、直播地点、直播主题、产品数量等应按实际的直播情况进行填写，直播流程则需详细具体，这样才便于主播把控直播节奏。扫描右侧的二维码可以查看完整的整场直播脚本示例。

示例：整场直播脚本

2. 单品直播脚本

单品直播脚本即基于单个产品的直播脚本，其核心是突出产品卖点。以服装为例，其直播脚本可以围绕服装的尺码、面料、颜色、款式、细节特点、适用场景、搭配方法等进行说明。单品直播脚本一般以表格的形式呈现，包含产品介绍、品牌介绍、粉丝互动、引导转化等要素。表8-4所示为某款服装的单品直播脚本示例。

表8-4　某款服装的单品直播脚本示例

脚本要素	内容说明
产品介绍	介绍产品属性，突出产品卖点。例如，这套A品牌的丝绒套装是今年很流行的，上衣兼顾了时尚感和舒适感，丝绒与羊毛相结合，穿起来真的好暖和。再来看看裤子，同样采用高品质的丝绒和羊毛，到了秋冬季节，有了这条裤子就不用穿秋裤了。而且裤腰采用了加宽腰带的弹力设计，所以裤子穿起来不勒也不紧，非常舒服。另外，这套A品牌的丝绒套装不仅可以当作休闲装，还可以当作运动装，在运动或做家务时，伸展也非常方便（做伸展动作）
品牌介绍	相信大家都听说过A品牌，它的服装设计理念是内敛、高贵、时尚、年轻。A品牌至今已有50年历史了，虽然是一个轻奢品牌，但价格很"亲民"，性价比很高。其他轻奢品牌的丝绒套装卖6000 ~ 7000元，但是这套A品牌的丝绒套装标价是2999元
粉丝互动	关注主播并分享直播链接可参与抽奖，新增关注数达到2000人时开始抽奖，后续每新增200人会派发红包一次
引导转化	这套A品牌的丝绒套装的标价是2999元，你们猜在直播间是多少钱？只要499元。惊不惊喜，意不意外？再加100元，你们就可以带两套回家。A品牌的丝绒套装,599元两套。大家准备好了吗？倒数3个数开拍，先到先得，3、2、1……

8.2.3　布置直播间

构建一个舒适、整洁的直播间十分重要。直播间的布置会影响用户的第一印象，决定了用户的直播观看体验，显然也会对直播的营销效果产生影响。布置直播间包括以下几步。

1. 规划直播场地

直播场地通常包括室内直播场地和室外直播场地两种情况。

（1）室内直播场地规划

室内直播场地有办公室、会议室、直播室、工作室、线下门店、住所等，应具有较好的隔音和收音效果，且光线充足，封闭的室内直播场地还要借助灯光设备等补充光线。室内个人直播场地的面积一般为8 ~ 15平方米，室内团队直播场地的面积一般为20 ~ 40平方米。

（2）室外直播场地规划

室外直播场地有产品室外产地（如田间地头、蔬果种植园、茶园）、室外打包场所、露天集市等，这些场地的环境要保证基本整洁，让用户在观看直播时能保持舒畅的心情。图8-7所示为水果现场采摘直播画面，可以带给用户沉浸式的体验，能提升用户对产品的信任度。

2．布置背景

用户进入直播间后，一眼就能看到直播间背景，从而形成对直播间的第一印象。直播间背景通常有纯色背景（以浅色为主，常用墙纸或幕布搭建，服装、数码产品等的直播间常见）、有品牌Logo的背景、摆放产品的背景（将产品置于展示柜进行展示）、有产品特色的背景（在背景中融入与直播主题或直播商品相关的特色元素）和虚拟背景等形式。设置虚拟背景可以使用淘宝直播PC版、抖音直播伴侣等直播推流软件（直播助手），扫描右侧二维码可以查看抖音直播伴侣设置虚拟背景的具体方法。

▲ 图8-7　水果现场采摘直播画面

微课：抖音直播伴侣设置虚拟背景的具体方法

3．物料摆放

直播中的物料主要由展示用的产品、宣传物料、饰件等组成，应整齐放置。不同的物料可以根据主播想要表达的意图和直播场地的大小，摆放在不同的位置。

- 产品摆放。食品、化妆品等小件产品一般摆放在主播正对的陈列台上，服装等体积稍大的产品则可以陈列在主播身后或两侧。

- 宣传物料摆放。宣传物料包括黑板、白板，以及电子屏、海报、贴纸、胸卡、气球等一系列用于展示文字、图片信息的道具，这些物料的摆放以不遮挡屏幕信息区域为宜。

- 饰件摆放。较大的场地可以放置一些与产品特性相匹配的盆栽、玩偶、壁画等饰件。

8.2.4　直播选品

选品的好坏直接影响直播产品的转化率，可见，选品就是直播营销的起点，决定了整场直播的方向。

1．直播选品要点

企业通常拥有多种产品，直播选品时应该考虑产品的品相、品质和多样性。

- 品相。直播是具有场景感、沉浸感的互动式销售方式，品相好的产品能够从外观、质地、使用方法与效果等方面对用户形成强烈的视觉冲击，激发其购物欲望。

- 品质。在直播间内，优良的产品品质才是增强用户黏性、提高用户复购率的关键。质量佳且售后体验良好的产品会让用户对企业产生信任，从而继续购买直播间的其他产品。

- 多样性。直播间推荐的产品应具有多样性，满足不同用户、不同场合的需求，以及增加新鲜感，让用户有更多选择，从而从整体上提高直播间的转化率。

2. 规划产品功能

一场直播中常常包含多款具有不同功能的产品，不同产品出现在直播间的时间节点也不同。直播团队应该规划好产品功能，按照一定的顺序推荐产品，实现营销目标。

- 印象款产品。主播直播时一般会先介绍印象款产品，这款产品通常也是直播间用户购买的第一单，用于增加品牌曝光度，提升用户对品牌的认知度和好感度。印象款产品在直播产品中的占比一般为10%~20%，具有较强的实用性和较广的用户覆盖范围。

- 引流款产品。引流款产品的功能是吸引并留住用户，通常是高性价比、低客单价的常规产品，例如，9.9元包邮的产品或者具有独特卖点的产品，主播通过展示同类产品的差异来提升直播间的人气。引流款产品在直播产品中的占比一般为20%~30%，通常出现在直播的开始阶段，或者直播间人气达到顶峰时。

- 活动款产品。活动款产品在直播产品中的占比一般为30%~40%，其功能主要是宣传和推广，通常是为直播间粉丝发放的福利，具有特别的优惠或折扣。企业直播时可以为这类产品设置较低的价格，甚至可以通过赠送的方式来激发粉丝的购买热情。

- 利润款产品。利润款产品是企业利润的主要来源，在直播产品中的占比一般为30%~40%。主播通过引流款产品和活动款产品使直播间人气达到一定程度后，可以趁机推出利润款产品。利润款产品通常是企业的主推产品，在直播中常以搭配赠品的形式出现，或者与其他低价产品搭配，作为套装销售，企业通过主推产品的销量实现盈利。

8.2.5 实战案例：打造直播团队并选择直播产品

某服装品牌需要开展直播营销，准备先打造自己的直播团队并选择直播产品，为后面的直播卖货做好准备。

（1）打造直播团队

打造直播团队需要配置人员和打造主播人设，具体操作如下。

步骤01 确定人员配置。根据岗位的需求，该品牌目前可以组建一支标准配置的直播团队，包括主播、助理、场控、策划、数据运营和商务拓展各1名。

步骤02 明确职能分工。服装直播团队的人员配置及职能分工可以参考表8-5。

表8-5 服装直播团队的人员配置及职能分工

人员配置	职能分工
主播1名	介绍并展示服装，与用户互动，引导用户关注账号，等等
助理1名	协助主播工作，准备直播间介绍和销售的各种服装和配饰，等等
场控1名	直播的软硬件设备调试及后台操作管理，处理直播间售前和售后的各种问题，等等
策划1名	策划直播方案，设计营销活动和直播话术的脚本等
数据运营1名	收集和分析直播中的产品销量和流量数据，为以后的直播提供优化方案
商务拓展1名	整理各种服装的信息，并与电子商务平台、直播平台进行对接，推广营销活动

步骤03 设置凸显人设的直播账号。这里根据品牌的业务需求与内部主播人设，将品牌运营的一个抖音账号以"服装搭配达人"的人设来设置账号。

微课：设置直播账号

① 打开抖音App，点击右下角的 我 按钮，在打开的界面中点击 编辑资料 按钮，在打开的界面中点击头像，在弹出的面板中点击"从相册选择"选项，从相册中选择图片作为头像（素材文件:\第8章\头像.jpg），进入图片裁剪界面，调整图片大小，完成后点击 完成 按钮。

② 点击编辑资料按钮，在打开的界面中点击"名字"栏，进入"修改名字"界面，输入"小艾的日常穿搭"，点击 保存 按钮。再在打开的界面中点击"简介"栏，进入"修改简介"界面，输入账号简介后，点击 保存 按钮。

③ 返回账号主页点击背景，在弹出的选项中点击"从手机相册选择照片"选项，在相册中选择图片作为背景（素材文件:\第8章\封面.jpg），其设置方法与头像的设置方法相同。设置完成后的账号主页设置效果如图8-8所示。

▲ 图8-8 账号主页设置效果

（2）选择直播产品

直播团队可以利用蝉妈妈直播电商数据分析工具查看抖音直播中的服装相关情况，以快速完成直播选品工作，具体操作如下。

步骤01 在计算机上打开蝉妈妈官方网站，单击右上角的 注册/登录 按钮。在打开的页面中单击"短信登录/注册"选项卡，输入手机号码和验证码，单击 注册/登录 按钮。

步骤02 登录成功后，将鼠标指针移到页面上方的"商品"选项卡上，在打开的列表中选择"商品库"选项，打开"商品库"页面，在搜索文本框中输入"女装"，按【Enter】键，即可查看默认周期的女装销售数据，包括昨日销量、直播销量、关联达人、关联直播和30天销量趋势等，如图8-9所示。

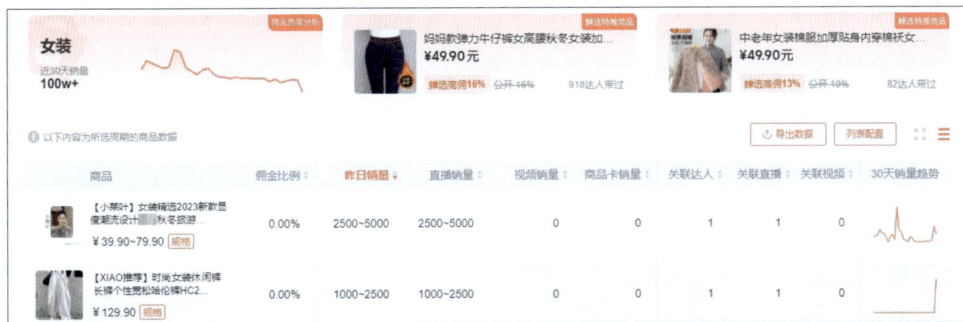

▲ 图8-9　查看产品的销售数据

步骤03　在"带货方式"栏中选中"直播带货为主"和"达人播为主"复选项，如图8-10所示，筛选与直播团队带货方式相同，并且在抖音上销量较高的产品。

▲ 图8-10　设置筛选条件

步骤04　在页面下方的搜索结果列表中找到并浏览所需的产品，然后单击"商品"列中的产品缩略图或标题超链接，查看产品详情页，如图8-11所示。在该页面可查看产品的名称、分类、价格、公开佣金等，单击"商品规格"超链接可在打开的页面中查看产品规格，如尺寸、颜色。页面下方默认显示产品的"基础分析"数据，包括产品概览、热推达人趋势、每日视频/直播趋势等信息，在左侧列表中选择"达人分析""直播分析""视频分析""观众分析"选项可查看对应信息。查看产品详细信息后，直播团队可以根据该产品的优劣、目标用户和销量走势等情况，在自己的产品库中查找类似的产品，作为直播产品的备选。

▲ 图8-11　查看产品详情页

步骤05　用同样的方法继续选择其他销量高的产品，然后选择自己产品库中类似的产品作为直播产品的备选。另外，还可以设置其他筛选条件，如"佣金比例""浏览量""销量""好评率"等，筛选出对应的女装或其他服装，然后将自己产品库中类似的产品作为备选，最终从备选产品中确定直播的产品。

8.3 直播营销和推广

直播过程中的营销和推广是直播营销的重点。通过直播间的预热引流、设计直播话术和直播互动等方式，企业可以拉近与用户的距离，争取将观看的用户转化为忠实粉丝。

8.3.1 直播间的预热引流

直播间的预热引流是指在直播开始之前，企业通过各种渠道和内容形式，吸引用户进入直播间，以此提高直播的观看率和参与度。预热引流也是直播营销的必要步骤之一。

1. 预热信息的内容形式

直播开始前需要通过各种融媒体渠道发布不同内容形式的预热信息，以此为直播间带来大量的用户。常见的预热信息的内容形式包括个人简介、硬广告、软文、短视频等。

● 个人简介。在直播前，主播可以更新多个融媒体平台账号的个人简介，预告直播信息，如"今晚19:00××专场""每周三、周四、周五19:00直播间定时发放福利！"。

● 硬广告。主播可以通过企业的官方网站、微博、微信公众号，以及个人微博、微信朋友圈等线上宣传渠道，或宣传单、展架、喷绘等线下宣传渠道，直截了当地发布直播的特点、形式、福利、嘉宾阵容等信息，并邀请用户关注、参与直播活动。

● 软文。与硬广告的直截了当不同，软文的标题、开头与直播往往没有太密切的联系，而是在分享实用性的内容后，在正文后半部分引入直播预告信息，如直播主题、福利、产品等，引导用户准时观看直播。

● 短视频。短视频是目前常用的预热信息内容形式，主播可以通过剪辑以往的直播片段或拍摄花絮等，体现自己直播的特点，并预告直播的时间、内容、优惠等。

2. 预热信息的推广

在直播预热时，主播应通过各种渠道和方法宣传和推广预热信息，让更多用户了解直播信息，提高直播间的曝光度，提升直播间的人气。推广预热信息的方式有以下几种。

● 平台活动推广。参加直播平台的官方活动可以获得流量支持，提高直播间的曝光度。通常，各个直播平台会不定期推出各类活动，如果活动类型与主播的账号定位相匹配，主播就可以积极参与。例如，进入淘宝主播App，在"活动广场"栏中浏览并选择所需的活动，如图8-12所示，在打开的界面中查看活动详情，包括货品、参与基地、合作模式等，单击 报名参与 按钮，然后按照操作提示填写资料并提交，通过系统审核后即可参加该活动。

- 付费推广。直播平台内的付费推广是提高直播间人气的有效手段之一，常见的包括淘宝的超级直播推广、抖音的"DOU+"付费推广等。

- 其他融媒体平台推广。主播可以在微博、微信等融媒体平台发布直播的预热信息，利用融媒体平台的营销推广功能，进行预热信息的推广，为直播间聚集人气。

▲ 图8-12　淘宝平台推广活动

8.3.2　设计直播话术

在直播过程中，主播主要扮演着"导购员"的角色，因而主播不仅要介绍产品的质量、价格等基本信息，还要运用合适的直播话术突出产品的卖点和优势，从而增强用户的黏性，激发用户的购物热情。常见的直播话术通常包括开场话术、引导关注话术、促进转化话术、留存用户话术等。

1. 开场话术

开场话术用于直播暖场，可以是具有个人特色的欢迎语，也可以告知用户本场直播活动的主要内容，或者是主播在开场时表达自己对用户的感谢和对直播的坚持。好的开场话术能够增加主播的自信，缓解其紧张的心情。表8-6为常见的开场话术示例。

表8-6　常见的开场话术示例

示例	话术内容
1	欢迎大家来到我的直播间，主播是直播新人，希望大家多多支持，多多捧场哦！
2	欢迎大家来到我的直播间，今天直播间的优惠多多，大家一定不要错过了哟！
3	大家好，我们是厂家自播，没有中间商赚差价，我们会给你难以想象的折扣！
4	大家好，欢迎来到××直播间，主播深耕××行业××年了，有丰富的资源。直播间内所有的产品都是我自己试用后再推荐给大家的，请大家放心！

2. 引导关注话术

在直播间内，主播要频繁使用引导关注话术，如开播后引导用户关注直播间、推荐产品前强调直播间提供的好处和权益等。因为在直播过程中，随时都有用户进入直播间，所以主播要熟练、灵活地运用直播引导话术，反复提醒用户关注，以提高直播间的人气。表8-7为常见的引导关注话术示例。

表8-7　常见的引导关注话术示例

示例	话术内容
1	欢迎××来到我的直播间，喜欢主播/想要更多福利的点个关注哦！
2	明天直播间还会抽出一名幸运免单用户，大家一定要先关注主播哦，我们不定时会有惊喜福利赠送！
3	关注人数达到××，主播就开始抽奖了！想要抽大奖的亲们快动动手指关注起来！
4	大家晚上好，新进来/喜欢我的朋友们请动动你们的小手，点一下关注，这样就可以随时随地来看我的直播啦！主播每天都在这里等你哦！
5	感谢××的关注，还没关注主播的宝宝抓紧关注哟，主播每天都会赠送惊喜福利！

3. 促进转化话术

直播的最终目的基本都是让直播间的用户购买产品，促进产品转化。所以，促进转化话术以引导用户购买产品为主。这种话术设计的逻辑主要是打消用户的顾虑，取得用户的信任，或者制造稀缺感和紧迫感，以及提供优惠，等等。表8-8为常用的促进转化话术示例。

表8-8　常见的促进转化话术示例

示例	话术内容
1	这款产品我自己也在用，真的特别好用！
2	这款产品之前在××（平台）已经卖了10万套！
3	这款产品采用××材质，经过××认证，年产量只有×××，非常难得！
4	你购买我家的产品，如果买贵了，15天内可以退差价，退货时免收运费！
5	还有5分钟，没有下单的宝宝们赶紧下单，直播结束后就没有这样的价格优惠啦！
6	今天这款产品上架了100件，喜欢的宝宝们赶紧下单！
7	最后5件了，喜欢的宝宝抓紧拍！
8	这款产品在××旗舰店的价格是99元一瓶，今天在我们的直播间，这款产品买一送一，你用99元就可以买到两瓶！
9	宝宝们，我们这次活动的优惠力度是今年最大的，现在拍立刻能省××元，还赠送一个价值××元的产品，这个赠品也非常好用！

4. 留存用户话术

进入直播间的用户越多，直播间的人气就越高，此时，主播要将用户留下来，使用户愿意持续观看直播，从而为销售创造更有利的条件。采用不同的留存用户的方法，需要配合相应的话术，才能达到更好的效果。例如，主播与用户互动时，可以问用户"您对这款产品有什么看法？""您的意见是？"等，主播也可以不断提醒用户"接下来还有某优惠活动！""10分钟后抽奖！"等。表8-9为常见的留存用户话术示例。

表8-9　常见的留存用户话术示例

示例	话术内容
1	恭喜××中奖了！太幸运了吧！赶紧点击左下角的购物袋，联系客服领取奖品！没有中奖的宝宝也不要走开，直播到最后我们会抽"0元拍免单"大奖！
2	下一次抽奖将在××分钟后进行，会送出××大礼！大家千万不要走开！
3	再过5分钟就要开始抽奖了！大家千万不要走开！
4	欢迎刚来的小伙伴，关注主播，关注人数达到200，我就发红包，点赞数达到1万，我也会发红包！
5	小伙伴们，20:00我们有发红包活动，21:00我们有抽奖活动哦！

8.3.3　直播互动

直播时，主播不能自说自话，与用户互动十分重要，需要努力营造热闹的氛围，以感染用户，并调动用户的热情，吸引更多的用户进入直播间。主播可以通过引导点赞和评论，以及发放红包、设置抽奖等方式与直播间的用户互动。

1. 引导点赞和评论

大量用户的点赞和评论可以帮助直播间维持良好的氛围，主播可通过引导点赞和评论的方式与用户互动，以延长用户在直播间的停留时间。

（1）引导点赞

直播间的点赞数越多，代表主播的人气和用户的活跃度越高，也越能吸引更多用户进入直播间。主播引导用户点赞的常用方法是点赞达到某个数值时发放优惠券、红包等福利。主播在引导用户点赞时，也可以引导其将直播间分享给朋友，邀请朋友一起点赞。同时，主播可以反复提醒用户，激发其点赞的热情，让用户积极点赞。

（2）引导评论

主播可以采用提问、聊天和问答等方式引导用户评论。

● 提问。主播在引出产品前提出问题，并形成话题，让用户参与到话题讨论中。

● 聊天。主播通过与用户聊家常、聊生活趣事等方式，搭建起朋友之间平等对话的场景，以此拉近与用户的距离，让用户卸下心理防备，认可和评论主播推荐的产品。

● 问答。直播中的行业和产品知识讲解、互动问答，不但可以帮助观看直播的用户了解产品详情，还可以体现主播的专业，让用户有意愿发表对产品的评论。

用户通常都希望自己的评论能够得到回应，因此主播应重视评论区中用户提出的各种问题，积极回答用户的问题，让用户感觉被重视，用户也会更积极地参与直播互动。

2. 发放红包

派发红包是主播与用户互动、提升直播间人气、延长用户在直播间的停留时间、提高直播间权重的有效方式之一。派发红包的方式多种多样，主播既可以在点赞或关注达到一定数值时发放红包，也可以每间隔一段时间或在固定时间发放红包，还可以在用户输入指定内容、下单以后发放红包。在抖音直播间发放红包的方法为：在抖音App的直播画面中点击右下角的"更多"按钮■，在打开的设置面板中点击"礼物"按钮，在打开的面板中找到并点击"红包"选项，在打开的面板中点击"抖币红包"选项卡，设置红包金额和领红包时间，点击 发红包 按钮。红包发放成功后，直播间会显示对应的图标。

3. 设置抽奖

抽奖是一种充满乐趣，并且能调动用户积极性的互动方式。在直播过程中，主播可以反复提醒用户将要开启的抽奖环节，并说明抽奖时间节点和抽奖规则等，以延长用户在直播间的停留时间。设置抽奖时，主播可以让用户关注直播账号，并回复主播指定的关键词，即用户在关注直播账号的同时，输入正确的关键词后才可参与抽奖。这样不仅有利于增加直播账号的粉丝数量，还可以调动用户的情绪，营造积极的直播氛围。在抽奖时，主播可以通过截图的方式现场播报中奖名单，保证抽奖的公正，抽奖完成后，主播还可以告知用户下一次抽奖的时间节点。

8.3.4 实战案例：农产品直播预热

特食味是一家绿色农产品生产品牌，目前正在与网络达人小艾合作，通过小艾的抖音直播间进行农产品销售。在直播前，为了引流，小艾需要创作直播标题和直播文案，制作直播预告短视频，并将其发布到抖音和微博中进行直播预热。

（1）创作直播标题和直播文案

具有吸引力的直播标题不仅能吸引用户观看直播，还能让直播获得平台的推荐。直播文案能引导用户进入直播间、让用户了解直播详情。创作直播标题和直播文案的具体操作如下。

步骤01　创作直播标题。特食味的直播时间为8月30日，正好在中秋节前，小艾可以结合中秋节进行创作。另外，著名美食达人也是特食味的形象代表，小艾也可以以此为内容创作的切入点。为了提升直播效果，小艾同特食味确定了直播间提供的优惠和折扣，这些也都可以作为营销内容进行宣传。于是，小艾撰写了表8-10所示的直播标题。鉴于"利益＋悬念"的方式更能吸引用户准时观看直播，小艾最终选择了第4个标题作为最终的直播标题。

表8-10　直播标题

示例	标题内容
1	中秋节要囤货的注意了，特食味的这些商品一定不容错过！（热点＋悬念）
2	特食味不止5折！买到就是赚到！马上开买！（利益＋制造紧迫感）
3	××推荐过的好货（名人效应）
4	特食味绿色农产品，直播间有你想象不到的福利！（利益＋悬念）

步骤02　创作直播文案。小艾归纳了直播文案的要点，如表8-11所示。经过整理和修改后的直播文案为："特食味绿色农产品来啦！优惠大放送，部分产品不止5折！还有一些你可能见都没见过的特色农产品～关注主播，参与抽奖，主播为中奖者赠送1千克大米一袋！锁定主播抖音直播间，2024年8月30日19:00不见不散哟！"

表8-11　直播文案的要点

要点	文案内容
展示直播主题	8月30日在抖音直播间推广特食味绿色农产品
抛出直播亮点	部分产品不止5折，直播间还有抽奖活动，为中奖者送一袋大米
设置些许悬念	有一些不常见的特色农产品
制造紧迫之感	锁定主播抖音直播间，2024年8月30日19:00不见不散哟

（2）制作直播预告短视频

紧接着，小艾根据特食味提供的产品短视频，制作直播预告短视频，具体操作如下。

步骤01　打开剪映App，点击首页的"开始创作"按钮＋，开始剪辑短视频，按顺序添加视频素材（素材文件:\第8章\农产品\大米.mp4、红肠.mp4、木耳.mp4），再选中界面左下角的"高清"单选项，然后点击 添加 按钮。

微课：制作直播预告短视频

步骤02　将第1段视频素材从6秒处分割为两个片段，删除后面一个片段。再按相同的方法删除第2段视频素材9秒后和第3段视频素材14秒后的片段。此时，短视频时间总长为27秒。长按第3段视频素材，向左拖动至第1段视频素材右边。

步骤03　拖动视频滑轨并返回短视频开头，点击界面下方的"文本"按钮Ｔ，进入文本编辑状态，添加文本"注意啦！注意啦！"，再点击图8-13所示的样式为文本设置样式，然后移动文本到短视频下方，点击✓按钮。短视频下方即出现文本的进度条，

长按进度条右侧的 □ 按钮，向左拖动至第 2 秒处，此时文本只在短视频的第 1 秒和第 2 秒处出现。按照相同的方法为短视频的第 3 秒～第 6 秒添加"特食味直播预告来啦！"文本（文本在短视频下方）、为第 7 秒～第 29 秒添加"8 月 30 日 19:00，特食味品牌农产品大促销，我们在直播间等着你！"文本（文本在短视频上方）。

步骤 04　点击第 1 段视频素材和第 2 段视频素材连接处的 ▯ 按钮，在两段视频素材之间添加"闪黑"的转场效果。用同样的方法在第 2 段视频素材和第 3 段视频素材之间添加"滑动"的转场效果。关闭短视频原有的声音，点击添加的第 1 个文本进度条，再点击界面下方的"文本朗读"按钮 Aa，在打开的界面中选择"女声音色"下方的"知性女声"选项（见图 8-14）。按照相同的方法为短视频的所有文本添加"知性女声"的文本朗读声音。

步骤 05　为整个短视频应用"绿妍"滤镜，为短视频添加"水墨青花"的背景音乐，并将音量设置为"30"。将"素材库"中"片尾"栏中的第 7 个选项设置为片尾，如图 8-15 所示。分割音频，使其与短视频时长相同。点击左侧的"设置封面"选项，在打开的界面中选择"视频帧"选项，然后拖动视频滑轨至"红肠"视频画面的位置，设置该视频画面为封面。点击界面右上角的 1080P ▼ 下拉按钮，在打开的下拉列表中设置分辨率为"1080p"、帧率为"60"，最后点击 导出 按钮导出短视频（效果文件:\第 8 章\直播预告短视频.mp4）。

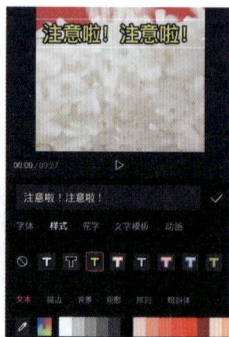
▲ 图 8-13　设置文本样式

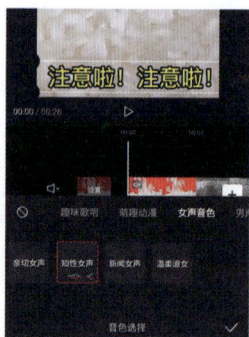
▲ 图 8-14　添加文本朗读声

▲ 图 8-15　添加片尾

（3）在抖音和微博中发布直播预告

接下来，小艾准备直接将制作好的直播预告短视频发布到抖音中，并把设计好的直播文案和直播预告短视频发布到微博中，具体操作如下。

步骤 01　在抖音发布直播预告短视频。打开抖音 App，点击 ➕ 按钮。在打开的界面中点击"相册"选项，再在打开的界面中选择之前剪辑好的短视频。上传短视频后，在打开的界面中点击 下一步 按钮，打开发布界面，在标题文本框中输入撰写好

微课：在抖音和微博中发布直播预告

的短视频标题"特食味绿色农产品，直播间有你想象不到的福利！"，在下方点击 #添加话题 按钮，在打开的列表中选择话题"#抖音美食推荐官"，在话题栏下方的"你在哪里"栏添加特食味线下实体店的地点定位为其引流，如图8-16所示，点击 ●发布 按钮。

步骤02　在微博发布直播文案和直播预告短视频。打开微博App，进入微博首页，点击界面右上角的 ⊕ 按钮，在打开的列表中点击"写微博"选项，进入"发微博"界面，在文本框中输入直播文案，点击输入法上方的 ⊕ 按钮，在弹出的面板中点击"相册"选项，在打开的界面中选择制作好的直播预告短视频，在打开的界面中点击 下一步 按钮，直播预告短视频上传成功后，点击界面下方的 ♯ 按钮，在打开界面的输入框中输入"农产品"，在打开的列表中点击"农产品"选项，返回"发微博"界面，如图8-17所示，点击 发送 按钮发布微博。

▲ 图8-16　在抖音发布直播预告短视频

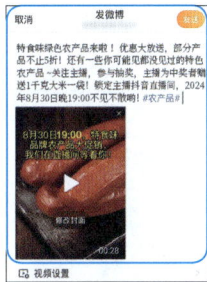

▲ 图8-17　在微博发布直播文案和直播预告短视频

🔑 综合实训

抖音直播实战操作

1. 任务背景

文具品牌彩韵计划在抖音上开展直播，销售产品，主推产品为学生用钢笔（可换墨囊），共14款，直播时间为8月31日19:00—21:00。本场直播的主播为彩韵新聘主播小艾。为吸引用户，彩韵计划开展"满35元减10元"的优惠活动，只要用户在直播间购买产品即可享受该优惠，且直播间还有抽奖活动。

2. 任务目标

（1）熟悉直播营销的流程。

（2）能够在直播平台开展直播营销。

3. 任务实施

（1）做好直播准备

直播准备包括打造直播团队、创建抖音账号、布置直播间和选择直播产品，具体操作如下。

步骤01 打造直播团队。本次直播活动规模较小，且直播任务比较简单，小艾决定由她一人完成主播、助理和策划的工作。另外，需要一名经验丰富的场控协调和帮助她完成直播。

步骤02 创建抖音账号。为提高品牌知名度，小艾决定直接使用品牌Logo（素材文件:\第8章\文具\Logo.png）作为账号头像，使用产品图片（素材文件:\第8章\文具\背景.jpeg）作为背景，使用品牌名称作为账号名称，并在账号简介中展示品牌的核心理念，具体设置方案如表8-12所示。

表8-12 抖音账号设置方案

账号名称	账号头像	背景	账号简介
彩韵			以色彩书写人生，以韵味记录时代。将传统工艺与现代设计完美融合，每款产品都展现出精致的工艺和优雅的魅力

步骤03 布置直播间。将直播间布置得优雅而专业，可以在直播间摆放书法作品、书架等，为直播间增添浓厚的文化氛围。同时，要确保直播间的光线充足，以展示彩韵钢笔的颜色和质感。另外，还要准备好展示板、纸张等道具，展示板上可以写上彩韵钢笔的特点和优势，以便用户更直观地了解产品；纸张则用来书写，让用户可以领略彩韵钢笔书写的魅力。

步骤04 选择直播产品。将市场上常见的3款入门系列钢笔作为印象款；将2款主打性价比的超值系列钢笔和1款促销款钢笔（5折销售）作为引流款；从日常销量较高的经典系列钢笔中选择4款作为活动款，为其搭配有彩韵品牌Logo的笔记本和小挂件；针对高端用户或对品质有较高要求的用户，推出2款高品质、高价格的限量版钢笔（8折销售），作为利润款销售，从而提高销售额和利润。

（2）开展直播营销

做好直播准备后，小艾需要分配直播时间、设计抽奖活动，并撰写直播脚本，然后上架直播产品，最后开始直播，具体操作如下。

步骤01 分配直播时间。小艾将直播划分为3个部分：直播开场与用户打招呼，直播过程中介绍并推荐产品，直播结尾与用户互动告别。直播总计2小时：直播开场10分钟；直播过程中，介绍印象款和引流款的时间分别为25分钟，介绍活动款和利润款的时间分别为25分钟；两个抽奖活动总共5分钟；直播结尾5分钟。

步骤02　设计抽奖活动。为活跃直播间的气氛，在介绍完引流款和利润款后开展截屏抽奖活动，用户发布指定话语到弹幕上，截屏排在前5名的用户可获得随机小礼物，如笔记本、中性笔等。两个抽奖活动的指定话语分别为"恭喜彩韵开播""彩韵钢笔大卖"。

步骤03　撰写直播脚本。小艾根据以上内容撰写了直播脚本，如表8-13所示。

表8-13　直播脚本

直播活动概述			
直播主题	实用又好看的彩韵钢笔，优惠来袭		
直播人员	主播（小艾），场控（老刘）		
直播时间	8月31日19:00—21:00		
直播活动流程			
时间段	流程	主播	场控
19:00—19:10	直播开场 / 打招呼	进入直播状态，和用户打招呼，介绍彩韵品牌及今日销售的钢笔	引导用户关注直播间
19:10—20:00	介绍印象款和引流款钢笔	展示钢笔的外形、优点、书写效果、直播福利等	协助主播、把控直播节奏
20:00—20:03	直播过程 / 抽奖	让用户以弹幕的形式发布"恭喜彩韵开播"，并截屏抽奖，告知抽奖结果和奖品	协助主播、把控直播节奏
20:03—20:53	介绍活动款和利润款钢笔	展示钢笔的外形、优点、书写效果、直播福利等	协助主播、把控直播节奏
20:53—20:55	抽奖	让用户以弹幕的形式发布"彩韵钢笔大卖"，并截屏抽奖，告知抽奖结果和奖品	协助主播、把控直播节奏
20:55—21:00	直播结尾 / 感谢用户	与用户告别，感谢其支持	协助主播，把控直播节奏

步骤04　上架直播产品。打开抖音App，点击"拍摄"按钮⊕，在打开的界面中点击"开直播"选项，按照系统提示开始直播。直播开始后，点击直播间下方的"购物车"按钮🛒，在弹出的"直播商品"面板中点击 添加直播商品 按钮，打开"添加商品"界面，点击需添加的产品对应的 添加 按钮，将产品添加为直播产品。需要注意的是，"直播商

品"面板中的产品需要提前上传到直播账号的抖音小店中。

步骤05　开展直播。在直播过程中按照直播脚本开展营销工作，并在介绍产品的过程中使用引导关注话术引导用户关注、分享直播间。直播结束前，引导用户将直播间的截图分享到微信和微博中。

知识拓展

直播复盘

直播团队在直播后通常需要进行直播复盘，分析主播状态、直播团队配合情况、直播销售数据、直播间用户问题、直播间人气变化、直播话术和平台规则等，从而优化直播营销效果。

- 主播状态。主播是否充分了解产品，是否熟悉直播脚本与直播话术，以及直播过程中主播的精神状态是否饱满，注意力是否集中，是否与用户积极互动，等等。
- 直播团队配合情况。整个直播团队工作人员的工作是否执行到位。
- 直播销售数据。通过直播销售数据充分了解营销效果，包括销售额、销售量和上架次数等。
- 直播间用户问题。了解用户感兴趣的话题，了解哪些产品受欢迎，在下次直播时可以重点推荐这类产品。另外，通过用户的反馈了解其感兴趣的产品，为直播选品提供参考。
- 直播间人气变化。通过直播间人气变化分析哪个时间段进入直播间的用户较多、哪个时间段的在线用户较多等，从而分析哪些直播话术和直播形式更受用户欢迎。
- 直播话术。结合直播间人气变化和直播销售数据，分析哪些直播话术对用户的引导作用更大。
- 平台规则。准确理解平台规则，以便更好地运用平台推荐机制获得更多流量。

本章小结

本章全面介绍了直播营销与融媒体的基础知识，包括直播营销特点、直播平台和直播营销方式，以及融媒体和直播营销的关系；同时还介绍如何打造高效的直播团队，以及策划直播脚本、布置直播间和直播选品等知识；另外，还介绍了直播间的预热引流、设计直播话术和直播互动等内容。

这些知识非常实用。首先，掌握直播营销的相关知识能够提升大学生的职业竞争力，因为未来无论是求职还是创业，具备直播营销的能力可能成为大学生的优势；其次，通过学习直播营销，大学生可以更好地展示自我和提升人际交往能力；最后，通过深入了解直播营销，大学生可以扩展视野，及时掌握市场动态和商业机会，以更好地做出职业规划和寻找创业机会。

课后练习

1. 单选题

（1）根据直播主体的不同，直播电商模式可以分为（　　）和达人直播两种模式。

    A. 达人代播   B. 企业自播   C. 企业直播   D. 达人自播

（2）直播电商是直播和电商相结合的产物，是一种以直播的方式销售实体产品和虚拟产品的营销活动。下列选项中，属于直播电商典型应用的是（　　）。

    A. 广告植入   B. 达人访谈   C. 企业直播   D. 直播带货

（3）"小伙伴们，20:00我们有发红包活动哦！"这种直播话术的作用是（　　）。

    A. 开场   B. 引导关注   C. 促进转化   D. 留存用户

2. 多选题

（1）下列选项中，不属于直播团队标准配置的岗位有（　　）。

    A. 主播   B. 副播   C. 策划   D. 客服

（2）企业通常拥有多种产品，直播选品应该着重考虑（　　）。

    A. 品相   B. 品质   C. 实用性   D. 多样性

（3）在直播间与用户互动的常用方式包括（　　）。

    A. 引导评论   B. 引导点赞   C. 发放红包   D. 设置抽奖

3. 操作题

某纸巾品牌准备在元旦期间开展一场直播活动，直播产品为该品牌旗下的畅销抽纸，其特点为抽取式面巾纸、4层、250抽、原生竹浆、印花，包装规格为1提、2提、3提、5提和9提。请为其设计整个直播营销活动，相关要求如下。

（1）策划直播活动。选择一个合适的直播平台，并设计一场关于该品牌旗下的畅销抽纸的直播营销活动。要求结合产品特点和用户制定有吸引力的直播主题和方案。

（2）准备直播场地和道具。根据策划的直播方案，准备直播场地和道具，如教室、宿舍、展示板、纸张、摄影灯具等，要确保直播间光线充足、背景整洁。

（3）设计直播流程。设计直播流程，包括开场白、产品介绍、互动环节、抽奖活动等。要求直播流程清晰、连贯，并能够吸引用户的注意力。

（4）推广直播活动。利用社交媒体进行直播活动的推广，可以在推广时利用短视频或文案的方式突出抽纸的特色和优势，以及直播活动的亮点和福利。

（5）进行直播操作。在直播开始前，进行设备调试和测试，确保直播过程顺畅。在直播过程中，要保证语言表达自信、流畅，并能与用户互动和交流。